灵台县信访志

LING TAI XIAN XIN FANG ZHI

灵台县信访局 编

方志出版社
Publishing House of Local Records

图书在版编目（CIP）数据

灵台县信访志 / 灵台县信访局编. -- 北京 : 方志出版社，2018.6

ISBN 978-7-5144-3109-4

Ⅰ. ①灵… Ⅱ. ①灵… Ⅲ. ①信访工作-概况-灵台县 Ⅳ. ① D632.8

中国版本图书馆 CIP 数据核字（2018）第 141537 号

灵台县信访志

编　　者：灵台县信访局

责任编辑：刘方圆

出 版 人：冀祥德

出 版 者：方志出版社

地址　北京市朝阳区潘家园东里 9 号（国家方志馆 4 层）

邮编　100021

网址　http://www.fzph.org

发　　行：方志出版社图书经销中心

电话（010）67110500

经　　销：各地新华书店

设　　计：成都品宇文化传播有限公司

印　　刷：四川科德彩色数码科技有限公司

开　　本：889×1194　　1/16

印　　张：26.5 印张

字　　数：314 千字

版　　次：2018 年 6 月第 1 版　　2018 年 6 月第 1 次印刷

印　　数：0001~1000 册

ISBN 978-7-5144-3109-4　　定价：128.00 元

2012 年 8 月，中央信访工作督导组检查灵台信访工作

2010 年 12 月，省信访局副局长秦仰贤（中），平凉市副市长杨军（左二）检查灵台信访工作

2015 年 6 月，省信访局副局长薛生家督查灵台信访工作

2016 年 5 月，平凉市政府副市长李富君（右二），市委副秘书长、市信访局局长周晓宁（右四）一行调研灵台县信访接待大厅运行情况

2010年10月，市委副秘书长、市信访局局长陈黎萍（右三）在灵台信访干部培训班上授课

2015年9月，县信访局开展网上信访信息系统培训工作

2012 年 3 月，县委书记王学书（左三）、县长刘凯（左二）、县政协主席魏惠琴（右三）主持召开全县信访工作会

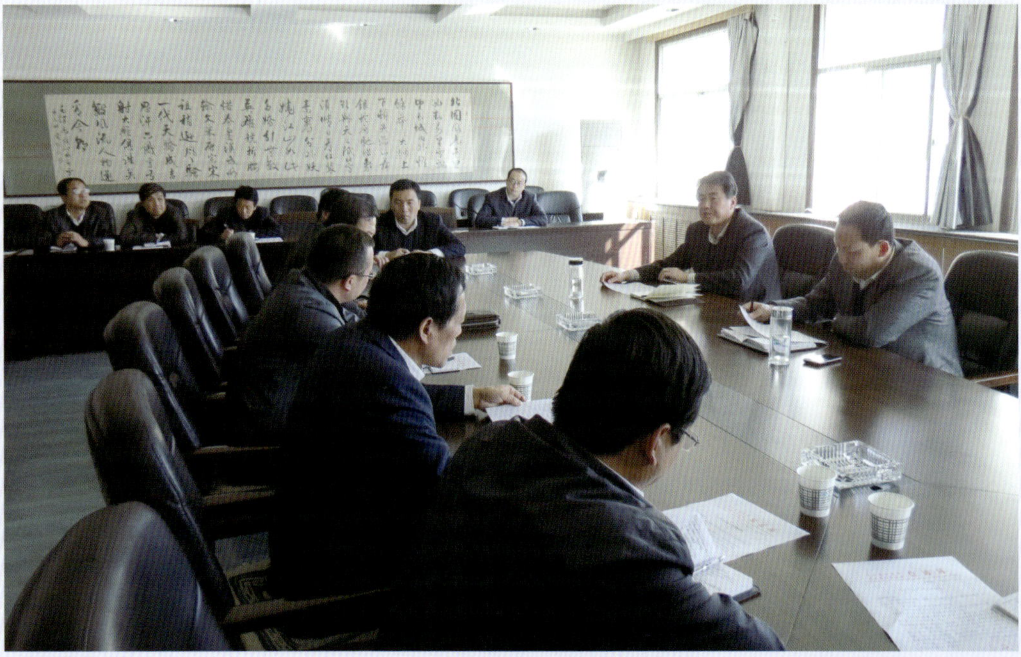

2015 年 3 月，县委常委、政法委书记王度林（右一），县政府副县长杨东虎（右二）主持召开信访联席会议

2008 年 6 月，县委书记苏克俭（右二）在大接访活动中接待群众

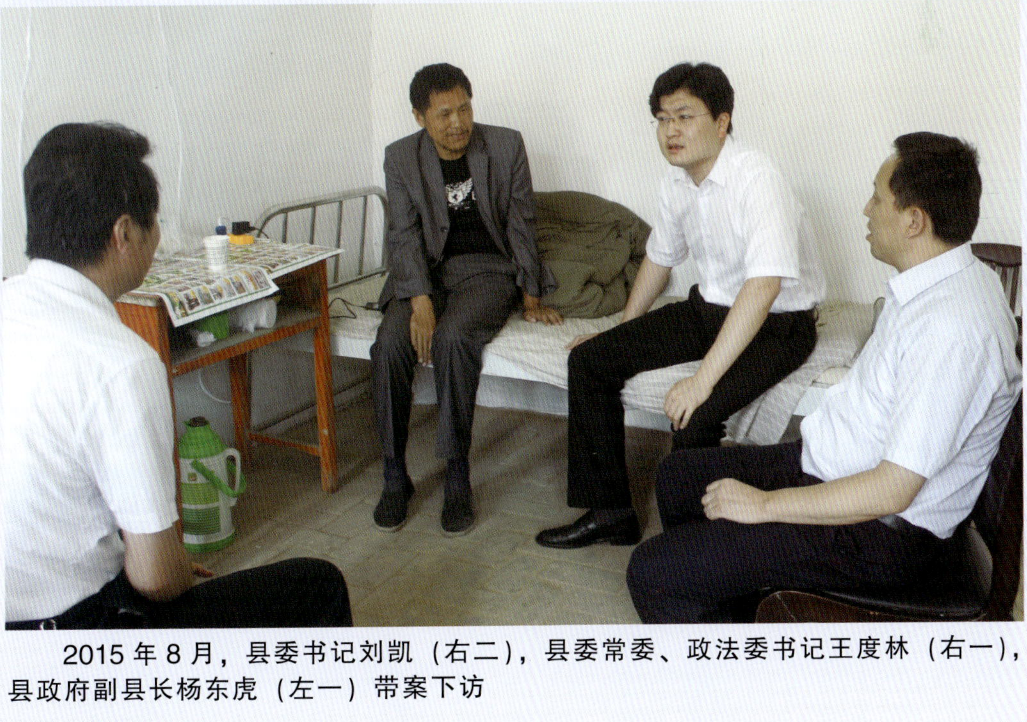

2015 年 8 月，县委书记刘凯（右二），县委常委、政法委书记王度林（右一），县政府副县长杨东虎（左一）带案下访

2017 年 6 月，县委副书记、县政府县长崔仁杰（中）带案下访

2016 年 7 月，县委常委、常务副县长徐俊红召开信访问题协调会

2016 年 11 月，县委常委、政法委书记杨东虎（右二）接待来访群众

2017 年 8 月，县政府副县长谢瑞峰（左）调研信访工作

2012 年 11 月，县信访局局长牛国平（中）深入什字镇协调解决信访问题

县信访局班子成员工作中

县委办公室副主任、县信访局局长牛国平工作中

县信访局副局长杨俊锋（右一）工作中

县信访局副局长何为（前中）工作中

县信访局局长牛国平（左一）、副局长李涛（右一）工作中

县信访局全体干部开展精准扶贫工作

西屯乡白草坡村群众孙能娃为信访局送锦旗

灵台县信访局来访接待大厅一角

灵台县信访局办公室全景

1995 年 10 月作者(二排右二)在北京受到中央和国家领导人朱镕基(前排中)、任建新(一排右四)、罗干(一排左四)、曾庆红(一排右三)、王刚(一排左三)、李树文(一排右一)、何椿霖(一排左二)的亲切接见。

1995 年 10 月，灵台县信访办主任王仁贵受到朱镕基等党和国家领导人接见

1997 年 3 月，县委书记何兴荣（前排左二），县委副书记、县政府县长张立新（前排右二）与《发展中的灵台信访工作》编写组成员合影

2012 年 7 月，市委副秘书长市信访局局长陈黎萍（前排右三）、市信访局副局长李卫东（前排右二）、县委常委政法委书记王度林（前排左三）与灵台县信访局干部合影

灵台县信访局全体干部合影

历年荣誉选登

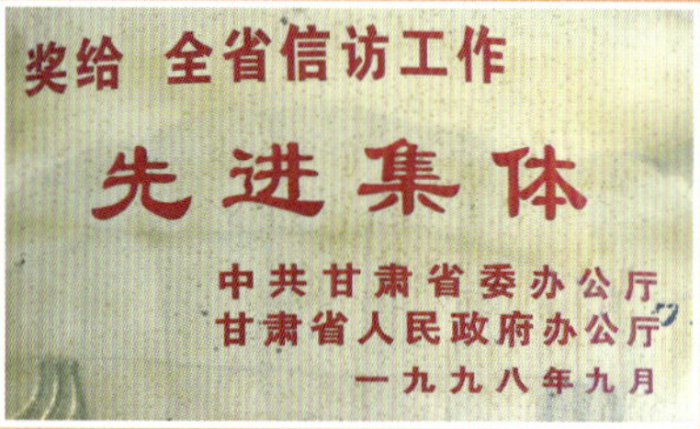
奖给 全省信访工作
先进集体
中共甘肃省委办公厅
甘肃省人民政府办公厅
一九九八年九月

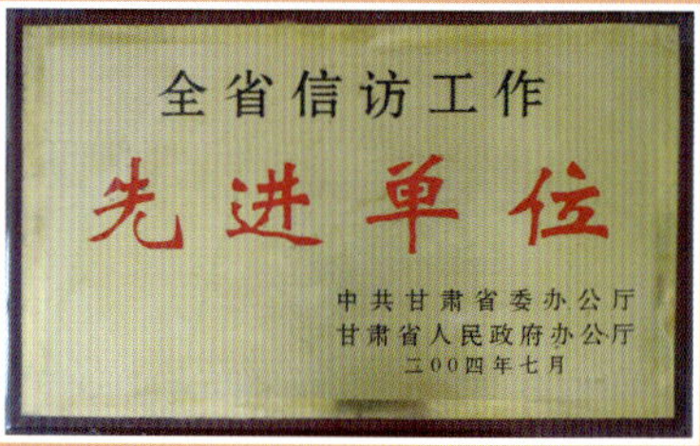
全省信访工作
先进单位
中共甘肃省委办公厅
甘肃省人民政府办公厅
二〇〇四年七月

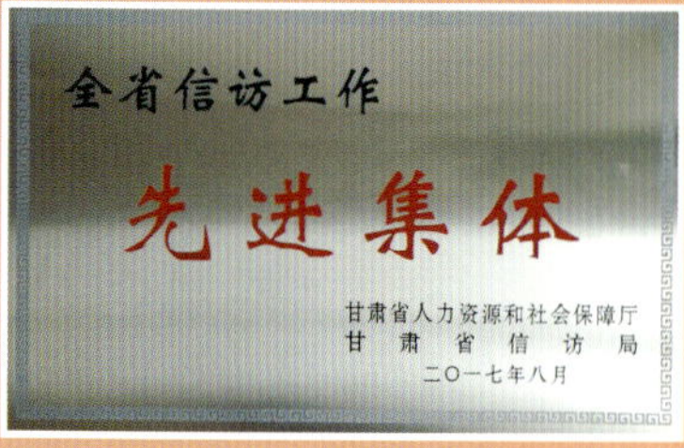
全省信访工作
先进集体
甘肃省人力资源和社会保障厅
甘肃省信访局
二〇一七年八月

奖给
二〇〇一年度信访目标管理
一等奖
中共平凉地委
平凉地区行署
二〇〇二年三月

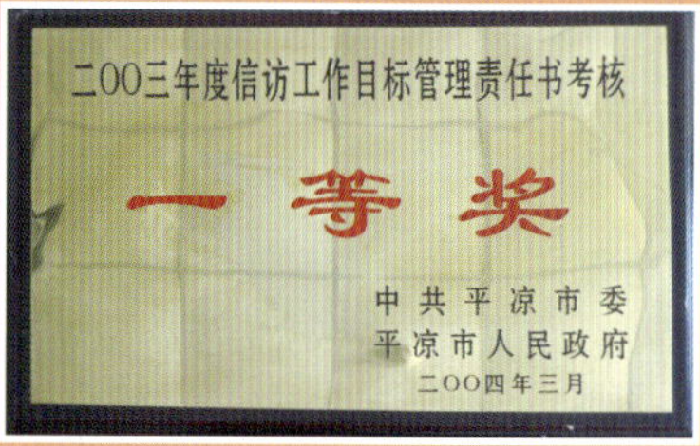
二〇〇三年度信访工作目标管理责任书考核
一等奖
中共平凉市委
平凉市人民政府
二〇〇四年三月

2006年度信访工作目标管理责任书考核
第一名
中共平凉市委
平凉市人民政府
二〇〇七年三月

二〇一二年度信访工作责任书考核
一等奖
平凉市信访联席会议办公室
二〇一三年二月

2013年度信访工作目标任务完成
先进单位
平凉市信访联席会议办公室
二〇一四年二月

2014年度信访工作目标责任考核
先进单位
平凉信访联席会议
二〇一五年三月

2015年度全市信访工作目标责任考核
先进单位
平凉市信访工作联席会议
二〇一六年三月

平凉市
优秀妇女儿童维权岗

二〇〇八年度信访工作目标管理责任书考核
一等奖
中共灵台县委
灵台县人民政府
二〇〇九年二月

县委机关"庆元旦迎新春"文体活动职工广播体操比赛
第二名
中共灵台县委机关总支委员会
二〇〇九年十二月三十日

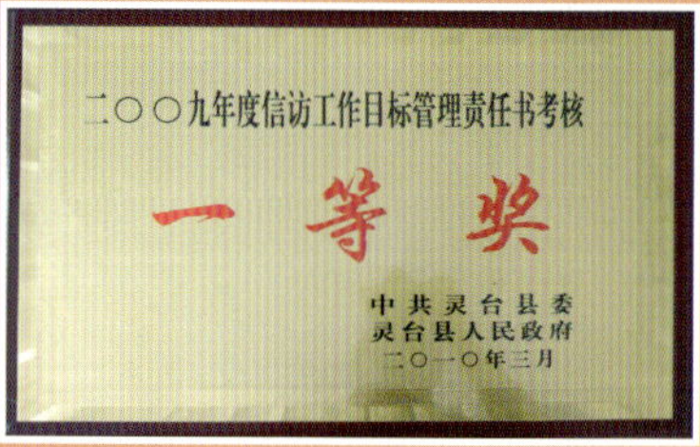
二〇〇九年度信访工作目标管理责任书考核
一等奖
中共灵台县委
灵台县人民政府
二〇一〇年三月

"迎五一 促发展"移动杯职工运动会拔河比赛
第二名
中共灵台县委机关总支委员会
中共灵台县政府机关总支委员会

《灵台县信访志》编纂委员会

主　任：牛国平

副主任：杨俊锋　何　为

委　员：李　涛　李　丽　孙　斌　王春雨　曹文浩

　　　　史新强　王　蕊

顾　问：王仁贵　焦升武

摄　影：王一平　夏建平

《灵台县信访志》编审人员

编　审：牛国平

主　编：李　涛

序 言

信访工作是党和国家民主政治建设的重要组成部分，是党和政府密切联系群众的桥梁和纽带，是各级党政组织了解群众诉求、倾听群众呼声的重要窗口，是群众工作的重要阵地，是促进科学发展、社会和谐的有力保障，历来受到各级党委、政府的高度重视。历届从事信访工作的同仁，在新中国成立、建设和发展的各个历史时期，肩负党和政府的重任，不负人民群众的期望，走进千家万户，说尽千言万语，替党和政府分忧，为人民群众解难；忍辱负重，披肝沥胆，忠实履行自己的神圣职责，为灵台社会各项事业发展、人民安居乐业做出了积极的贡献。

盛世修志，存史迪今。灵台解放伊始，随着人民政权的建立，就有了灵台县信访工作的开端。尤其是党的十一届三中全会以来，我国全面进入改革开放的新的历史时期，社会事业百废俱兴，信访工作迎来难得的历史机遇。1979年成立了县委、县政府信访办公室，信访工作逐渐步入了正轨，开始在曲折中探索，在风雨中前行，从无到有，由小到大，迄今已38个春秋。为了保存这段不平凡的风雨历程，铭记这段难忘岁月，展示信访工作者的熠熠风采，我们决定修编灵台信访工作史志。这既是上级信访部门的部署要求，也是全县信访工作者的迫切愿望，更是珍存史料的实际需要。鉴于此，我们从2015年开始，把《灵台县信访志》编纂作为重要工作列入议事日程，组织全体信访干部走访前辈，查阅档案，录精辑要，历三年寒暑，终于编纂成志。

以志为鉴，继往开来。《灵台县信访志》是灵台县信访史上首部志书，编撰坚持唯物史观，力求科学性、客观性、时代性、资料性、专业性五统一；采取以公元纪年，以章统目，以目系节的方式，记述了1979年—2017年以来的信访工作历程；全书由机构沿革、工作制度及重要文件、信访工作概述、优秀论文、工作经验和先进事迹、典型案例、荣誉及表彰奖励、工作人员调动、信访文苑、信访工作大事记十部分构成，资料主要来源于县档案局（馆）和信访局。

本志编纂过程中，得到了市、县有关领导的大力支持和信访工作前辈的悉心指导，在此，表示衷心的感谢！由于编写时间紧，资料搜集时间跨度大，特别是1979年以前的资料佚失无考，一些内容未能编纂，倍感遗憾，加之水平有限，疏漏之处在所难免，敬请广大读者谅解！唯愿能够抛砖引玉，同广大信访干部一道，一如既往，奋发有为，为全县社会和谐、百姓安康再谱新篇！

中共灵台县委办公室副主任
灵 台 县 信 访 局 局 长 牛国平
2017年10月

凡　例

1. 本志以马列主义、毛泽东思想、邓小平理论、“三个代表”重要思想、科学发展观及习近平新时代中国特色社会主义思想为指导，坚持辨证唯物主义和历史唯物主义的观点，实事求是、全面、客观、真实、准确、科学地反映灵台县信访工作的发展进程，力求成为思想性、资料性、科学性相统一的信访工作志书。

2. 本志断限：上限 1979 年 1 月，下限 2017 年 12 月。遵循详今略旧原则，个别事类可追溯至事件发端。

3. 本志篇目设置是根据国家《地方志工作条例》等史志书籍规定编纂。按章、节、目安排内容，力求分类科学，层次分明，详尽地反映历史进程和信访工作实际。

4. 本志体例采用述、记、志、传、录、图、表等形式编纂，以志为主。

5. 本志以现代语体文记，行文力求简洁补实，引文注明出处。

6. 本志采用公元纪年，历史时代按传统习惯纪年。

7. 本志单位名称、称谓用语，均按原历史记截为准，有适当加注。

8. 本志记载的单位名称，2004 年 7 月前称“中共灵台县委、灵台县人民政府信访办公室”；2004 年 8 月更名为“中共灵台县委、灵台县人民政府信访局”。

9. 本志着重记载自县信访机构成立以来历年信访工作历史进程和工作业绩，选录从宽，文重志述，图文并茂，生动详实。

10. 本志设艺苑，选录了信访干部的部分随笔散文诗歌，旨在展现信访干部德艺双馨的精神风貌。

目　录

第三章 信访工作重要历程

第四章 优秀论文

第五章 工作经验及先进事迹

第六章　典型案例

第七章　荣誉及表彰奖励

第八章 历任信访干部

第九章 信访文苑

第十章 信访工作大事记

第一章　信访工作机构沿革

第一节　机构编制沿革

一、县信访办

1979年2月，县委常委会讨论成立中共灵台县委、县革委会信访办公室，编制4人。

1981年1月，中共灵台县委、灵台县革委会信访办公室更名为“中共灵台县委、灵台县人民政府信访办公室”，编制4人(灵编发〔1981〕2号)。

二、县信访局

2004年8月，中共灵台县委、灵台县人民政府信访办公室更名为“中共灵台县委、灵台县人民政府信访局”，编制6人。(灵机编发〔2004〕08号)。

三、县信访联席会议办公室

2004年9月，成立灵台县集中处理信访突出问题及涉访群体性事件联席会议办公室。(县委办发〔2004〕103号)。

四、县政府信访事项复查办公室

2009年6月，成立灵台县人民政府信访事项复查办公室。（灵政发〔2009〕32号）。

五、县信访工作联席会议办公室

2017年11月，原灵台县集中处理信访突出问题及涉访群体性事件联席会议办公室更名为“灵台县信访工作联席会议办公室”。（灵政发〔2017〕59号）

第二节　机构工作职责

一、县信访局职责

（1）贯彻落实中央、省、市、县关于信访工作的方针、政策、规定和部署。

（2）受理人民群众来信、来电及网上信访，接待来访群众，引导群众依法有序反映诉求，宣传党和国家的有关方针、政策和法律法规。

（3）承办上级信访部门和县委、县政府领导同志批示交办的信访事项。

（4）向乡镇、部门和单位转办、交办有关信访事项，督查督办信访事项的办理情况。

（5）对紧急重大跨乡镇、跨部门的信访问题，进行查办或协调处理。

（6）综合分析人民群众来信来访情况，向县委、县政府提出改进工作的意见和建议。

(7) 指导全县信访工作，培训信访干部，总结推广先进经验，开展信访理论研讨。

(8) 协调乡镇、部门做好非正常上访人员的劝返工作，维护信访秩序。

(9) 筹办信访工作联席会议，研究解决重大信访问题，交办重点信访案件，负责信访事项的复查工作。

(10) 承办县委、县政府安排的其他工作。

二、县信访工作联席会议办公室职责

(1) 负责了解、掌握全县信访突出问题及涉访群体性事件的情况和动态，分析、判断社会稳定形势，针对信访突出问题及涉访群体性事件提出对策建议。

(2) 认真做好我县到市赴省进京人员劝返及反映问题的处理工作。

(3) 组织协调有关方面处理跨部门、跨行业、跨乡镇的信访突出问题及涉访群体性事件，并形成《会议纪要》下发有关乡镇和部门执行。

(4) 总结交流有关方面处理信访突出问题及涉访群体性事件的成功经验，推动全县信访工作有效开展。

(5) 督促检查乡镇和县直各部门、市驻灵各单位处理信访突出问题及涉访群体性事件各项措施的落实，行使督导、批评、通报和责任追究建议权。

三、县政府信访事项复查办公室职责

(1) 受理、办理应由灵台县人民政府复查的信访事项。

(2) 对确需要复查的信访事项，以及其他重大、复杂、疑难的信访事项，由灵台县人民政府信访事项复查委员会直接复查或授权有关行政机关代为复查。

(3) 指导、检查和监督全县信访事项复查工作，对在复查工作中失职、渎职的行政机关工作人员，向有关行政机关提出行政处分的建议。

(4) 承办灵台县人民政府交办的其他有关事项，并向其报告工作。

第二章　信访工作制度及重要文件

第一节　县委、县政府关于信访工作的文件

中共灵台县委　灵台县人民政府
关于印发《灵台县信访工作领导责任制实施细则》的通知

县委发〔2003〕40号

各乡镇党委、政府，县直各部门，市驻灵各单位：

《灵台县信访工作领导责任制实施细则》已经县委、县政府同意，现印发你们，请认真贯彻执行。

信访工作是党和政府联系群众的重要渠道和纽带，是贯彻党的群众路线的重要组成部分，也是检验我们各项工作的窗口。做好信访工作，对于密切党群、干群关系，树立党和政府的良好形象以及维护社会稳定都具有十分重要的意义。

实行信访工作领导责任制是强化信访工作的关键措施，对于明确和靠实工作责任，促进信访工作任务的落实具有重要的作用。各级各部门特别是领导干部一定要充分认识信访工作的重要性，认真执行信访工作责任制，按照“分级负责，归口办理”和“谁主管，谁负责”的原则，各负其责，齐抓共管，努力做好信访工作，为维护全县稳定大局，促进县域经济和社会

各项事业的健康发展做出贡献。

二〇〇三年七月十一日

灵台县信访工作领导责任制实施细则

为了深入贯彻落实信访工作领导责任制，推动全县工作全面发展，根据省委、省政府《关于认真落实信访工作领导责任制的意见》和《平凉市信访工作责任制》，结合我县实际，特制定本实施细则。

第一章　总则

第一条　基层信访工作是党和政府密切联系群众的桥梁和纽带，是了解社情民意的窗口，各级党政组织一定要切实加强对信访工作的领导，认真落实信访工作领导责任制，积极化解各类社会矛盾，努力维护社会政治稳定，为全县经济发展创造良好的社会环境。

第二条　按照“分级负责，归口办理”和“谁主管，谁负责”的原则，实行“主要领导亲自抓，分管领导具体抓，其他领导配合抓，一级抓一级，层层抓落实”的信访工作机制，切实做到职责明确，任务到人，各司其职，各负其责，上下联动，齐抓共管。

第三条　信访工作领导责任制的主要目标任务是：积极贯彻“三个代表”重要思想，进一步畅通信访渠道，正确处理好新形势下的各类社会矛盾，全力维护人民群众的合法权益。通过落实领导责任制，使初信初访的一次性办结率达到90%以上，当年信访案件结案率达到90%以上；90%以上的信访问题解决在基层；对群众反映的信访问题做到事事有着落，件件有结果，努力减少越级上访、集体上访和重信重访，把问题解决在基层，把矛盾化解在萌芽状态，使信访工作逐步迈上制度化、规范化、法制化的轨道。

第二章　信访领导责任制

第四条　乡镇、部门党政主要领导的主要职责：

1. 乡镇党委书记、乡镇长、部门主要领导是本乡镇、本部门、本系统信访工作的第一责任人。

2. 定期召开信访领导小组会议，听取信访工作汇报，通报反馈情况，研究安排、检查督促本乡镇、本部门的信访工作。

3. 阅批群众来信，接待群众来访，协调处理重大信访案件及群众集体上访、异常上访和群体事件。

4. 全面贯彻落实县委、县政府关于信访工作的安排部署，督促领导班子成员落实信访工作领导责任制和信访工作目标管理责任制。

5. 及时调整充实各级信访组织，配备专兼职信访干部，制定完善各项信访工作制度。

6. 加强调查研究，及时掌握社会动态，加强信访信息的预测预警。

7. 保证信访工作经费投入，抓好信访室软硬件建设。

第五条　乡镇、部门分管领导的主要职责：

1. 主持本乡镇、本部门的信访工作，对本乡镇、本部门、本系统的信访工作负主要责任。

2. 负责信访工作领导责任制和信访工作目标管理责任制各项具体任务的安排、检查、督促、考核。

3. 组织安排日常信访工作，阅批群众来信，接待群众来访，负责上级转办和本级受理的信访案件的查处及上报。

4. 对突发性群体事件、群众集体上访、异常信访要亲临现场，靠前指挥，认真做好教育疏导工作，平息事态。

5. 按照上级有关部门的安排，及时做好越级到县以上机关上访人员的遣返和教育管理，维护正常的信访秩序。

6. 建立健全行政村及下属单位信访工作网络，抓好基层信调室建设，组织评比和经验交流，推动信访工作全面发展。

7. 督促专兼职信访工作人员认真填写群众来信来访登记簿，报送信访统计报表、信息、案件调查报告和有关资料，立卷、归档信访档案，推广先进典型，定期检查班子成员的来信来访登记簿。

第六条　乡镇、部门其他党政领导的主要职责：

1. 对分管工作范围内的信访工作负直接责任，协同主要领导和分管领导抓好信访工作。

2. 负责受理分管工作范围内和包抓的片、村及单位的信访问题。

3. 阅批、接待分管范围内的来信来访。

4. 配合解决涉及交叉范围内的信访问题。

第七条　工青妇负责人的主要职责：

1. 对本团体、本系统的信访工作负总责。

2. 阅批接待涉及工人、青年、妇女儿童合法权益的信访问题，参与协调处理信访案件，维护工人、青年、妇女儿童的合法权益。

3. 建立健全各级群众团体信访工作网络和制度，负责群众来信来访登记、报送信访信息、报表、信访案件调查报告和信访档案立卷归档。

第八条　政法委负责人的主要职责：

1. 对全县重大群众集体上访、群体事件、异常信访和涉法信访问题负总责，牵头处理涉法信访案件及群众集体上访、异常上访和群体事件，维护全县社会稳定。

2. 安排部署政法口的信访工作，制定完善各种信访制度，检查考核督查公、检、法、司的信访工作，组织涉法信访问题的调查、听证和处理；协调公安部门维护县委、县政府机关的信访工作秩序。

第九条　公安局负责人的主要职责：

1. 对维护全县正常的信访工作秩序负总责。

2. 超前掌握影响社会安定的集体访、群体访和异常信访，及时向县委、县政府报告，提出对策和措施。

3. 配合乡镇、部门妥善处理集体上访、群体性事件和异常信访，维护各级党政机关正常的工作秩序；协同有关部门遣返无理取闹或长期滞留机关的上访人员，对严重阻碍干扰机关正常工作秩序、违反治安管理处罚条例的缠访人员依法进行处置。

第十条　民政局负责人的主要职责：

1. 负责对来县委、县政府机关要求民政救济的困难群众、残疾人和精神病人的信访接待、问题处理和滞留人员的遣返；及时向县委、县政府汇报群众信访反映的重大灾害和问题，提出救灾和救济的建议和意见。

2. 配合有关部门接收、管理、教育、遣送越级上访人员和缠访人员。

第十一条　企业党政负责人的主要职责：

1. 对本企业信访工作负总责，及时妥善处理本企业发生的各类信访问题。

2. 严格按《企业法》和《工会法》规定的程序办事，对困难和特困职工要严格按照中央和省、市、县的有关政策规定，妥善安置，切实做好职工的生产和社会保障工作。

3. 及时了解职工生活状况，掌握职工思想动态，做好职工的思想教育和疏导工作。

第三章 信访工作责任制

第十二条 建立党委、政府定期研究信访工作制度。县委常委会、县政府常务会每年召开两次专题会议，专门研究信访工作，听取信访工作汇报，分析信访形势，及时研究处理重大集体上访、群体事件、异常上访等特殊情况；乡镇党委、政府和县直部门领导班子每季度召开一次会议，专题研究信访工作，学习贯彻上级信访工作精神，综合分析群众来信来访中反映的重要情况和带有倾向性的问题，安排部署信访工作。

第十三条 建立领导接待日制度。每月第一周星期三为领导接待群众来访日。县上领导分别在县委信访办公室和县政府信访接待室挂牌办公，接待来访群众，县委办、政府办、信访办及涉及的有关乡镇、部门负责人一同参加接待日工作。各乡镇和县直各部门都要相应实行领导接待日工作制度，由班子成员公开接待上访群众。信访部门要根据实际情况制定具体实施办法，健全完善相关制度，对领导接待处理的信访问题跟踪督查，及时催办，定期报结，确保接待事项事事有着落，件件有结果。

第十四条 建立领导阅批群众来信制度。各级党政领导要坚持阅批群众来信，对群众直接寄送的信件和信访部门呈送的重要来信要亲自阅批，认真登记，凡需办理的要有明确的意见，批交有关部门办理，并负责督办落实。对上级领导批示交办的群众来信，有关部门要及时查办，并向领导和信访部门上报反馈处理结果。

第十五条 建立领导包案制度。各级党政领导对群众集体上访、异常上访、越级上访反映的问题、重大疑难信访案件，以及上级党委、政府和信访部门交办的信访案件，要明确分工，确定包案领导、承办单位、承办人员、承办任务，限时办结。对群众集体上访和重大疑难或突发性问题及上级领导批复交办的案件，由主要领导包案；对群众越级上访和直接受理的问题及转办案件由分管领导包案，实行谁包案、谁处理、谁答复，一包到底；对乡镇部门领导处理后不服的信访案件，包案领导要书面报告县委、县政府和县信访部门。领导包案处理后，要对信访人进行回访，进一步做好稳定工作。对发生重复上访和越级上访的，包案领导要向县委、县政府和信访部门作出书面说明。

第十六条　建立完善群众逐级上访接待处理制度。各级党政组织和领导干部要教育引导群众逐级反映问题，对群众的来信来访应认真负责地调查处理。如来访群众不服本级处理意见，并有充分的理由和事实依据，可持组织处理意见逐级向上请求复查。未经基层处理的，上级机关只作登记、咨询、解释，不予受理，劝其回原地解决。对不听劝解，继续到有关单位纠缠的，要责成所在乡镇、单位带回原地解决。对工作不负责任，导致群众上访，严重阻碍上级机关正常工作秩序的，要追究有关领导及经办人责任。

第十七条　建立信访工作目标管理制度。各级各部门都要对信访工作实行年度目标管理，逐级签订责任书，明确信访工作责任目标，制定切实可行的实施意见。县信访办具体负责全县信访责任目标的考评考核，考核结果报县委、县政府审定后兑现奖罚。在年度信访工作中有重大失误，发生集体上访、越级上访事件，造成重大社会影响或对全县整体形象造成不良影响的乡镇或部门，实行一票否决，并追究有关人员的责任。

第四章　信访办理责任制

第十八条　乡镇、部门对县委、县政府交办的一般信访问题要在30日内办理完毕，复杂信访问题查处最长不超过60日；

对直接受理的信访问题应当自收到之日起15日内办结。对信访人不服本级处理，要求上级机关复查的，要及时向上级机关报告，上级机关应在收到复查请求之日起30日内提出复查意见。经复查，处理决定正确的，不再处理，但需向信访人作出解释；不正确的，责成下级机关重新处理，重大问题直接处理并回复信访者。

第十九条　对应由有关单位依法作出处理决定的信访事项，负责单位应在30日内办理完毕，并将结果及时报送交办部门。不能按期办结的，要向交办部门说明情况。交办部门认为事实不清，处理不当的，及时向办理单位提出建议或者退回重新办理，必要时可以直接办理。对转交不当的信访事项，接受单位应在收到转交的信访事项之日起5日内附上书面理由，退回转交部门。

第二十条　对依法应由人民法院、人民检察院受理的信访事项，信访人到各级党政机关信访的，各级党政机关要做好解释说服工作，避免事态发展和矛盾激化，同时告知人民法院或人民检察院做好接待工作。

第二十一条　对涉及两个或两个以上乡镇和县直部门的信访事项，由所涉及的乡镇或县直部门协商办理，办理有争议的，由上一级党政机关协调办理。

第二十二条　对越级赴县、赴市、赴省或赴京上访滞留人员，由所属乡镇和主管部门及时派人派车接回原籍，并负责做好思想教育工作，对上访人反映的问题应当及时研究解决。

第二十三条　县信访办要按照“分级负责、归口办理”的原则，按照市信访部门或县上领导批示，向有关乡镇和县直部门交办群众的信访事项并检查督办；对重大疑难信访问题，根据领导批示直接调查提出意见，交有关乡镇和县直部门办理；

定期通报信访案件和信访办理情况。

第二十四条　信访事项办结后，负责办理的乡镇和县直部门或信访工作机构，应当在5日内按照有关规定向信访人出具处理决定书或反馈处理意见。

第五章　信访责任查究制

第二十五条　对领导干部不认真履行信访工作职责，有下列情形之一的，由相关部门视其情节轻重，予以处理。情节轻微的，由县信访部门通报批评；情节严重的，由县信访工作领导小组给予黄牌警告；情节特别严重的，由县信访工作领导小组建议同级社会治安综合治理委员会按规定给予一票否决。凡是被黄牌警告或一票否决的乡镇和部门、单位在一年内不能评为先进，主要领导和分管领导取消年度奖金和评先资格，并在未扭转本乡镇、本部门、本单位信访工作被动局面之前不得晋升职务。

① 对上级有关部门交办的信访案件无故推拖不办，在规定期限内不能查结上报的；

② 对已经确定的正确处理意见拒不执行，致使案件久拖不决的；

③ 基层工作不落实，致使群体性上访、越级上访等问题突出，造成重大影响的；

④ 对本乡镇、本部门群众到上级机关集体上访，不积极配合做工作或工作不力，致使上访群众长时间滞留的；

⑤ 对老上访户工作措施不落实，致使其长期滞京、滞省、滞市、滞县造成不良影响的；

⑥ 对责成解决的群众信访问题不解决，甚至纵容、指使群众越级上访，把矛盾和责任推向上级机关和领导，造成严重后果的；

⑦ 在解决信访问题中措施不落实，失职、渎职，导致群体事件和重大事故发生，造成重大影响和严重后果的。

第二十六条　各乡镇、县直各部门及各群众团体信访工作人员在信访办理中有下列行为之一的，由本乡镇、本部门或者上级党政机关依照有关规定给予批评或党纪、政纪处分，构成犯罪的，依法追究刑事责任。

① 属于自己职权范围内应当从速办理的信访事项，推诿扯皮或者拒不办理的；

② 对上级行政机关交办的信访事项，久拖不办超过期限，既不上报办理结果又不说明情况，或者弄虚作假、谎报办理情况的；

③ 对信访人进行刁难、压制、歧视，态度蛮横，作风霸道，恶意对待或者打击报复的；

④ 对重大信访事项不及时采取措施办理，致使信访矛盾激化升级，造成不良影响的；

⑤ 参与、支持、纵容、教唆群众集体上访的；

⑥ 利用职权徇私舞弊、索贿受贿的；

⑦ 泄露信访秘密或者将检举、揭发、控告材料泄露给被检举、揭发、控告单位和人员的；

⑧ 应当回避而拒不回避的，袒护、包庇以上行为的；

信访人及其他公民、法人和组织发现以上各种行为，可以向有关党政机关控告、检举，要求依纪依法处理。

第二十七条　对官僚主义严重，决策有重大失误或者工作严重失职，激化矛盾，引发事端，致使群众大规模赴县、赴市、赴省、赴京集体上访，造成不良政治影响或重大经济损失的主要领导，由县信访部门提出建议，按干部管理权限由纪检、监察机关给予党纪、政纪处分。

第二十八条　对信访工作责任制的落实情况每半年进行一次督办检查，督查工作由县信访工作领导小组统一部署，县信访部门具体组织实施，并通报督查结果。

中共灵台县委　灵台县人民政府
关于进一步加强新时期信访工作的意见

县委发〔2008〕31号

（2008年5月6日）

为了认真贯彻落实中央、省、市关于进一步加强新时期信访工作的意见精神，努力为全县经济社会又好又快发展创造良好的环境，现结合我县实际，提出如下意见：

一、充分认识加强新时期信访工作的重要意义，牢牢把握信访工作的正确方向

1. 深刻认识新时期信访工作的重要地位和作用。信访工作是党和政府的一项重要工作，是党和政府联系群众的桥梁、倾听群众呼声的窗口、体察群众疾苦的重要途径，在正确处理人民内部矛盾、维护社会和谐稳定、加强党风廉政建设中发挥着重要作用。特别是在改革发展进入攻坚阶段的新形势下，进一步加强信访工作对于全面落实科学发展观、发展社会主义民主政治、维护人民群众合法权益、密切党和政府与人民群众的血肉联系、全面建设小康社会、构建社会主义和谐社会具有十分重要的意义。为此，各乡镇、县直各部门要从坚持立党为公、执政为民的高度，从提高党的执政能力、巩固党的执政地位、促进经济社会又好又快发展的高度，充分认识加强信访工作的重要性，切实增强做好信访工作的政治责任感和使命感，自觉地把信访工作放在工作大局中去思考，放在改革发展稳定的大

背景下去谋划，放在构建和谐社会的实践中去推进，不断开创我县信访工作新局面。

2. 进一步明确新时期信访工作的指导思想和目标任务。

指导思想：以邓小平理论和“三个代表”重要思想为指导，全面落实科学发展观，紧紧围绕全县经济社会发展大局，牢记为民宗旨，发扬务实作风，切实维护社会公平正义，最大限度地增加和谐因素，减少不和谐因素，为建设富裕文明和谐秀美灵台做出更大贡献。

目标任务：以切实维护群众合法权益，及时反映社情民意，着力促进社会和谐为目标，构建党委、政府统一领导、部门协调，统筹兼顾、标本兼治，各负其责、齐抓共管的信访工作新格局，建立畅通、有序、务实、高效的信访工作新秩序，形成与构建社会主义和谐社会目标任务相适应的信访工作新机制，推进信访工作的制度化、规范化和法制化。

二、坚持依法按政策解决问题，切实维护群众的合法权益

1. 认真解决群众合理诉求。对群众反映的合理诉求，法律法规和政策有明确规定的，要严格依法按政策认真解决，一次解决到位；对群众要求合理、但法律法规和政策没有明确规定或规定不够完善的，以及对应当解决、但因客观条件不具备一时难以解决的，要及时说明情况，向群众解释清楚，取得群众的理解和支持，并积极创造条件适时予以解决；对要求过高，但确实有特殊困难的群众，要区别情况给予经济和其他方面的救助，使上访人感受到党和政府的温暖；对无理要求，要进行说服教育、积极引导，不能随意突破法律法规和政策规定，为求得一时一事的解决而引发新的矛盾。

2. 着力解决信访突出问题。要把解决信访突出问题作为重点，按照“属地管理、分级负责”“谁主管、谁负责”“依

法、及时、就地解决问题与疏导教育相结合”的工作原则，着力解决好群众反映的热点难点问题，切实把信访突出问题妥善处理在本级本部门，解决在基层，不能将矛盾和问题推向上级、推向社会。对涉法涉诉信访问题，县委政法委要切实负起牵头抓总的责任，加强协调指导和督促检查，使涉法涉诉问题在司法部门得到彻底解决，不得缠访党政机关。司法和行政执法部门要切实履行职责，严格公正执法，认真解决好群众反映强烈的有法不依、执法不公等问题。

3. 坚持解决实际问题与加强思想教育相结合。要认真研究新形势下群众思想政治工作的特点和规律，在依据法律法规和政策规定解决群众反映问题的同时，加强有针对性的思想教育，把处理群众信访问题的过程作为开展思想教育和宣传政策法规的过程，切实做好解疑释惑、疏导情绪、化解矛盾等工作，帮助群众了解实际情况、了解党和国家的方针政策和法律法规，引导群众正确处理个人利益与集体利益的关系，正确行使权力和承担义务，自觉维护改革发展稳定的大局。

三、积极畅通信访渠道，依法规范信访秩序

1. 不断完善信访诉求表达方式。要充分尊重和保护人民群众的信访权利，各乡镇、各部门要热情文明接待群众来访，认真负责办理群众来信；要加快信访信息系统建设步伐，确保县信访局与市、省、全国信访数据中心的互联互通，为群众反映问题、提出意见建议、查询办理情况提供便利条件；要积极借鉴和探索建立健全人民建议征集制度，鼓励和支持人民群众对党和政府的工作积极献计献策和提出批评意见，切实保障公民的知情权、参与权、表达权、监督权。

2. 妥善处置非正常上访问题。要进一步加强对来县到市赴省进京非正常上访人员的劝返、稳控和问题处理工作。各乡镇及县直有关部门要注意加强与上级信访部门、市政府驻京办、县政府驻兰办的信息联络，凡发生来县到市赴省进京上访问题，要按照信息传递快、接领速度快、劝返离开快的“三快”要求和工作预案，抽组骨干力量，迅速劝返。特别是对重大集体上访，党政主要领导要亲临现场，靠前指挥，及时将上访人员劝离。非正常上访人员劝返回当地后，一律由责任单位党政主要领导亲自接待，认真落实解决问题和稳控教育双重责任，限期处理问题并做好稳控工作。县公安局、维稳办、信访局要制定群众到市赴省进京和大规模来县非正常上访的处置预案，切实维护社会稳定。

3. 依法规范信访行为。要进一步加强《信访条例》等有关法律法规的宣传教育，引导群众以理性合法的形式表达利益诉求、解决利益矛盾，自觉维护社会安定团结。公安机关要承担起维护党政机关正常信访秩序的重要职责，对不听劝阻、缠访闹访、违犯《信访条例》规定的，先依法整顿秩序，后接待处理问题。对问题处理到位，已经“三级终结”仍重复来县到市赴省进京上访的，要对其讲清楚应承担的社会和法律责任，有针对性地加大工作力度，落实稳控措施；对策划、煽动、组织不明真相群众聚众上访以及损害国家、社会、集体利益和其他公民合法权益行为的，要依法严肃处理；对确定的精神病人、疑似精神病人到党政机关缠访闹访的，公安、民政、卫生等部门要密切配合，及时带离并督促责任单位落实救治和处置措施。

四、健全落实长效机制和制度，推动构建信访工作新格局

1. 建立健全信访工作综合协调机制。各乡镇党委、政府要加强组织协调，整合社会管理资源，形成做好信访工作的强大合力。乡镇之间、部门之间、乡镇与部门之间要加强配合、密

切协作，共同处理好跨乡镇、跨部门的信访问题。要充分发挥信访联席会议和信访部门的协调指导作用，形成上下联动、运转高效、综合施治的工作机制。

2. 建立健全信访督查工作机制。要建立健全党委和政府统一领导、信访部门组织实施、各职能部门共同参与的信访督查工作机制，推行信访督查专员制度，加强对重大疑难信访案件的督办和查处，促进群众信访问题的解决。

3. 建立健全信访事项复查复核制度。要进一步规范信访事项“三级终结”制度，逐级依法做好答复、复查、复核工作；县信访局要设立复查复核办公室，组织、人事部门要调配专门人员，承办属于本级政府受理的信访事项的复查复核工作，真正做到复查复核工作规范化。对疑难、重大信访问题的复查复核，要积极推行信访听证制度，公开信访事项、处理程序、适用法律和政策依据，切实提高信访工作的透明度和公信力。

4. 建立健全信访情况汇集分析和通报谈话制度。要建立和完善多层次、全方位的信息报送网络，及时报送信访信息，进一步提高分析研判水平。要完善和落实信访问题突出地区通报和谈话制度，县信访联席会议每季度对信访问题突出的乡镇和部门进行通报；连续两次被通报的，其党政主要负责人由县委、县政府的分管领导谈话，限期整改；谈话后半年内工作仍无改观的，其党政主要负责人由县委、县政府主要领导谈话，责令限期整改。

5. 建立健全以领导干部为主体的信访工作责任制度。党政组织的主要领导是信访工作的第一责任人，对重要信访事项要亲自推动解决；分管信访工作的领导是直接责任人，要切实抓好各项具体工作的落实；其他领导“一岗双责”，按照分工抓好分管方面的信访工作。党政领导要经常阅批群众来信，并提出明确的批办意见。要落实领导接待日制度，对重要的群众来访，党政领导要亲自接待，及时予以妥善解决。对一些久拖不决的信访疑难案件、多次重复信访和非正常上访问题，要实行领导包案，限期解决。党委、政府要定期不定期召开会议，分析本地区和本部门的信访形势，研究解决重大信访问题，担负起保一方和谐稳定的责任。

6. 严格落实信访工作目标管理和责任追究制度。要实行信访目标管理责任制，将信访工作纳入党风廉政建设、精神文明建设、社会治安综合治理工作考核体系，明确目标责任，严格考核兑现，形成一级抓一级，层层抓落实的信访工作责任体系。县纪委、县委组织部、县监察局、县人事局、县信访局要联合制定《信访工作绩效考核和责任追究办法》，将信访工作纳入领导班子和领导干部绩效考评体系，作为提拔任用干部的重要依据。对因官僚主义、形式主义、违法行政引发群体性信访问题或对信访问题推诿扯皮、敷衍塞责、不认真解决并造成严重后果的，要对有关领导和责任人予以党纪政纪处分；触犯法律的，要依法追究责任。

五、切实加强基层基础工作，努力提升基层化解矛盾的能力

1. 健全基层信访工作网络。要按照巩固提升县一级、着力加强乡一级、规范完善村一级的思路，进一步加强基层信访工作网络建设。要加强乡镇信访干部队伍建设，设立乡镇信访办公室主任岗位，配备专职信访工作人员。要加强信访基础工作，各村党支部书记、村委会主任要对本村信访工作负总责，并做好矛盾排查和纠纷调处工作，努力把各类矛盾化解在基层，解决在萌芽状态。县直各部门、企事业单位要根据实际情况设立信访工作机构，配备专兼职信访工作人员。要逐级抓好专兼职信访工作人员的培训工作，提高业务能力和水平。

2. 超前排查化解矛盾纠纷。要把信访工作的重心从事后处理转移到事前排查化解上来，坚持经常排查和集中排查相结合，普遍排查和重点排查相结合。对排查出的问题，特别是对群众反映强烈的热点难点问题，要明确主要负责人、责任单位和责任人员，限期妥善解决，努力使矛盾纠纷化解在萌芽状态，真正做到各种矛盾纠纷发现得早、化解得了、控制得住、处理得好。要大力推行信访、司法、民调、综治“四位一体”的工作机制，综合运用政策、法律、经济、行政等手段和教育、协商、调解、疏导等办法，动员和组织社会各方面力量，有效化解各类矛盾纠纷。

3. 从源头上预防和减少信访问题的发生。各乡镇、各部门都要关注民生办实事，着力解决人民群众最关心、最直接、最现实的利益问题。要坚持科学决策、民主决策、依法决策和党务、政务、村务公开，广泛听取各方面的意见，重视信访部门的意见和建议，综合考虑改革的力度、发展的速度和社会可承受的程度，保持政策的严肃性、连续性、稳定性，从源头上预防和减少信访问题的产生。要切实加强基层党组织和基层政权建设，下大气力抓好基层领导班子和干部队伍建设，增强基层组织解决矛盾的能力。各级干部要改进思想作风和工作作风，防止因滥用职权、作风粗暴、失职渎职、侵害群众合法权益而引发信访问题。

六、大力加强信访部门建设，不断提高信访工作效率和水平

1. 加强信访部门领导班子和机构建设。要高度重视信访部门领导班子建设，优化班子结构，配齐配强领导力量，信访局长要兼任县委办公室副主任。要为县信访局增设督查室、复查复核办公室等内设机构，增加相应的人员编制，使人员编制达到8人。要进一步强化县信访联席会议办公室工作职能，各专

项工作小组和信访量较大的县直部门单位，要设立专门的信访工作机构，配备专职信访工作人员。县人大、政协、法院、检察院以及工会、共青团、妇联等人民团体要在县委的统一领导下，切实抓好各自职责范围内的信访工作。

2.加强信访部门和信访干部队伍建设。要加大信访工作经费投入，确保县信访局工作经费逐年增加，县财政每年列支必要的劝返工作专项经费和信访救助专项资金，保证信访各项工作的有序开展。要在认真考察的基础上，为信访局配备2名副科级专职督查专员。要加大信访干部的培养、使用和交流力度，努力培养造就一支政治坚定、纪律严明、办事公道、作风优良、熟悉法律法规政策、群众工作经验丰富、具备较强社会管理能力的信访干部队伍。对政治素质好、综合能力强、工作成绩显著的信访干部，要给予提拔重用。广大信访干部要切实增强为人民服务的宗旨意识，发扬信访工作的优良传统，扎扎实实地做好新时期的信访工作。

中共灵台县委　灵台县人民政府
关于用群众工作统揽信访工作的实施意见

灵发〔2012〕36号

（2012年3月14日）

为深入贯彻党的十七大、十七届五中全会精神，进一步密切党群干群关系，维护社会和谐稳定，根据《中共甘肃省委、甘肃省人民政府关于用群众工作统揽信访工作的若干意见》（甘发〔2011〕6号）和《中共平凉市委、平凉市人民政府关于用群众工作统揽信访工作的实施意见》（平发〔2011〕38号）文件精神，结合我县实际，特提出如下实施意见。

一、提高认识，牢固树立信访工作新理念

群众工作是我们党的优良传统和政治优势，是党和政府联系群众的桥梁和纽带。信访工作是党的群众工作的重要组成部分，是最直接、最现实的群众工作。用群众工作统揽信访工作，是信访工作的本质属性和内在要求，是信访工作适应新形势、新任务、新要求的必然选择。随着改革发展不断深入，人民内部各种利益矛盾大量地以信访形式表现出来，及时认真解决好人民群众信访反映的各类利益诉求，成为新形势下最重要的群众工作。全县各级组织要把信访工作放在党的群众工作的全局中去把握，以新理念推动新发展，在工作机制、方式方法、阵地载体、经费保障、队伍建设等方面积极探索，使信访工作与党的群众工作、政府的社会管理工作有机融合，形成信访工作从源头上做、全过程做、靠大家做的新局面，在更好地服务人民群众、化解社会矛盾、促进社会和谐中发挥更大作用。

二、健全完善长效机制，着力构建信访工作新格局

（一）健全完善维护群众权益工作机制。全县各级组织要充分发挥群众工作的主导作用，努力提高群众工作能力和信访工作水平，统筹兼顾、公正合理、及时有效地解决好社会各方面群体利益的信访诉求。县人大、政协和县纪委、法院、检察院以及工会、共青团、妇联等人民团体要积极主动听取群众意见，协同解决群众反映的问题。各乡镇、各部门要把群众工作融入重点工作任务落实的全过程，通过加强党务政务公开、严格行政执法、行业监管自律等途径，努力提高广大人民群众对各级党委、政府的政策法规、决策部署的知晓率。各级组织要在政策的贯彻落实中切实维护广大人民群众的根本利益。要重视加强青少年、妇女儿童、农民工、低收入人群和残疾人等弱势群体的利益维护和权益保障工作，最广泛地凝聚和调动社会

各方面的力量，形成与转型跨越、科学发展目标任务相适应的维护群众权益机制。

（二）健全完善社会稳定风险评估机制。各级组织要把推进民主科学决策与社会稳定风险评估结合起来，在事关群众切身利益的重点工作、重大工程项目建设等重大事项决策之前，要广泛听取社会各界的建议，认真开展稳定风险评估，做到有不稳定风险的政策不出台、绝大多数群众不支持的项目不立项，保证各项决策符合国家法律法规和政策规定，符合人民群众根本利益，变成广大群众的自觉行动，努力从源头上预防和减少社会矛盾。

（三）健全完善矛盾纠纷排查化解机制。各乡镇、各部门要把信访工作的重心从事后处理转移到事前排查化解上来，进一步健全乡镇、村社和部门的信访工作网络，坚持把日常排查、定期排查、专项排查和重要敏感期集中排查相结合，及时发现社会矛盾纠纷和不稳定因素。坚持抓早抓小，对排查出的矛盾纠纷，要综合运用政策、法律、经济、行政等手段和教育、协商、调解、疏导等办法，及时就地化解，做到小事不出村（社区）、大事不出乡镇（街道）、矛盾不上交。

（四）健全完善领导干部接待群众工作机制。全县各级党委、政府领导同志要亲自阅批群众来信，接待群众来访，并抓好督促落实。要坚持“谁主管、谁负责”“一岗双责”和依法及时就地解决实际问题的原则，采取预约接待或带案下访的方式，面对面做好群众工作。县委书记、县长每月至少安排1天时间接待来访群众，每个工作日要有1名县级领导值班接待群众来访，各乡镇、县城区街道办党政主要负责人要随时接待来访群众，及时解决群众反映的各类信访问题，进一步密切党群干群关系。

（五）健全完善信访问题协调督办机制。建立县委、县政府统一领导、县信访联席会议牵头协调、信访部门组织实施、各职能部门共同参与的工作机制，努力构建大信访工作格局。要加强对县委、县政府领导批示信访件的交办督办工作，对领导批示的信访件，各责任单位要及时办理，县委办、政府办和信访局联合督办；县委领导批示的信访件，县委办和信访局督办；县政府领导批示的信访件，政府办和信访局督办。有关责任单位要及时向“两办”和信访局报告办理结果。要多措并举，综合施策，深入开展“三访”（来县到市赴省进京集体上访、非正常上访和重信重访）治理、信访积案化解等集中整治活动，着力解决好群众反映的突出问题。要严格落实党政领导包案、机关干部下访和信访突出问题通报和谈话、信访责任追究等制度，进一步加大督查督办力度，推动信访突出问题及时妥善解决。

（六）健全完善信访事项三级终结工作机制。严格落实有权处理机关信访事项首办责任，使大多数信访事项在首办环节终结。要规范信访事项“三级终结”制度，逐级依法按政策做好群众信访诉求的答复、初查和复核工作，做到事实清楚、证据充分、定性准确、程序规范、档案完备。要全面推行信访事项“一册通”，防止信访人多头信访，行政机关多头受理、多头交办。对已经“三级终结”的信访事项，实行“三不一公告”（不受理、不交办、不通报，在公共场所或媒体对外公告），达到“案结事了”“结案息诉”的目标。

（七）健全完善规范信访秩序工作机制。进一步加大《信访条例》等法律法规的宣传教育力度，依法规范各级党政组织、信访工作者的信访工作行为和信访人的信访行为。各级党政机关及其工作人员要认真处理群众来信、接待群众来访、倾听群众意见建议和要求，及时依法处理。要引导群众以理性合法有序的形式表达利益诉求、解决利益矛盾，自觉维护信访秩序。公安机关要承担起维护党政机关正常信访秩序的重要职责，对违犯《信访条例》规定的，要依法先整顿秩序，后接待处理问题。对所反映问题已经处理到位，仍重复上访、缠访闹访的，要进行批评教育和训诫；对策划、煽动、组织不明真相群众聚众上访以及损害国家、社会、集体利益和其他公民合法权益行为的，要依法严肃处理。

（八）健全完善处置群体性事件工作机制。各乡镇、各部门要制定群体性事件处理预案，靠实工作责任，积极预防和妥善处置。群体性事件发生后，有关乡镇、部门主要领导要亲临现场、靠前指挥、妥善处理。要加强部门之间的协调联动，建立信息通报制度，有针对性地采取处置措施，及时稳控现场局面。要坚持正确的舆论引导，及时准确发布权威信息，公开透明妥善回应社会关切，赢得群众理解和支持。

三、探索新途径，不断提高信访工作新水平

(一) 全面畅通信访渠道。各乡镇、各部门要充分尊重和保护人民群众的信访权利，热情文明接待来访群众，认真负责地办理群众来信。要积极拓宽社情民意表达渠道，通过开通群众来信绿色邮政，专线服务电话，县、乡长信箱，网上信访等多种形式，引导群众更多地以书信、电话、电子邮件等形式表达利益诉求，确保社情民意顺畅传达。要充分利用信访信息系统平台，为群众反映问题、提出意见建议、查询办理情况提供便利条件，真正做到让群众的合理诉求能够及时受理和解决。

(二) 大力措办为民实事。全县各级组织要更加重视社会建设和管理，推进基本公共服务均等化，大力措办为民实事，着力解决好扩大就业、社会保障、公共卫生、基础设施、城乡住房、生态环境、教育文化、权益保障等人民群众最关心、最直接、最现实的民计民生问题，让人民群众在政治上受尊重、权益上有保障、经济上得实惠。要加大困难群体社会化救助工作，采取政府救助、社会救济、民间互助等方式，保障困难群众的基本生活。

（三）严格依法按政策办事。各级领导干部要带头学习法律知识，增强法制观念，严格按法律和政策规定开展工作，不断提高运用法律手段和政策规定协调关系、化解矛盾的能力。要切实改进党员干部思想作风和工作作风，坚持用群众观点思考问题，把群众工作的触角延伸到村居、社区，多做人对人、面对面、心交心的工作。要教育引导群众增强法律意识，以理性合法的形式表达利益诉求、解决利益纠纷、维护自身权益。

（四）引领网上正面舆论。深入研究网上舆论引导的特点和规律，有效引导网上舆论，掌握网上宣传的主导权，增强网上宣传的主动性、针对性。要把群众网上信访作为信访工作的重要组成部分，及时登记、处理和回复，并把办理情况纳入信访工作考核的重要内容。各级领导要加强与网民的网络互动，用群众听得明、看得懂、信得过的语言回答群众关心、关注、关切的问题。要建立信访联络员制度，县委办、政府办要确定专人及时登记领导批示的信访事项和网上信访的答复情况，县信访局要确定专人每周对网络信访进行统计汇总，及时掌握情况，加强分析研判，积极主动开展正面引导，解疑释惑，疏导情绪。

四、强化措施，努力开创信访工作新局面

（一）加强组织领导。要以党委、政府为主导，切实加强对信访工作的组织领导，充分发挥信访联席会议的综合协调作用，形成上下联动、综合施治的工作合力。各级党委、政府主要负责人是信访工作的第一责任人，要亲自抓、负总责；分管领导是主要责任人，要具体抓、搞协调；其他领导成员担负“一岗双责”的职责，抓好分管部门和单位的信访工作。县信访联席会议召集人由县委书记担任，县委常委会议、政府常务会议要定期听取工作情况汇报，及时研究解决信访工作中的热点难点问题，适时召开一定规模的群众工作或信访工作会议，研究部署信访工作。各乡镇、各部门要结合各自的工作实际和职能分工，把中心工作与信访工作同部署、同落实、同检查、同考核。

（二）完善工作机制。要积极探索用群众工作统揽信访工作的新机制，逐步开展用群众工作统揽信访工作。要在信访工作的职能定位、机构设置等方面积极探索实践，进一步增加县政府信访事项复查复核委员会办公室的人员编制，提高信访事项复查复核工作的质量和效率。有关信访部门要按照上级的要求和规定程序增设职能机构、编制、人员、领导职数，不断提高用群众工作统揽信访工作的水平。

（三）加强队伍建设。要加强信访部门领导班子和干部队伍建设，选派政治素质好、工作能力强、群众经验丰富的干部从事信访工作，配齐配强工作力量。要将信访部门作为教育、培养、锻炼党员干部的重要基地，建立“双向挂职锻炼”制度，定期选派乡镇及其他部门干部到信访部门、信访干部到乡镇及其他部门进行挂职锻炼，提升群众工作能力和水平。县委组织部要对新提拔的领导干部，分期分批到信访部门挂职锻炼。挂职锻炼期满后，对挂职领导干部进行工作小结，由县信访局评写现实表现材料，报县委组织部，存入个人档案，作为今后提拔任用的重要依据。要建立信访干部交流制度，对从事多年信访工作的干部要安排进行跨部门交流。要高度重视关心信访干部身心健康，落实信访干部岗位津贴和公休假制度，定期对信访干部进行体检。

（四）打造工作阵地。整合力量资源，打造群众诉求表达和为民排忧的工作平台，要逐步创造条件在县委、县政府设立群众来访接待大厅，组织重点职能部门开设窗口、派驻人员、挂牌办公、联合接待，实行群众诉求“一站式受理、一条龙服务、一揽子解决”，乡镇、县城区街道办通过整合信访、综治、司法、民调、群团等工作力量，建立解决问题、化解矛盾的群众工作站。

（五）保障工作经费。要按人均1.1万元的标准，列足信访办公经费，确保信访部门工作正常运转；每年要列入不低于10万元的信访劝返经费，确保非正常越级上访及时劝返；要列入律师参与信访问题处理工作经费2万元以上，确保涉法问题依法解决；要设立信访专项资金，以全县总人口为基数，按人均2元的标准，列入县财政预算，并随财力增长逐年增加，确保特殊疑难信访个案的有效化解。

（六）严格考核奖惩。要将信访工作纳入各级领导班子和领导干部考核指标体系，作为领导班子评价和领导干部奖惩的重要指标。把群众合理诉求是否能够及时解决、“三访”问题是否能够明显减少、违法信访行为是否得到矫正处理、基层基础工作是否得到切实加强、整体工作是否创新等作为衡量信访工作成效的主要标准，进一步完善考核办法，加大奖惩力度。纪检（监察）、组织部门要重视信访工作绩效考核及奖惩结果运用，加大信访工作责任追究力度，确保各项工作任务落到实处。

灵台县人民政府
关于印发《灵台县人民政府信访事项复查办法》的通知

灵政发〔2017〕27号

各乡镇人民政府，县政府各部门，省、市驻灵各单位，县城区街道办：

《灵台县人民政府信访事项复查办法》已经2017年2月7日县政府第4次常务会议审定通过，现予印发，请严格遵照执行。

灵台县人民政府

2017年2月13日

灵台县人民政府信访事项复查办法

第一章　总　则

第一条　为了规范信访事项复查工作，促进各级行政机关依法履行信访工作职责，保障信访人合法权益，引导信访人依法有序信访，根据国务院《信访条例》、国家信访局《关于完善信访事项复查复核工作的意见（国信发〔2013〕8号）和省、市《信访事项复查复核暂行办法》有关规定，结合我县实际，制定本办法。

第二条　本办法所称信访事项复查，是指信访人不服有关乡镇人民政府、县政府所属部门作出的信访事项处理意见而提出申请，由县人民政府对该信访事项处理意见进行审查并作出决定的行为。

第三条　县人民政府成立灵台县人民政府信访事项复查委员会，负责信访事项复查工作，具体业务由县信访局负责承办。

第二章　原则与职责

第四条　坚持以事实为依据，以政策法规为准绳的原则；

坚持“属地管理，谁主管、谁负责”的原则；坚持依法及时就地解决问题与思想疏导教育相结合的原则；坚持有错必究、有错必改的原则，切实维护信访人合法权益。

第五条　县政府信访事项复查委员会职责：

（一）受理应由灵台县人民政府复查的信访事项；

（二）负责召开县政府信访复查会议，复查有关信访事项；

（三）督促被复查单位落实信访事项复查决定；

（四）指导、检查和监督全县信访事项复查工作；

（五）对拒不执行复查决定的行政机关及其工作人员，向县政府提出行政处理的建议；

（六）承办县政府交办的其他有关事项，并向其报告工作。

第六条　县政府信访事项复查委员会办公室职责：

（一）依法受理信访人的复查请求，并向信访人送达复查受理告知书；

（二）对原办理机关做出的信访事项处理意见进行初步审查，并提出复查意见；

（三）负责县信访事项复查委员会会议的筹备工作；

（四）向信访人和被复查单位送达信访事项复查意见书；

（五）督促被复查单位落实信访事项复查决定；

（六）办理信访事项复查委员会交办的其他工作。

第三章　申请与受理

第七条　申请信访事项复查的信访人是申请人，原信访事项处理机关是被申请人。

同一信访事项复查的申请人超过5人的，推选5名（含5人）以下代表参加复查，参加复查的代表人行为对所代表的所有申请人发生效力。

第八条　信访人请求信访事项复查应当符合下列条件：

（一）不服乡镇人民政府或县政府所属部门信访事项处理意见；

（二）在《信访条例》规定期限内提出；

（三）要求复查的信访事项必须和原信访事项内容一致；

（四）有具体的请求事项和事实依据。

第九条　下列信访事项不能进入复查程序：

（一）县级以上各级人民代表大会常务委员会、人民法院、人民检察院职权范围内的；

（二）已经通过和依法应当通过诉讼、仲裁、行政复议等法定途径解决的；

（三）已经受理或者正在办理的；

（四）有新增或变更信访事项内容的；

（五）超过信访事项复查时限的；

（六）无具体复查请求和事实依据的；

（七）其他不属于复查机关职权范围内的。

第十条　信访人请求信访事项复查应当按下列要求提交材料：

（一）请求复查的，应当提交信访事项复查申请书。申请书应当写明信访人的姓名、性别、出生年月、身份证号码、家庭住址、工作单位、联系方式、请求时间、对原答复意见不服的理由、事实依据以及具体的复查要求；

（二）提出复查请求的信访人应当提交原办理机关对该信访事项作出的书面处理意见原件；

（三）需要提供的其他资料。

第十一条　信访人应当自收到处理意见之日起30日内以书面形式提出复查请求。信访人逾期提出复查请求的，视为自行放弃请求复查权利，不予受理，原处理意见即为信访事项处理终结意见。

信访人因不可抗力或者其他正当事由耽误申请期限的，在障碍消除后的5日内，可以申请顺延期限。

第十二条 在信访事项复查期间，申请人要求撤回信访事项复查申请的，需说明理由，并向复查机关写出书面撤回申请，可以撤回；撤回申请后，原处理机关的处理意见生效，信访事项复查程序即行终止。

第四章 复查与办理

第十三条 县政府信访事项复查按照下列程序办理：

（一）接收申请。信访复查承办机构应按规定的时限接收信访人的复查申请，并填写信访事项复查申请登记表一式二份，一份附卷，一份交信访人。

（二）受理。承办机构负责复查申请的初步审查。

1.对符合复查条件的信访事项向信访人出具受理告知书；

2.需要补充有关材料的，可告知申请人在15日内补充，所需时间不计入受理期限；

3.对不符合复查条件的，给信访人出具不予受理告知书。

（三）复查。对诉求明确、事实清楚、依据充分的，予以复查。

1. 对原办理意见正确的，应予以维持；

2. 对原办理机关的意见与信访人所提供事实依据明显不同的，应重新调查，可采取退回并责成原承办机关重新办理、或授权有关部门进行调查、也可直接组织调查；

3. 对原办理意见明显错误的，由复查机关予以纠正，并形成书面处理意见；

4. 对情况复杂、牵涉面广、处理难度大的，由灵台县人民政府信访事项复查委员会召集有关部门进行复查。

（四）作出复查意见。审查完毕后，由复查承办机构提出复查意见，报复查委员会负责人审批；经审批同意后，出具书面的复查意见书，加盖“灵台县人民政府信访事项复查委员会”印章。

（五）送达复查意见书。复查意见书形成后，要及时送达信访人。复查意见书送达分为直接送达、邮寄送达、留置送达、转交送达、公告送达五种方式。

1. 直接送达：信访人有确切地址的，复查机构应当派2名工作人员直接送达。

2. 留置送达：信访人拒绝签收复查意见书的，应当留置送达，由送达人在送达回执上记录清楚拒绝签收理由。

3. 邮寄送达：信访人因某种原因不能直接送达的，复查意见书可以通过挂号信或特快专递等方式向信访人或原处理机关送达，并将邮寄或特快专递存根附在送达回执上。

4. 转交送达：由有关机关、单位将复查意见书转交信访人。

5. 公告送达：信访人下落不明或用本办法规定的其他方式仍无法送达的，可通过电视、报刊进行公告送达，期限为30日，30日后视为送达。

第十四条　县政府信访事项复查委员会授权有关部门对有关信访事项进行复查的，承办机构自收到复查请求起30日内作出，复查期间举行听证、鉴定或勘验所需时间不计算在内。办理完毕后，报县政府信访事项复查委员会备案。

第五章　法律责任

第十五条　被复查单位应当遵守下列规定：

（一）向县政府信访事项复查委员会办公室提交书面答复及相关证据、依据和其他材料；

（二）列席县政府信访事项复查会议，接受询问、陈述意见；

（三）依法履行县政府信访事项复查委员会作出的信访事项复查决定。

第十六条　有关乡镇、部门有下列情形之一的，由县政府责令限期改正，并给予通报批评；拒不改正或者造成严重后果的，对直接负责的主管人员及办理人员，依法给予处分；

（一）对属于其职责范围的复查申请不予受理或者未在规定期限内书面告知申请人是否受理的；

（二）推诿、拖延或者未在法定期限内办结复查事项的；

（三）处理、复查意见被上级撤销后拒不改正的；

（四）拒不执行复查意见的；

（五）未按规定提交县政府信访事项复查委员会委托复查事项办理意见的；

（六）未按规定报送应当备案的处理、复查或者复核意见的。

第六章　附　则

第十七条　县域内社会团体和企事业单位的信访事项复查，参照本办法执行。具有独立法人资格的事业单位、国有或国有控股企业只能作出处理意见，其复查按下列程序处理：

（一）根据该信访事项的内容，由有权处理的上一级主管行政机关或相关行政职能机关复查；

（二）主管行政机关或行政职能机关分立、合并、撤销的，由继续行使其职权的单位受理；职责不清的，由决定其分立、合并、撤销的机关受理或指定受理。

第十八条　信访人对复查决定持有异议的，可在收到复查意见书30日以内，向平凉市人民政府信访事项复查复核委员会提出复核申请。

第十九条　复查后，信访人放弃复核权利仍以同一事实和理由提出信访事项复查请求的，各级行政机关及信访部门不再受理。

第二十条　本办法自2017年2月7日起施行，有效期5年。

第二节　县委办、县政府办关于信访工作的文件

中共灵台县委办公室　灵台县人民政府办公室
关于印发《灵台县党政机关信访工作暂行办法（试行）》的通知

县委办发〔1991〕29号

各乡镇党委、政府，县直各部门，市驻灵各单位：

现将《灵台县党政机关信访工作暂行办法（试行）》印发，请结合实际认真贯彻执行。

1991年4月15日

灵台县党政机关信访工作暂行办法（试行）

根据中共中央办公厅、国务院办公厅关于《党政机关信访工作暂行条例〈草案〉》的规定和省委办公厅、省政府办公厅关于《甘肃省党政机关信访工作细则〈草案〉》。结合我县实际，特制定《灵台县党政机关信访工作暂行办法（试行）》。

第一条　原则和要求

1. 各级党政部门在处理人民来信来访中，要遵循下列原则：正确贯彻执行党的方针、政策；分级负责，归口办理；件件有着落，事事有结果。对重大或上级部门交办要查处结果的信访案件，一定要严肃认真地调查处理，不能采取推、拖、顶、压等不负责任的态度。

2. 根据党在不同时期的中心任务，综合研究反映人民群众的检举揭发、批评建议、意见和要求；给各级党政领导当好耳目，密切党和政府同人民群众的联系，使信访渠道畅通无阻。

3. 县委、县政府信访室直接查处的信访范围是：牵涉面广、情况复杂的重大案件；各单位及乡镇处理后不服的复查案件；上级机关和领导同志批示要信访室直接查处的案件；无口可归的案件。

第二条　领导和机构

1. 县委、县政府及县直各主要部门、乡镇都必须成立信访领导小组，县委、县政府信访领导小组由主管书记、县长分别担任正副组长，纪委、检察院、法院、公安局、民政局、组织部、劳动人事局等有关部门的负责同志参加；乡、镇及县直部门党委、总支（支部）应成立2—3人的领导小组，由各党委、总支的副书记兼管信访工作，支部由支部书记兼管，纪检委员（干事）办理业务。

2. 信访工作领导小组的任务是：定期研究信访工作，及时处理疑难案件；在调查研究的基础上，根据党和国家的方针、政策和法律规定，实事求是，因地制宜解决本地区（部门）带有普遍性的问题。

3. 县委、县政府信访办是受党政领导委托处理人民来信来访的工作部门，有权交办、督办、协调、处理、审结信访案件，各乡镇、县直各部门都应紧密配合。

4. 各村党支部、村委会要指定专人兼抓信访工作，这是做好信访工作的基础，应以民调小组为中心，组织有威望、懂政策、有能力的老党员、老干部、青年、妇女等各方人士参加，真正做到小事不出村，方便群众，就地解决问题。各基层单位的信访工作负责人以行政隶属关系向上级信访主管部门或主管领导汇报、请示工作，形成行之有效的县、乡、村三级信访网络。

第三条　方法和责任

1. 处理人民来信。

① 收到人民群众的每一份来信，都应及时拆封，详细登记，认真办理。做到件件有着落、事事有交代、查询有根据，力争准确、迅速，不积压、不错转、不丢失。

② 凡属反映重要问题的来信，应将主要内容、意见和要求以《信访简报》《要信摘报》的形式及时呈报党政领导同志批阅。根据领导同志意见尽快办理，其中重大案件要将处理结果向领导同志汇报，如无意见，方可结案。

③ 对于反映一般问题的来信，登记后填写“来信处理转办单”转交下级党政机关或有关部门处理。乡镇一般不向村、社转办信件。

④ 坚持回复制度。在收到人民群众的来信后，除匿名信、反动信以外，原则都应给来信人用复信等形式及时回答他们提出的问题、要求和办理的结果。在答复中注意掌握政策，内外有别，保守机密，讲究礼貌，答复工作一般由承办单位负责。

⑤ 严格区分两类不同性质的矛盾，慎重处理反动信件和对现实不满的信件。对一时分不清性质的，可先按人民内部矛盾对待，对查清后，根据事实，再确定性质，确属反革命信件、传单的，要经主管信访工作的领导批阅后，转交公安部门处理，转交时保持原信、信封、邮票、戳记的完整。

2. 接待群众来访。

① 接待群众来访，首先应填写来访登记单，填明来访人姓名、性别、年龄、籍贯、工作单位，并在接谈中记载清来访人反映的主要问题和接待人员的答复及处理意见。

② 群众来访反映的重要问题，应详细整理谈话记录，并

写出《来访摘报》，送有关领导批阅后，按批示办理。反应一般问题的来访，按政策规定，由接访人员当面答复本人，不再向下转办。群众坚决要求党政领导亲自出面接见的，应根据具体情况，经请示领导后预约接见时间。

3. 处理重信重访。凡在群众来信来访未作答复处理，半年内连续三次以上来信来访者，即为重信重访；已作了答复、处理后，本人仍有意见，继续来信来访的，也为重信重访。重信重访是衡量信访工作的一项重要指标，要协同有关部门尽快处理。凡要求不合理或要求过高，已按政策由单位或接待人员答复后仍继续来信来访者，应由本人所在单位耐心地做好说服教育工作，劝其不要继续写信上访，对这类重信重访，信访部门不再向下转办或交办。

4. 立案查处要结果的案件。凡上级要报结果的案件，承办单位应在一个月内上报结案，不能按期上报结案的，应主动说明情况。交办单位应随时催办，以保证其实效。上报结案材料必须事实清楚，证据确凿，处理恰当，符合政策规定，手续完备，并同申诉人见面。如主要问题或重要情节未查清楚，处理不妥当的，交办单位应退回承办单位重新查处上报。

5. 责任目标。根据省上规定，信访工作目标管理考核指标有以下四项：

① 立案查处率。各党政机关及各部门在受理的人民来信来访总量中，立案数量要求县为15%，县直单位、乡镇为20%。

② 自办率。各级党政部门在受理的人民来信来访总量中查处、答复（含口头答复）、交办、转办的数量，县为30%，县直单位、乡镇为50%。

③ 重信重访率。县信访室及县直各部门、各乡镇均不得超过本级受理的人民来信来访总量的15%。

④ 结案率。各级部门受理领导批示要查处结果及上级领导机关交办要报结果的案件，县和县直部门、乡镇必须达到85%以上。

第四条　制度和纪律

1. 转办制度。人民群众揭发、控告组织和领导干部的信件，不得转给被揭发单位和本人；转办中不得将原件和各级转办函单交给来信来访人。

2. 归档制度。凡立案查处的信访案件结案后，应根据一案一卷的原则立卷归档。立卷归档的案件，要有来信（访）的原件、《要信（访）摘报》、领导批示、转办交办函、催办记录、调查处理报告、信访部门的审阅意见、有关领导对处理报告的批示。归档案卷一般保管期为十年，期满后除交档案部门永久保存的外，其余经主管信访的负责人批准后销毁。一般信件可按地区、单位、系统装订成册，保管五年后经信访工作负责人批准后销毁。群众来信来访登记表、接谈记录等，保存三年后销毁。

3. 档案借阅制度。凡外单位借阅信访档案，应持单位介绍信，经负责信访工作的领导批准，方可办理借阅手续，档案材料的内容不得向无关人员泄露。

4. 信访工作人员守则。处理人民群众来信来访，是信访工作人员的光荣职责，为了做好这项工作，所有信访工作人员必须做到：

① 认真学习马列主义、毛泽东思想。学习党的路线、方针、政策，学习法律知识，向群众学习；虚心接受群众的监督，不断提高政治理论水平，努力改进工作作风。

② 模范执行党和国家的各项方针、政策、法律和法令，实事求是，坚持原则，秉公办事，不徇私受贿，坚决抵制和反对不正之风。

③ 全心全意为人民服务。热情接待来访群众，认真处理人民来信，如实反映他们的意见和要求，合理解决他们的问题，对持有不同意见和过高要求的上访人员，要敢于和善于做教育和疏导工作。

④ 严守党和国家机密，遵守纪律，不得随意扩散来信来访中反映的情况和问题。

第五条　维护信访工作秩序

1. 信访工作是我们党和政府联系群众的一个重要渠道，来访人员必须正确行使自己的民主权利，如实反映问题，自觉维护信访工作秩序，保障信访工作的顺利进行。

2. 凡到县委、县人大、县政府、县政协上访的人员，属于已经接待完毕，但本人继续无理取闹，影响机关正常工作秩序、经说服教育无效的，由县信访室出具公函，通知公安机关派人协助，送收容站负责遣送回原籍；凡到县直部门上访，已接待处理完毕，本人继续无理取闹，影响机关正常工作秩序经说服教育无效的，由接待单位写出材料，经本单位领导审核签署后，报送县信访室，经主管信访工作的领导同志审批后，由信访部门出具公函，公安机关协助送收容站收容送回；县公安局、检察院、法院、民政局接待的上访人员中，属上述情况者，由上述部门直接向收容站联系处理。

3. 对来访人员中有伪造材料、冲击机关、强占接待室、拦截汽车、破坏公物、串联来访人员闹事和殴打辱骂工作人员等违法行为的，由接待单位直接报送公安机关依法处理，不必报批。

4. 来访人员中的麻风病患者，由接待单位直接通知县卫生防疫站派人处理。到党政机关闹事的精神病患者，不属于信访工作范围，由机关行政管理部门直接同本人所在地的单位、乡镇联系负责接回，妥善处理。

5. 对于上述来访人员，不论是收容遣送，还是交由公安机关依法处理，有关单位都必须详细核实事实，慎重从事，做到准确无误。

6. 凡到县上领导机关集体上访的群众，一般由信访部门负责接待。信访部门有权责成有关单位负责处理，有关单位不得推诿扯皮，要做到随叫随到，上下配合，及时做好工作。

中共灵台县委办公室　灵台县人民政府办公室 关于印发《灵台县基层信访工作暂行办法》的通知

县委办发〔1998〕70号

各乡镇党委、政府，县直各部门，地驻灵各单位：

现将《灵台县基层信访工作暂行办法》印发给你们，请遵照执行。

1998年4月15日

灵台县基层信访工作暂行办法

为了加强基层信访工作，使信访工作规范化、制度化，根据国务院《信访条例》《甘肃省信访条例》，结合我县实际，特制定本暂行办法。

第一章　总则

第一条　基层信访工作是党和政府密切联系群众的桥梁和纽带，是党了解社情民意的窗口。乡镇、县直部门信访办公室是代表同级党政机关受理群众来信来访的工作部门。

第二条　基层信访工作的指导思想是：以邓小平理论和党的基本路线为指针，紧紧围绕县委、县政府的中心任务，认真处理人民群众的来信来访，及时就地有效地化解人民内部矛盾，努力控制越级上访、集体上访和重信重访，教育群众依法信访，促进社会稳定和经济发展。

第三条　基层信访工作的基本思路：坚持一个观点（群众观点），做到三个结合（与思想政治工作结合，与加强廉政建设结合，与改进工作方法结合），实现三个服务（为经济建设服务，为社会稳定服务，为民主决策服务）。

第四条　基层信访工作的重要地位：乡、村、社、农户和县直部门下属单位、企业车间班组、城镇住户既是产生信访的源头，又是解决问题、化解矛盾的关键，必须健全机构，落实责任。

第五条　基层信访工作的主要任务：

1. 受理人民群众的来信来访，依照法律、法规和政策，实事求是地处理群众的信访问题。承担县委、县政府领导批示和县信访办交办的信访任务，负责日常的信访工作。

2. 定期综合分析人民群众信访反映的重要情况和带倾向性的问题，及时准确地向县委、县政府提供信息，提出解决问题的意见和建议。

3. 加强基层基础工作，健全运行机制。要建立制约机制，实行目标管理；要完善工作制度，强化督促检查；要加强组织机构，健全信访网络；要注重协调配合，各级齐抓共管；要做好超前预测，进行有效控制。

4. 全面推行群众逐级上访制度。要尽力减少群众集体上访和越级上访，协助有关村社和单位搞好接收、管理、教育上级收容送回的无理上访人员，维护正常的信访工作秩序。

5. 认真学习贯彻《信访条例》，积极向群众宣传法律、法规、政策，教育公民遵纪守法，使信访工作逐步纳入法制化轨道。

6. 注意发现和总结基层信访工作中的典型经验，及时交流推广，表彰先进，鞭策后进，推动信访工作全面发展。

第六条　基层信访工作的原则：

1. 严格执行党的政策和国家的法律、法令；坚持“分级负责、归口管理”；坚持注重调解、就地解决；履行全心全意为人民服务的宗旨；引导和支持信访者正确行使民主权利，确保人民群众参政、议政、监政渠道的畅通。

2. 凡属涉及法律方面的信访问题，应依照法律程序由司法机关或执法部门受理。

3. 凡涉及到跨乡镇、跨部门以及牵扯到几个单位的信访问题，由最先受理的乡镇或部门协调处理。

第二章　领导和机构

第七条　各乡镇都要成立五至七人的信访工作领导小组，信访办公室由一名副书记或副乡镇长兼任主任，党委或政府文书兼任信访干事，负责来信来访的拆阅、接待工作，成员由乡镇信访、组织、司法、公安、民政、土地、计划生育、青年、妇女干事组成，负责分工范围内和领导批阅信件的调查处理工作。设法律事务所的乡镇，信访办公室和法律事务所合署办公；没有法律事务所的乡镇成立信访、民调、法律咨询联合办公室。行政村设立由五至七人组成的信访民调委员会，合作社设立信调小组，一般由三人组成，信调员由所在村社群众民主选举产生。

第八条　县直各部门设立相应的信访工作机构，配备专（兼）职信访干部；各企事业单位也要成立信访组织，确定一名分管领导，配备一名专（兼）职信访干事，办理具体业务。

第九条　各级党政组织、党政领导要努力保证基层信访工作的正常运转，要坚持好每月的领导接待日制度，每个班子成员都要有来信来访登记簿，随时登记、随时记载，信访阅批率要达到100%。对群众反映的信访问题，党政一把手要亲自过问，分管领导要切实处理，其他领导要各负其责，形成一级对一级负责，齐抓共管的信访工作局面。

第十条　各乡镇和县直各部门要注意改善信访办公条件，保障所需业务经费，保证正常工作运转。

第十一条　不是基层干部的信访民调工作人员，调解纠纷的误工补贴，年终由村委会和合作社采用补记义务工等方式予以解决。

第三章　职责和权限

第十二条　乡镇和县直部门信访工作领导小组的主要职责：

1. 认真学习和贯彻执行党和国家的方针、政策、法律、法规，深入调查研究，掌握信访动态，总结推广经验。

2. 定期不定期召开会议，听取信访工作汇报，通报情况，统一思想，安排部署信访工作任务，检查督促信访办、信调委工作。

3. 认真组织信访问题查处工作，直接调查处理信访疑难问题，纠正处理不当的信访案件，处理打击报复等违规违纪事件。

4. 抓好信访法律宣传，引导群众逐级上访，协调好各级信访组织的工作关系；及时调整充实信访组织；及时催办、督办、协调、处理、审结信访案件。

第十三条　乡镇和县直部门信访工作领导小组成员职责：

1. 代表信访工作领导小组协调处理重大疑难信访问题，研究和检查指导本乡镇、本系统的信访工作。

2. 对群众来信做到一拆封、二阅读、三登记、四立案、五办理、六复信，努力做到件件有着落，事事有结果。

3. 对群众来访做到一接待、二登记、三接谈、四立案、五处理、六回访。积极沟通情况，消除隔阂，并搞好集体上访和越级上访的超前防范工作。

第十四条　乡镇和县直部门信访办公室职责：

1. 按照乡镇党委、政府、主管部门和县信访办的安排部署，协助党政领导认真处理本级机关受理和上级机关交办及领导批示的信访问题。

2. 及时向上级报告，向信访工作领导小组反映群众来信来访反映的重要情况和问题，积极提出改进工作的建议和意见，并准确地向领导提供信息。

3. 协助领导督促检查和指导各级信访组织信访目标管理责任书落实情况，帮助解决信访工作中的问题，进行宏观指导、组织评比和交流经验，推动整体信访工作全面发展。

4. 配合有关部门和行政村接受、管理、教育、遣送由上级收容送回和本级收容的无理取闹上访人员，维护上访秩序。

5. 抓好信访软硬件建设，乡镇信访办公室要达到有牌子、有办公地点、有办公人员、有分管领导、有管理制度、有登记簿、有答复存根、有记录、有档案、有书面总结和工作安排。办公室内要做到制度、机构分布示意图、序列图、网络图、信访量升降图、处理信访程序、群众逐级上访程序上墙，各种簿册齐全。

6. 认真及时地登记处理群众来信来访，并按时汇报处理结果。

7. 接待来访群众要坚持态度诚恳，说话和气，讲究文明礼貌；要认真填写来访登记簿，详细整理接谈记录，及时呈报领导阅批，恰当处理，坚持回访、复信，及时汇报处理结果。

8. 按有关法律、法规和政策处理信访，不得随意许愿、乱开口子；坚持登记、呈阅、交办、催办、回告、审查结案、复信的程序，结案后要认真填写《群众信访问题处理意见书》并答复信访人。要充分发挥交办权、协调权、督办权、通报权和追究责任的提名权的作用。

9. 每季度进行一次信访情况综合分析，向县信访办上报一次信访统计报表，信访情况分析，每年对各级信访组织进行一次整顿充实，健全信访网络，举办两次信访干部培训班；每年开展四次以上广播信访法制宣传，向信访办报送信访信息六条以上，并按时上报信访工作安排和信访工作总结。

第十五条　乡镇和县直部门信访办公室主任职责：

1. 组织信访干部学习政策、法律、法规，钻研业务，组织安排日常信访工作，完成各项信访工作任务。

2. 主持全盘工作，负责召开办公室有关会议，讨论研究行政事务管理，处理案件等重大问题，作出解决问题的决定，抓好信访工作目标管理责任书各项指标的落实。

3. 认真贯彻执行党和国家的路线、方针、政策、法令以及上级和领导指示决定，对信访工作进行布置、检查、总结、督促，及时纠正存在的各种问题。

4. 充分发挥信访部门宏观管理作用，协助党政领导检查督促基层信访工作，负责建立健全各级信访工作网络和各项规章制度、信访档案，正确引导群众逐级上访，及时收集反馈各方面的意见和建议。

5. 批办群众信访和有关来文，审签上报下发的文件、结案报告、情况反映、信息，并亲自参与查处有重大社会影响的信访问题，

第十六条　乡镇和县直部门信访干事职责：

1. 承担来信来访的登记、接待、摘报、收发、送阅、转办、催办、回复、结案、上报、档案管理、统计报表、保密等全部业务处理。

2. 负责文件的收发、登记、送批、催办、清退、立卷、归档，力求达到及时、准确、安全、保密。

3. 负责每季度的来信来访分析和信访目标管理责任书任务完成情况的收集、月统计、季通报。

4. 负责办公室上报下发的文件、工作总结、理论探讨等文字资料的起草，做好有关会议记录。

第十七条　村信访民调委员会职责：

1. 依照国家法律、法规、各级人民政府的规章制度和党的有关政策、制度、规定，负责调解公民之间日常生活中发生的民事纠纷，抓好法制和信访宣传，积极引导群众按程序逐级信访，教育群众遵纪守法，尊重社会公德。

2. 积极参与社会治安综合治理，及时掌握纠纷动态，对群众反映的矛盾和纠纷问题，运用行政、经济等多种手段，调查处理，把问题解决在萌芽状态。

3. 认真修定完善各种调解制度，健全档案，及时调整充实信访民调组织，合理解决调解员的误工补贴。

4. 认真扎实完善信访民调工作目标管理责任制，实行民调员包户、民调小组长包社、村信调主任包村的层层负责制，做到一般纠纷不出社，疑难纠纷不出村。

5. 对已调解达成协议可能出现反复的纠纷，定期进行回访，巩固调解结果。认真做好超前防范，落实防范措施，避免和减少纠纷，防止矛盾激化。

6. 定期召开村信调委员会议，讨论研究分析民事纠纷和群众信访发展变化的规律特点，提出针对性的政策和措施，确定不同时期预防的重点人和事；每季度向村党支部汇报一次工作，调解重大或疑难纠纷，事先要拟订方案，经同级党政组织同意后，方可实施调解。

第十八条　村信调员职责：

1. 认真学习党和国家的方针、政策、法律、法规，熟悉信访民调业务，努力做好信调工作。

2. 能够按照信调委的工作规则调解民间纠纷，宣传法律法规和信访知识。

3. 主动化解调处各种民间矛盾和纠纷，一般性的纠纷处理调解不得超过两天，重大疑难纠纷调处处理不得超过三天。

4. 积极配合信调委做好群众来信来访工作，热情接待来访群众，主动深入纠纷现场，对群众反映的问题认真负责地调查处理，填写《群众上访问题处理意见书》，并引导群众按程序逐级上访。

5. 及时准确地向乡村提供信访信息，真实地反映问题，做好上情下达，下情上报。认真负责地解决上访老户的问题，落实防范措施。

6. 按有关法律政策处理来访和纠纷，不能随意许愿、乱开口子。对涉及法律程序的人和事，交由司法部门依法处理。

第四章　信访处理程序和时限

第十九条　上访与信访的一般程序：各乡镇和县直部门及下属单位主要受理人民群众直接采用书信、走访、电报、电话、邮寄录音带等形式提出的批评建议、检举揭发、申诉、控告、求决问题；信访人的反映要求应依法逐级如实提出，多人反映共同问题，一般应推选代表提出，代表人数不得过5人；上访人反映问题除检举揭发、申诉、控告等外，其他问题应先向发生单位提出，上访问题在受理期间不得越级或分头上访，如不服发生单位的处理意见，必须持《群众上访问题处理意见书》到主管处理单位的上一级组织要求复查，对不持《群众上访问题处理意见书》越级上访的，除检举揭发、申诉、控告等外，上级机关只作登记、咨询、解释工作，不作立案处理交办。走访不得围堵、冲击行政机关，不得拦截车辆，不得捏造、歪曲事实，不得诬告、陷害他人；上访人不得影响党政机关工作秩序，不得纠缠、侮辱、殴打、威胁接待人员。

第二十条　受理信访的一般程序：对于人民群众来信都要及时认真承办；对反映重要问题的来信，要及时呈报党政领导阅批，根据批示意见办理，按期向领导汇报处理结果，并回复信访者；热情接待人民群众来访，认真填写来访登记簿和答复来访者提出的问题、意见和要求，对反映的重要问题，要详细整理谈话记录，将主要内容、意见和要求呈报有关党政领导阅批，根据批示结果进行承办，按期汇报处理结果，并认真填写《群众上访问题处理意见书》或书面回复上访人。

第二十一条　处理信访的时限：各乡镇和县直部门对县委、县政府交办的一般信访问题要在30日内办理完毕，复杂信访问题查处最长不能超过两个月；对直接受理的信访问题应当自收到之日起15日内办结；信访人对信访处理决定不服的，要求处理单位或上一级行政机关复查，有关行政机关应自收到复查请求之日起30日内提出复查意见，经复查原处理决定正确的，不再处理，并回复信访者。

第二十二条　在处理信访中要注意的几个问题：各级党政组织在办理信访问题过程中，不得将检举、揭发、控告材料及有关情况透漏或者转送给被检举、揭发、控告的人员和单位。任何组织和个人不得压制、打击报复、迫害信访人。

第二十三条　在处理信访案件中要做到：凡立案处理的信访问题，呈办单位要及时派员调查处理，结案要事实清楚，证据确凿，定性准确，处理恰当，手续完备，当事人签字。结案报告要在处理意见落实之后再报，一案一报，需复核、复议的案件，交办单位将报告材料退回，承办单位在30日内要上报复核、复议结果。凡要结果的信访案件，结案后要按照有关规定立卷归档。外单位要查阅信访档案，要派两名中共党员，持本单位党组织介绍信和身份证，经主管领导批准。

第五章　奖励和处罚

第二十四条　对在信访工作中做出优异成绩的单位和个人，由乡镇和主管部门予以表彰奖励。对全面完成信访工作目标管理责任书各项指标，评为良好和较好的单位，由乡镇和主管部门予以表彰奖励；对评为良好的乡镇和县直部门，由县委、县政府表彰奖励。

第二十五条　信访人提出的建议、意见或者对违法行为的检举、揭发，对经济和社会发展及保护社会公共利益有显著贡献的，由有关单位给予奖励或表扬。

第二十六条　信访干部在工作中不履行职责、推诿、敷衍、拖延或对上访群众态度恶劣，造成越级访县、访地、访省、访京或不良后果者，视其情节，分别给予通报批评或纪律处分。

第二十七条　对因工作不负责任出现群众越级访县、访地、访省、访京造成严重后果的，由所属乡镇和主管部门及时派员接回原籍，情节严重的要按社会治安综合治理责任书规定，坚决实行一票否决制。对未完成信访工作目标管理责任书各项任务指标的单位，处罚领导班子200元。

第二十八条　对不按规定程序信访和妨碍信访秩序的信访人员，由信访局给予批评教育，也可以建议主管部门进行行政处理；违反治安管理的，由当地派出所予以处罚；构成犯罪的，由司法机关依法追究刑事责任。

第六章　附则

第二十九条　基层社会团体、企业事业单位的信访工作参照本暂行办法执行。

第三十条　本暂行办法具体执行中遇到的问题，由县信访办公室负责解释。

第三十一条　本暂行办法自一九九八年九月一日起施行。

中共灵台县委办公室　灵台县人民政府办公室
关于实行领导信访接待日制度的通知

县委办发〔2002〕43号

各乡镇党委、政府，县直各部门，地驻灵各单位：

为了认真贯彻国务院《信访条例》精神，进一步加强信访工作，切实转变工作作风，着力解决群众反映的矛盾和问题，密切党群干群关系，维护社会稳定和信访秩序，确保机关工作正常运转，按照全区信访工作会议要求，县委、县政府决定，从今年五月开始，实行县委、县政府领导信访接待日制度。现将有关事项通知如下：

一、实行县委、县政府领导信访接待日制度，主要目的是为了进一步改进领导作风和工作作风，加强信访工作，密切党群干群关系。因此，一定要把工作的着眼点放在切实解决群众反映的各类难点问题上，认真贯彻《信访条例》，规范接待行为，坚持原则，秉公办事，做到实事求是，分清责任，及时、恰当、正确地处理问题。各乡镇和县直各部门要高度重视，密切配合，全力搞好这项工作。

二、县信访部门要严格按照《信访条例》规定，积极协助县委、政府领导做好接待日的具体安排和组织工作。凡上访人员必须先在县信访接访室预约登记，由信访室根据上访主要内容确定接待领导，并将上访事项作以整理，提前交领导准备。

同时，要及时做好上访群众的疏导工作；凡集体上访，选派代表不得超过5人；越级上访要持有下一级政府、部门的处理意见；凡对已经或应当通过诉讼、行政复议、仲裁解决的信访事项，应告知上访人员依照法律和行政法规的有关规定办理，确保接待日工作稳妥有序进行。

三、县委和县政府领导接待来访群众分别在县委信访办公室和县政府信访接待室挂牌办公。参加接待日工作的要有“两办”负责同志及一名秘书，县信访室一名主任和一名工作人员参加。同时，上访内容涉及到的有关乡镇、县直部门负责人也要参加接待日工作。

四、接待时间为每月一次，具体为每月第一周星期三接待。

五、各乡镇和县直各大口部门都要相应实行领导接待日工作制度，由领导班子成员公开接待上访群众。信访部门要根据实际情况制定具体实施办法，建立相关制度，对领导接待处理的信访问题，跟踪督查，及时催办，定期报结，确保接待事项事事有结果，件件有着落。

六、参加信访接待日的领导为：县委书记、副书记，县政府县长、副县长。

中共灵台县委办公室　灵台县人民政府办公室
关于印发《妥善处置来县集体上访、异常上访，维护县委、县政府机关正常工作秩序的工作方案》的通知

县委办发〔2003〕78号

各乡镇党委、政府，县直各部门，市驻灵各单位：

《关于妥善处置来县集体上访、异常上访，维护县委、县政府机关正常工作秩序的工作方案》已经县委、县政府讨论同

意，现印发给你们，请遵照执行。

近年来，我县信访工作经过各级的共同努力，取得了显著成效。但由于种种因素影响，当前，群众信访问题有所增加，来县委、县政府越级上访、重复上访、集体上访、异常上访数量不断上升，有的越级赴市、赴省、赴京上访，严重扰乱了上级党政机关的正常工作秩序，影响了社会稳定。对此，必须引起各级各部门的高度重视。

县委、县政府要求，各级党政组织要切实加强和改进信访工作，为群众排忧解难办实事。同时，要加大对有关法律法规的宣传力度，教育群众应依法按程序上访。按照国务院和甘肃省《信访条例》的规定，群众上访应到信访部门或者指定的接待场所上访，不能直接寻找领导，更不允许采取过激行为，影响机关正常工作秩序。各级党委、政府一定要不折不扣地贯彻落实《平凉市信访工作责任制》和《灵台县基层信访工作暂行办法》，进一步畅通信访渠道，抓好信访工作。各级领导干部，要切实转变工作作风，按照责任制的要求，完善并坚持接待来访群众制度，千方百计地帮助群众解决实际困难和问题，自觉维护最广大人民群众的根本利益。各乡镇、各部门要采取有力措施，努力把矛盾化解在萌芽状态，把问题妥善解决在本地、本部门、本单位，把信访群众稳定在基层，坚决遏制赴县、赴市、赴省、赴京越级上访、重复上访、集体上访、异常上访的势头，确保全县社会政治稳定。

二〇〇三年六月二十二日

关于妥善处置来县集体上访、异常上访，维护县委、县政府机关正常工作秩序的工作方案

为了及时疏导、妥善处置来县委、县政府机关的集体上

访、异常上访以及越级赴市、赴省、赴京上访事件；维护机关正常的工作秩序，保证机关周边环境的有序与安全，根据《中华人民共和国集体游行示威法》《中华人民共和国治安管理处罚条例》、国务院和甘肃省《信访条例》、中共平凉市委办公室、平凉市人民政府办公室《关于妥善处置来市集体上访、异常上访，维护市委、市政府机关正常工作秩序的工作方案》等法律、法规和文件的规定制定本方案。

一、工作原则

（一）坚持维护上访群众合法权益的原则；

（二）坚持疏导教育、耐心劝离的原则；

（三）坚持快速反应、及时果断处置的原则；

（四）坚持“三个慎用”的原则；

（五）坚持“谁主管、谁负责”的原则。

二、行为界定

凡是群众依照《信访条例》规定，单个或推选5人以下代表到县委、政府信访办或各部门指定的接待场所的正常上访活动，不适用本工作方案，应由接访部门、单位按照有关规定，认真负责地做好信访工作。凡违反《中华人民共和国集会游行示威法》《中华人民共和国治安管理处罚条例》、国务院和甘肃省《信访条例》等法律、法规的规定，在县委、县政府机关发生下列情形之一的异常上访行为，按照本方案进行处置。

（一）围堵、冲击县委、县政府机关大院；

（二）拦截公务车辆、堵塞交通；

（三）静座、下跪、长时间滞留；

（四）打横幅标语、书写大字报；

（五）散发传单、展示物品；

（六）纠缠、威胁、侮辱、殴打接访工作人员；

(七) 不能控制自己行为、妨碍信访秩序；

(八) 打砸公物，聚众闹事，及其他影响机关正常工作秩序的行为；

(九) 越级赴县、赴市、赴省、赴京上访，经接待后滞留不走的。

三、任务划分

上访人员出现上述情况之一的行为，在信访工作人员劝导、教育、警告无效的情况下，“两办”及信访部门立即通知公安机关，由公安机关将上访人员带至指定场所，并负责维持现场秩序，由县信访办通知其所在乡镇或单位来人速将上访人员接回，带离现场的交通工具由上访人员所在地的乡镇或单位负责解决。凡发生越级赴市、赴省、赴京上访事件，上访人所在地的乡镇或单位应出人、出钱、出车负责将人接回，情况特殊的公安机关予以配合。

四、工作要求

(一) 县委、县政府机关的稳定工作由县委办、县政府办、县信访办和县公安局共同负责。处置工作应在县信访办的指导下进行。

(二) 各乡镇、各部门要制定处置来县集体上访、异常上访和越级上访的工作预案。一旦发生来县委、县政府集体上访、异常上访或赴市、赴省、赴京越级上访问题后，有关乡镇和部门、单位的领导务必及时赶赴现场做工作，并负责将上访群众接回。对一些较大规模的集体上访，有关党政主要领导要亲自到现场做工作，决不能推诿扯皮，敷衍塞责。

中共灵台县委办公室　灵台县人民政府办公室
关于建立灵台县集中处理信访突出问题及涉访群体性事件
联席会议制度的通知

县委办发〔2004〕103号

各乡镇党委、政府，县直各部门，市驻灵各单位：

针对当前信访工作出现的新情况、新问题、新特点和涉访群体性事件不断增多的趋势，为了提高信访工作效率，及时有效解决信访突出问题，根据市委、市政府的要求，县委、县政府研究决定建立由相关部门参加的灵台县集中处理信访突出问题及涉访群体性事件联席会议制度，联席会议在县信访工作领导小组统一领导下开展工作。现将有关事项通知如下：

一、联席会议的主要职责

负责了解、掌握全县信访突出问题及涉访群体性事件的情况和动态；分析、判断社会稳定形势，针对信访突出问题及涉访群体性事件提出对策建议；认真做好我县赴市赴省进京人员劝返及反映问题的处理工作；组织协调有关方面处理跨部门、跨行业、跨乡镇的信访突出问题及涉访群体性事件，并形成《会议纪要》，下发有关乡镇和部门执行；总结交流有关方面处理信访突出问题及涉访群体性事件的成功经验，推动全县信访工作的有效开展；督促检查各乡镇、县直各部门、市驻灵各单位处理信访突出问题及涉访群体性事件各项措施的落实，行使督导、批评、通报和责任追究建议权。

二、联席会议的工作原则

坚持以邓小平理论和“三个代表”重要思想为指导，坚持立党为公、执政为民，切实维护人民群众的合法权益，认真解决信访突出问题，妥善处理涉访群体性事件，努力维护全县改革、发展、稳定的大局。

1. 实行严格的责任制，按照“属地管理、分级负责、归口办理”和“谁主管，谁负责”的原则，认真落实工作职责。

2. 加强对基层信访工作的指导，做到标本兼治，综合治理，力求从源头上解决问题，把矛盾化解在基层、化解在萌芽状态。

3. 严格依照法律和政策办事，把处理信访突出问题及涉访群体性事件纳入法制化轨道。

4. 做好深入细致的思想政治工作，在解决实际问题的同时解决好思想问题。

5. 搞好各乡镇、县直各部门、市驻灵各单位的协调配合，形成处理信访突出问题及涉访群体性事件的整体合力。

三、联席会议的工作机构

联席会议下设“一办五组”。

（一）办公室。

办公室设在县信访局，具体承担联席会议的日常工作，督促落实联席会议决定的事项。办公室主任由县信访局局长王仁贵兼任，办公室副主任由县委办公室副主任杨永生、县政府办公室副主任杨喜成、县信访局副局长焦升武兼任。

（二）全县集中处理农村土地征用问题工作小组。

组　长：宋沛英　县国土资源局局长

副组长：肖效平　县国土资源局副局长

　　　　范晓文　县国土资源局副局长

成　员：贾灵学　县计划局副局长

　　　　张书俊　县监察局副局长

　　　　于自华　县农牧局副局长

郭　凯　县建设局副局长
王立功　县法院副院长
熊　涛　县法制局副局长
杨东虎　中台镇党委副书记

(三) 全县集中处理城镇房屋拆迁问题工作小组。

组　长：郭江华　县建设局局长
副组长：郭　凯　县建设局副局长
曹润奎　县建设局副局长
马玉忠　县建设局党总支副书记
成　员：贾灵学　县计划局副局长
李育新　县房产局副局长
卫京亮　县房改办副主任
杨东虎　中台镇党委副书记

(四) 全县集中处理国有企业改制问题工作小组。

组　长：姜少荣　县体改办主任
副组长：王碧锋　县体改办副主任
成　员：郭增科　县经贸局副局长
李高群　县财政局副局长
张　锋　县劳动和社会保障局副局长
郭斌兴　县民政局副局长
曹普选　县总工会副主席
焦应才　县经贸局副局长
张　晔　县供销联社副主任
姚建忠　县交通局副局长
曹润奎　县建设局副局长
仇尚仁　县粮食局副局长
王锁奎　县乡企局副局长

（五）全县集中处理涉法涉诉问题工作小组。

组　长：王亚锋　县委常委、县委政法委书记

副组长：李　强　县委政法委副书记

成　员：王立功　县法院副院长

田　华　县检察院副检察长

景克文　县公安局副政委

李志学　县司法局副局长

（六）全县集中处理企业军转干部与退役士兵安置问题工作小组。

组　长：于金瑕　县人事局局长

副组长：曹金玉　县民政局局长

李卫东　县委组织部副部长

成　员：王登堂　县人事局副局长

李　强　县委政法委副书记

郭斌兴　县民政局副局长

李高群　县财政局副局长

张　锋　县劳动和社会保障局副局长

景福俊　县人武部政工科长

二〇〇四年九月十五日

中共灵台县委办公室　灵台县人民政府办公室 关于转发《中共平凉市委办公室、平凉市人民政府办公室转发〈甘肃省信访工作责任追究暂行规定〉》的通知

县委办发〔2004〕117号

各乡镇党委、政府，县直各部门：

经县委同意，现将《中共平凉市委办公室、平凉市人民政

府办公室关于转发〈甘肃省信访工作责任追究暂行规定〉的通知》转发你们，请认真遵照执行。

二〇〇三年七月十一日

甘肃省信访工作责任追究暂行规定

第一条　根据《中国共产党党内监督条例（试行）》《中国共产党纪律处分条例》、国务院《信访条例》《甘肃省信访条例》有关规定，结合我省实际，制定本规定。

第二条　各地、各部门、各单位党政一把手对本地、本部门、本单位的信访工作负总责，分管信访工作的领导负主要责任，其他党政领导要把信访工作与分管工作结合起来，实行“一岗双责”，对分管部门、系统的信访工作负直接责任。各级党委、政府和部门要定期研究信访工作，对信访工作实行目标管理。各级党政领导和部门领导要亲自接待来访群众，亲自批阅重要来信，亲自包案处理疑难信访案件，及时、就地、妥善解决好群众的信访问题。

第三条　各地、各部门、各单位要经常向群众宣传国务院《信访条例》和《甘肃省信访条例》等有关法规，教育引导群众依法、有序、逐级上访。

第四条　实行信访工作责任追究制，严格按照“分级负责、归口管理”“谁主管、谁负责”和“属地管理”的原则，坚持实事求是，采取教育与惩处相结合的方法，明确职责，落实责任。

第五条　信访工作责任追究的对象包括：各级、各部门党政领导班子、领导干部和国有企业、集体所有制企业负责人和直接责任人。

第六条　信访工作责任追究的方式：

（一）通报批评；

（二）责令作出检查；

（三）诫勉谈话；

（四）党纪、政纪处分。

第七条　责任追究的程序和权限：

（一）给予责任单位党政领导班子、领导干部和直接责任人通报批评的，由上级信访部门负责实施；

（二）责令责任单位党政领导班子和领导干部作出检查的，由上级信访部门提出建议，上级党委、政府决定；

（三）给予责任单位党政领导诫勉谈话的，由上级信访工作领导小组提出建议，按照干部管理权限和诫勉谈话程序办理；

（四）需追究领导干部党纪、政纪责任的，由上级信访工作领导小组提出建议，同级党委研究，按照干部管理权限和规定程序，由纪检或监察机关具体办理；

（五）对责任单位和部门给予一票否决的，由上级信访工作领导小组提出建议，同级社会治安综合治理委员会按规定予以实施；

（六）责任人涉嫌犯罪的，由司法机关依法追究刑事责任。

第八条　有下列情形之一的，对责任单位的党政领导班子、领导干部和直接责任人给予通报批评：

（一）对群众反映问题事先不知情，缺乏工作预案和应对措施，致使发生群众到上级党委、政府或越级到省赴京集体上访的；

（二）群众到当地党委、政府和有关部门集体上访，责任单位党政领导不出面接待，对群众反映的符合法规、政策应当解决的问题不及时协调处理，造成群众到上级党委、政府或越级到省赴京集体上访的；

（三）群众到上级党委、政府和有关部门集体上访，责任单位将群众接回后，不及时认真处理，不按期给群众答复，导致群众再次到上级党委、政府或越级到省赴京上访的；

（四）对应当由党政领导亲自包案处理的重大信访案件，不明确包案领导或不及时认真处理，导致群众到上级党委、政府或越级到省赴京集体上访的；

（五）对群众反映涉及多个地方或部门的信访问题，相关地方或部门党政领导不配合、不支持，推诿扯皮，导致群众到上级党委、政府或越级到省赴京上访的；

（六）对上级领导批示交办、上级信访部门立案交办、有关部门转办的重点信访案件，在规定的期限内不能查结上报，又不主动报告进展情况，或上报的材料不符合有关规定的；

（七）对本地、本部门老上访户的管控措施不落实，致使老上访户长期在上级党委、政府或到省赴京缠访闹访的；

（八）到省赴京集体访较上年上升幅度较大，居前3位的市、州和省直部门及前5位的县（市、区）；

（九）在信访工作年度目标管理考核中不达标，被列为重点信访工作管理地区、部门或单位的。

第九条　有下列情形之一的，责令责任单位党政主要领导向上级党委、政府作出检查：

（一）对群众反映的符合法规、政策应当解决的问题因工作失误、处置不当，导致50人以上重复到市（州）委、市（州）政府（行署）上访的，或30人以上越级到省集体上访的，或10人以上越级进京集体上访的，发生冲击、围堵党政机关、长期滞留、拦截车辆、堵塞交通等影响正常工作秩序的；

（二）群众到上级党委、政府集体上访后，责任单位党政领导不按规定时限赶赴现场做工作，或派出的工作人员不负责任，致使上访群众冲击、围堵党政机关，长期滞留，拦截车辆，堵塞交通等影响正常工作秩序的；

（三）对群众反映的问题不按政策规定予以解释，而是上交矛盾，引发群众到上级党委、政府或越级来省进京集体上访的；

（四）对本地、本部门发生的重大信访问题，不及时上报信息，不及时妥善处理，造成重大影响的；

（五）对群众的无理或过高要求，乱开口子，乱表态，作无原则让步，造成工作被动或引发连锁反应的；

（六）对本地、本部门老上访户稳定措施不落实，或控制不力，发生老上访户到上级党委、政府或来省进京拦车、堵路、自杀等过激行为，造成不良影响的；

（七）对上级领导批示交办、上级信访部门立案交办、有关部门转办的重点信访案件，不认真调查处理或查处不力，致使群众到上级党委、政府或越级来省进京上访的；

（八）连续两年被列为重点信访工作管理地区、部门或单位的；

（九）连续两次被通报批评的。

第十条　有下列情形之一的，对责任单位党政主要领导实行诫勉谈话：

（一）对党中央、国务院和省委、省政府关于信访工作的重要部署和指示不认真贯彻执行，信访工作领导责任落实不到位，无序越级上访较为突出的；

（二）对群众反映的问题无动于衷、敷衍塞责、处理错误，导致矛盾激化，发生严重的异常信访行为或群体性事件，造成恶劣影响的；

（三）对群众到上级党委、政府集体上访后，对上级党委、政府的处理意见不落实，造成群众重复到上级党委、政府或越级来省进京集体上访的；

（四）对当地重大、异常信访问题或老上访户工作不力或处置不当，引发群众到上级党委、政府或越级来省进京滋事闹事，造成恶劣影响的；

（五）对上级领导交办、上级信访部门立案交办、有关部门转办的重点信访案件不认真查处，上报的材料避重就轻，事实不清，证据不足，查办不实，后果严重的；

（六）连续三年被列为重点信访工作管理地区、部门或单位的；

（七）连续两次被责令向上级党委、政府作出检查的。

第十一条　有下列情形之一的，对负有主要和重要领导责任的党政领导和直接责任人给予党纪、政纪处分；涉嫌犯罪的，由司法机关依法处理；

（一）对群众反映强烈的问题，应当受理而不受理、应当且有条件解决而不解决，造成严重后果和不良影响的；

（二）对上级机关立案交办的重点信访案件拒不查处，编报虚假材料欺骗上级领导机关，对有关责任人按照有关规定，应当严肃处理而未作处理，袒护包庇、姑息迁就的；

（三）拒不执行上级机关对重要信访问题处理规定的；

（四）利用职权徇私舞弊，收受信访人或被告人、被检举人贿赂的；

（五）扣压、隐匿、篡改信访材料，或将控告检举材料内容泄露给被控告、检举单位或个人的；

（六）打击报复或者非法拘禁、迫害信访人的；

（七）有其他违法违纪行为的。

第十二条　被通报批评的地区和单位，从通报之日起12个月内不得被评为信访工作先进集体；被通报批评的领导干部和直接责任人，从通报之日起12个月内取消各类评选先进个人资格；被责令作出检查的党政领导干部，从作出检查之日起12个月内不得参加上级党委、政府表彰先进个人的评选；被诫勉谈话或受到党纪、政纪处分的领导干部和直接责任人取消年度奖金和评选先进个人的资格；党政主要领导因信访工作受到党纪、政纪处分或被追究法律责任的，年终考核评优评先时，对该单位予以一票否决。

第十三条　各级纪检、监察、政法、组织、人事、公安等部门要根据信访部门和信访工作领导小组提出的意见和建议，及时进行责任追究。

第十四条　对群众上访中出现的过激和违法行为，按照《中华人民共和国治安管理处罚条例》等有关法律、法规规定，依法处理。

第十五条　省信访局负责对《甘肃省信访工作责任追究暂行规定》贯彻执行情况进行监督督查。

第十六条　各地、各部门可根据本规定，结合本地、本部门的实际，制定实施细则。

第十七条　本规定由省信访局负责解释。

第十八条　本规定自发文之日起施行。

中共灵台县委办公室　灵台县人民政府办公室
关于建立信访问题突出地区定期通报制度和谈话制度的通知

县委办发〔2005〕84号

各乡镇党委、政府，县直各部门，市驻灵各单位：

为了进一步加强信访工作，密切党同人民群众的联系，正确处理新形势下的人民内部矛盾，解决信访突出问题，全力维护社会稳定，保障人民群众的合法权益。根据市委、市政府的要求，县委、县政府决定建立信访问题突出地区定期通报制度和谈话制度。现就有关事宜通知如下：

一、各级党委和政府要认真履行信访工作职责，及时解决群众反映的合理要求，切实维护群众的合法权益。要按照《信访条例》的规定和《灵台县信访工作领导责任制实施细则》(县委发〔2003〕40号)、《2005年信访工作责任目标及考核办法》（县委发〔2005〕31号）文件的要求，努力做好本乡镇、本部门的信访工作，全力维护社会稳定。

二、县信访局每季度对各乡镇和县直各部门来县赴市赴省进京上访问题汇总分析后，根据进京上访量、赴省赴市、来县上访和县上交办的信访事项的办理情况等指标，对信访问题突出的前2个乡镇和前4个县直部门进行通报。通报结果报送县委、县政府、县委组织部，印发到乡（镇)、县直部门和市驻灵单位。

三、被通报的乡镇和县直单位，若在后一个季度内工作无改观的，其党政分管领导分别由县委、县政府分管领导谈话，限期整改。

四、经县委、县政府分管领导谈话后，半年内工作仍无改观、继续被列为信访问题突出前2名的乡镇和前4名的县直部门，其党政一把手分别由县委书记、县长谈话，责令限期整改。

五、建立信访情况通报反馈制度。对国家、省、市和县信访局交办各乡镇、县直各部门、市驻灵各单位信访问题的查处和上报情况，由县信访局负责按季度进行督查并通报反馈，凡同一信访问题，连续2次被通报的乡镇、部门和单位或在年度信访工作中有重大失误，发生集体上访、群体事件、越级上访，造成重大社会影响或对全县整体形象造成不良影响的，按照《甘肃省信访工作责任追究暂行规定》的要求，追究有关单位负责人的责任，并给予通报或经济处罚。

六、建立考察领导班子和领导干部信访工作情况制度。县委决定将全县各级党政领导班子和领导干部处理信访突出问题和群体性事件工作情况，纳入领导班子和领导干部考核的内容，作为衡量和评价其政治意识、大局意识和驾驭复杂局面、维护社会稳定能力和提拔使用的重要依据之一。各级领导班子和领导干部在年终工作总结和述职时要包括这方面的内容，县委组织部要对这方面工作情况进行认真考察考评。

七、本通知自下发之日起执行。

二〇〇五年五月二十六日

中共灵台县委办公室　灵台县人民政府办公室
关于印发《县委、县政府领导接待信访群众办法（试行)》的通知

县委办发〔2007〕46号

各乡镇党委、政府，县直各部门：

经县委同意，现将《县委、县政府领导接待信访群众办法(试行)》转发你们，请认真遵照执行。

二〇〇七年四月十六日

为了进一步畅通信访渠道，解决群众合理诉求，密切党和政府与人民群众的血肉联系，根据《中共中央关于构建社会主义和谐社会若干重大问题的决定》关于“推行领导干部接待群众制度”的要求和国务院《信访条例》《甘肃省信访条例》等有关规定，在已建立县委、县政府领导接待信访群众制度的基础上，特制定本办法。

第一条　县委、县政府领导接待信访群众坚持“谁主管、谁负责”、“一岗双责”、解决实际问题与疏导教育相结合的原则。

第二条　接待信访群众的县委、县政府领导是县委书记、县长、县委副书记、县委常委、副县长。

第三条　县委、县政府领导接待信访群众时，下列人员应同时参加：

（一）与县委、县政府领导工作分工对口的县委或县政府办公室主任、副主任。

（二）有权处理该信访事项的乡（镇）、城区街道办、县直部门、市驻灵单位的负责人。

（三）县信访联席会议办公室和县信访局负责人。

（四）受邀请的法律工作者。

第四条　县委、县政府领导接待信访事项的内容和范围：

（一）上级机关向县委、县政府交办的重点信访事项。

（二）关系全县改革发展稳定大局的信访突出问题。

（三）需要县委、县政府研究决定或协调处理的重大信访问题。

（四）对县委、县政府工作的重要建议。

第五条　县委、县政府领导接待信访群众原则上采取预约接待的方式。对需要县委、县政府领导接待解决的信访事项，先由县信访局提出预约接待意见，再由有权处理该上访事项的乡（镇）或部门调查核实上访人反映的有关问题，提出解决和解释有关问题的法律、政策依据，报经负责接待的领导审定后，由县委办公室或县政府办公室与信访局商定作出安排，县信访局据此作好相关的准备工作。

第六条　上访群众在确定被领导同志接待时，如多数人提出共同的信访事项，应按照《信访条例》规定，推选代表，代表人数不得超过5人。

第七条　领导同志在接待过程中，要认真听取信访人的陈述和诉求，并依据相关规定，实事求是、客观公正地提出处理意见，明确有权处理机关和责任单位办理时限，由县信访联席会议办公室负责做好记录和制发纪要。

第八条　有权处理信访事项的机关和责任单位要按照领导同志做出的决定或要求，认真调查核实，落实处理意见，在限定时限内向负责接待的领导、县信访联席会议办公室报告，并向信访人答复或告知。

第九条　县信访联席会议办公室、县信访局要督促检查确定事项的办理情况，并对有关责任单位严重违反《信访条例》的行为提出责任追究建议。

第十条　本办法自印发之日起施行。

灵台县人民政府办公室
关于成立灵台县人民政府信访事项复查委员会的通知

灵政办发〔2009〕58号

各乡镇人民政府，县政府各部门，市驻灵各单位，县城区街道办事处：

为了依法、及时、就地处理信访人的投诉请求，维护信访人的合法权益，规范信访工作程序，依法终结信访事项。县政府决定，成立灵台县人民政府信访事项复查委员会。现将组成人员通知如下：

主　任：李新学　县委常委、县政府副县长

副主任：牛国平　县委办公室副主任、县信访局局长

　　　　白亚军　县政府办公室副主任、县法制局局长

成　员：郭忠学　县监察局局长

　　　　张金春　县司法局局长

于金嘏　县人事局局长
何灵忠　县劳动和社会保障局局长
范晓文　县国土资源局局长
王麦元　县农牧局局长
郭江华　县建设局局长
白金堂　县民政局局长
孙泓涛　县交通局局长
张得峰　县教育局局长
周君鹏　县卫生局局长
王崇宁　县公安局副局长
杨俊锋　县信访局副局长
何　为　县信访局副局长

复查委员会下设办公室，办公室设在县信访局，牛国平同志兼任办公室主任。

复查委员会的主要职责是：对全县信访事项复查工作进行指导、监督和检查；复查各乡（镇）人民政府、县直有关部门对受理的信访问题作出明确处理意见后信访人不服，请求县政府复查的信访事项。

二〇〇九年四月二十一日

中共灵台县委办公室　灵台县人民政府办公室 关于转发县信访联席会议《关于领导干部定期接待群众来访的实施意见》等三个文件的通知

县委办发〔2009〕92号

各乡镇党委、政府，城区街道办，县直各部门，市驻灵各单位：

根据《中共平凉市委办公室平凉市人民政府办公室转发市

信访联席会议〈关于领导干部定期接待群众来访的实施意见〉等三个文件的通知》（市委办发〔2009〕36号）精神，县处理信访突出问题及涉访群体性事件联席会议结合我县实际，制定了《关于领导干部定期接待群众来访的实施意见》《关于定期组织干部下访的实施意见》《关于矛盾纠纷排查化解工作制度化的实施意见》。这三个文件已经县委、县政府同意，现转发给你们，请结合实际，认真贯彻执行。

二〇〇九年六月八日

关于领导干部定期接待群众来访的实施意见

为了进一步畅通和拓宽群众利益诉求表达渠道，健全领导干部联系群众的长效机制，推动领导干部定期接待群众来访工作规范化、制度化，根据市委办发〔2009〕36号文件精神，现就我县领导干部定期接待群众来访提出如下实施意见。

一、指导思想

以邓小平理论和“三个代表”重要思想为指导，深入贯彻科学发展观，认真落实《信访条例》及省、市《关于进一步加强新时期信访工作的意见》，充分发挥党委和政府的主导作用，健全党和政府主导的维护群众权益机制，畅通拓宽群众利益诉求表达渠道，推动各级领导干部转变作风、改进工作，切实维护群众合法权益，全力维护社会稳定，努力营造领导干部依法行政、有关各方齐抓共管、人民群众依法有序上访的良好环境，促进富裕文明和谐秀美灵台建设。

二、目标任务

按照“属地管理、分级负责，谁主管、谁负责，依法、及时、就地解决问题与疏导教育相结合”的原则，坚持公开透明、规范有序，方便群众、解决问题，通过领导干部定期接待群众来访，使重点来访群众受到领导接待、问题得到依法处理，进一步密切党群干群关系，形成与构建和谐灵台社会目标任务相适应的维护群众权益机制，推进信访工作的制度化、规范化、法制化。

三、主要方式方法

(一) 县级领导接待群众来访的主要方式方法。

1. 接访领导

县委书记、县长、县委副书记、县委常委、副县长、县人民法院院长、县检察院检察长。

2. 接访内容和范围

（1）上级机关向县委、县政府、县人民法院、县检察院交办的重点信访事项；

（2）关系全县改革发展稳定大局的信访突出问题；

（3）需由县委、县政府研究决定或协调处理的重大信访问题；需由县人民法院、县检察院协调处理的涉法涉诉类重点信访问题；

（4）县级领导包案督办的重点信访案件；

（5）对县委、县政府工作的重要建议。

3. 接访时间

县委、县政府主要领导一般每月安排1天时间接待群众来访，其他县级领导根据需要随时安排。

4. 接访方式

县级领导接待群众来访原则上采取预约接待的方式，也可根据情况采取带案下访等方式进行。

5. 接访程序

（1）案件筛选。对需要县级领导接待解决的群众来访，县信访联席会议办公室要在初步调查核查有关情况的基础上，按照领导工作分工，提出预约接待意见，报经负责接待的领导审定后，由县委办公室或县政府办公室与县信访联席会议办公室商定作出安排，县信访局据此做好相关准备工作。

（2）现场接访。领导同志在接待过程中，听取信访人的陈述和诉求，并依据相关规定，实事求是、客观公正地做出处理意见，明确责任单位和办理时限，形成纪要。县委、县政府领导接待信访群众时，与领导工作分工对口的县委、县政府办公室主任、副主任，有权处理该信访事项的责任单位负责人，县信访联席会议办公室和信访局负责人参加，必要时邀请律师等法律工作者参加。

（3）督办落实。责任单位要按照领导同志做出的决定或要求，认真调查核实，落实处理意见，在限定时限内向负责接待的领导、县信访联席会议办公室报告，并向信访人答复或告知。县信访联席会议办公室要督促检查确定事项的办理情况，并对严重违反国务院《信访条例》《甘肃省信访条例》的行为提出责任追究建议。

（二）各乡镇、城区街道办、县直各部门、市驻灵各单位领导干部定期接待群众来访的主要方式方法。

1. 接访领导及接访时间

各乡镇党委、政府、县直各部门、市驻灵各单位主要领导一般每月安排2天时间接待群众来访，其他领导根据工作需要随时安排。信访问题突出的乡镇、部门和单位要适当增加主要领导接访次数。如发生大规模集体上访，主要领导和分管领导要亲临一线，现场接访。

2. 接访内容和范围

（1）县委、县政府等上级机关及县信访联席会议办公室、县信访局交办的重点信访事项；

（2）按照国务院《信访条例》《甘肃省信访条例》等有关规定，应由本乡镇、本部门办理的信访事项；

（3）本乡镇、本部门群众集体上访；

（4）与县级领导包案相关部门和单位的群众上访；

（5）约见重要来信人。

3. 接访方式

根据情况，可以采取定点接访、重点约访和带案下访等多种方式进行。定点接访是指按照公示的时间，在固定的接访场所接待来访人，面对面与群众交流，现场受理和办理群众反映的问题。重点约访是指有针对性地约请信访人，并协调解决相关信访问题。带案下访是指深入到矛盾突出、解决难度大的现场和事发地，广泛听取群众意见，剖析问题症结，研究解决办法。

4. 接访程序

（1）提前公示。各级各部门要根据实际情况，按照接访领导、范围、时间、地点、程序“五公开”的要求，通过设立公告栏等适当方式，在一定范围内对接访领导干部的姓名、职务、分管工作以及接访的时间、地点、形式等情况进行公示，方便信访群众了解和参与。

（2）现场接访。各级各部门领导干部要严格按照公示的时间、地点接待上访群众，认真听取群众诉求，现场受理和办理群众反映的问题。凡能当场答复的要当场答复，不能当场答复的要说明情况，协调相关部门在规定期限内给予答复；对群众提出的不合理要求，要进行说服教育、积极引导；对应当通过法律途径解决的问题，要明确告知和引导上访人向有权处理的机关提出申请。

（3）领导包案。要按照“谁接访、谁督办、谁落实”的要求，对接待的突出问题，由接访领导包案督办，并落实包掌握情况、包思想教育、包解决化解、包息诉罢访的“四包”责任制。对群众反映的涉及面广、社会关注程度高的疑难信访事项，主要领导要亲自包案；对涉及人数多、政策性强、组织化倾向明显的群体性信访问题，包案领导干部要邀请有关方面会商会诊，提出解决问题的意见和建议，必要时报请县委、县政府审定。包案情况要通过适当方式予以公开，接受群众监督。

(4) 督办落实。要把领导干部接访的重点定位在“事要解决”上，努力在“案结事了”上狠下功夫。要综合运用政策、法律、经济、行政、社会救助以及思想教育等手段，促使问题得到有效解决。对领导干部接待的信访事项，要建立包括问题发生地、责任单位、产生原因、接待处理意见、办理结果等要素在内的工作台账，并报送县信访联席会议办公室、信访局备案，以督办落实和回复来访群众，切实做到件件有着落、事事有结果。

四、工作要求

(一) 统一思想，提高认识。全县各级各部门一定要从贯彻落实科学发展观、促进社会主义和谐社会建设的高度，充分认识领导干部定期接待群众来访工作的重要性和必要性，制定具体实施方案，确保各项工作措施落到实处。

(二) 加强领导，靠实责任。各级各部门要高度重视领导干部定期接待群众来访工作，切实加强组织领导。主要领导是第一责任人，要身体力行，发挥示范表率作用。一旦发生重大集体上访或发现可能诱发集体上访的苗头，主要领导要靠前指挥，亲自协调处理。要定期召开信访工作例会，综合研判形势，及时研究解决信访工作中的新情况、新问题。组织部门要把领导干部定期接待群众来访工作纳入领导班子和领导干部政绩考核的重要内容，考核结果作为干部使用的重要依据；宣传部门要组织媒体加强正面宣传，提高舆论引导能力，努力营造良好的舆论氛围；纪检监察部门要对不履行职责、不认真解决信访事项而造成严重后果的领导干部，依据有关规定严格追究责任；信访部门要做好综合协调和督促检查工作，积极行使“三项建议权”，切实发挥参谋助手作用。

（三）突出重点，注重实效。领导干部在接待群众来访过程中，要带着责任和感情耐心听取来访群众的诉求，想方设法解决群众反映的问题，耐心细致地做好解疑释惑和情绪疏导工作。要设身处地为群众着想，不管诉求是否合理都要认真解答，绝不能推诿扯皮、敷衍塞责。要抓住重点和关键，努力在解决实际问题上下功夫，着重解决案情复杂、久拖不决的疑难问题，着重解决责任主体难落实、工作难度大的复杂问题，着重解决涉及政策层面、需要完善相关规定的重大利益矛盾和突出问题，切实做到解决老账、不欠新账，做到原因不查清不放过、问题不解决不放过、上访不停止不放过。

（四）认真接待，依法解决。领导干部要面对面与群众沟通，真诚倾听群众呼声，真情关心群众疾苦，严格依法按政策办事。对法律法规和政策有明确规定的，要在限定时间解决到位；对群众诉求合理或部分合理、但法律法规和政策没有明文规定的，要积极与有关方面衔接沟通，抓紧制定和完善相关政策规定；对群众诉求依法按政策不能解决的，要做好耐心细致的解释工作，取得群众的理解和支持，绝不能为求得一时一事的解决而突破法律法规和政策规定，引起新的攀比和连锁反应；对特别困难群众，要研究采取个人帮扶等措施，使其基本生活得到保障。

（五）强化疏导，妥善化解。要按照“属地管理、分级负责，谁主管、谁负责，依法、及时、就地解决问题与疏导教育相结合”的信访工作原则，强化乡镇和职能部门的主体责任，落实首办责任制，尤其是要防止初信初访转为重信重访。要夯实信访工作基层基础，推进信访工作重心下移、关口前移，努力把矛盾化解在基层、把问题解决在当地。在认真解决群众合理诉求的同时，要切实做好情绪疏导工作，把接待群众来访的过程作为思想教育和政策法制宣传的过程，积极引导群众正确理解党的方针政策，正确处理个人利益和集体利益、局部利益和全局利益、当前利益和长远利益的关系，正确行使公民权利、履行公民义务，理性合法地表达诉求，自觉维护信访秩序。对无理缠访闹访和有违法行为的，要加强法制教育；情节严重、造成恶劣影响的，要依法予以处理。

各乡镇、县直各部门、市驻灵各单位可根据本实施意见，结合实际制定领导干部定期接待群众来访的具体实施办法。

关于定期组织干部下访的实施意见

为了进一步推动县委、县政府决策部署的贯彻落实、切实转变干部工作作风、及时了解社情民意、督导解决信访突出问题，提高科学决策和依法行政的能力及水平，促进社会和谐稳定，根据中央、省、市有关文件精神，结合我县实际，现就干部下访工作提出如下实施意见。

一、工作任务

紧紧围绕县委、县政府中心工作，通过定期组织干部下访，检查解决信访突出问题，指导推动及时就地化解矛盾；了解县级领导包案督办的信访案件办理情况；了解贯彻县委、县政府决策部署情况，督导各级组织抓好落实；深入开展调查研究，提出制定和完善相关政策的意见和建议；促进各级转变工作作风，提高做好群众工作和处理复杂问题的能力和水平。

二、组织方式

干部下访主要采取统一组织和分散组织两种方式。统一组织是指县信访联席会议根据县委、县政府的要求和信访形势任务的需要，从县直有关部门、市驻灵有关单位抽调干部，组成信访工作督导组开展下访工作。分散组织是指乡镇、部门结合工作实际，立足解决和减少本乡镇、本部门信访突出问题，适时组成下访工作组，由本乡镇、本部门负责同志带领开展下访工作。统一组织每年至少一次，分散组织根据各自实际情况自行安排，每次干部下访的人员数量、工作时间根据任务需要确定。干部下访要选派政治素质高、业务能力强、熟悉政策法律、有群众工作经验、作风过硬的干部参加。统一组织的干部下访，各乡镇、各部门要积极配合、大力支持。

三、工作方法

干部下访可根据实际情况，综合运用以下方法：一是督促检查。全面了解县委、县政府决策部署的贯彻落实及县级领导包案督办信访案件的办理情况，查找存在的突出问题，提出改进工作的意见和建议；二是带案督办。选择一定数量的重点疑难复杂信访案件，协调推动及时解决，推动信访工作的开展；三是座谈走访。通过召开不同层面的座谈会、走访基层干部群众，听取反映，了解情况，宣传政策，指导工作；四是驻点指导。组织下访干部到信访问题突出的乡镇、部门驻点，推动扭转被动局面；五是实地查看。就群众反映的信访问题，深入实地，了解真实情况；六是联合接访。就群众反映强烈的突出信访问题，与各级党委、政府负责同志共同接待群众来访，了解群众诉求，促进“事要解决”；七是调查研究。带着问题深入基层，查原因、找答案，提出改进工作和完善政策措施的意见和建议，总结推广成功经验。

四、工作要求

干部下访以推动落实“属地管理、分级负责，谁主管、谁负责，依法、及时、就地解决问题与疏导教育相结合”的信访工作原则为重点，坚持面上推动与重点推动相结合，解决问题与研究政策相结合，总结经验与查找问题相结合，帮助指导与锻炼提高相结合。要高度重视干部下访工作，定期研究，制订计划，明确任务，落实责任，坚持不懈地把这项工作抓紧抓实抓好。

下访干部要忠于职守、认真负责。要认真执行党风廉政建设各项规定，自觉遵守各项纪律，严于律己，率先垂范。工作中不得安排与下访无关的活动，以实际行动展示机关干部的良好形象。

干部下访要形成有情况、有分析、有建议的工作报告，分散组织的干部下访形成的工作报告于下访活动结束后一个月内报县信访联席会议办公室。

五、考核

要把干部下访工作及其成效纳入干部考核的内容，按照《公务员法》的规定，对工作中表现突出、做出贡献的下访干部给予表彰、奖励，对工作不负责任造成严重后果的依照有关规定提出责任追究建议。

关于矛盾纠纷排查化解工作制度化的实施意见

矛盾纠纷排查化解是妥善处理新时期人民内部矛盾的有效方式，是及时解决改革发展中群众利益诉求的成功举措。为了进一步规范矛盾纠纷排查化解工作，按照中央、省、市相关要求，结合我县工作实际，现提出如下实施意见。

一、指导思想

以邓小平理论和“三个代表”重要思想为指导，全面落实科学发展观，按照构建社会主义和谐社会的总体要求，坚持“属地管理、分级负责，谁主管、谁负责，依法、及时、就地解决问题与疏导教育相结合”的原则，着力排查化解关系群众切身利益的矛盾纠纷，使群众合理诉求得到解决，矛盾纠纷得到化解，基层工作基础得到夯实，从源头上预防和减少信访突出问题及群体性事件，维护全县社会和谐稳定。

二、排查化解工作的范围和重点

矛盾纠纷排查化解工作的范围是各种可能引发信访问题和影响社会和谐稳定的矛盾纠纷和苗头隐患。重点是土地征用、房屋拆迁、企业改制、劳动就业、社会保障、涉法涉诉、军队退役人员、教育、生态环境、金融、卫生、生产安全、食品安全等领域或群体中存在的容易引发信访突出问题和群体性事件的重大矛盾纠纷。各乡镇、县直各部门、市驻灵各单位要按照“属地管理、分级负责，谁主管、谁负责，依法、及时、就地解决问题与疏导教育相结合”的信访工作原则，将排查化解工作深入到每一个领域、每一个行业、每一个群体、每一个环节，力求矛盾纠纷发现得早、化解得了、控制得住、处理得好，努力把矛盾纠纷化解在基层、解决在当地，把隐患消除在萌芽状态。

三、矛盾纠纷排查方法

(一) 坚持经常性排查与集中排查相结合。紧密结合本乡镇、本部门工作实际，开展经常性的矛盾纠纷排查化解工作，随时了解、发现、掌握矛盾纠纷和苗头隐患。全县每季度集中排查分析汇总1次，乡镇、部门实行“周排查、月分析、季通报”制度，确保矛盾纠纷信息准、情况明、底数清，应对有策，化解有效。重大政治活动、重要节庆日和敏感时期，要组织开展集中排查。上级部门有部署的，要按要求组织好排查工作。

(二) 坚持属地为主、条块结合。各级党委、政府负责组织排查本行政区域内的矛盾纠纷和苗头隐患；各职能部门负责组织排查本系统内的矛盾纠纷和苗头隐患；各企事业单位、社区

(村民委员会、居民委员会) 负责组织排查本单位、本区域的矛盾纠纷和苗头隐患，形成以块为主、条块结合，全覆盖、无疏漏的排查网络，确保排查不留死角。对排查出的矛盾纠纷，要逐案逐人逐项登记建档并建立台账。

(三) 坚持信息汇集与分析研判相结合。及时准确和全面有效地收集信访信息，加强综合分析研判，增强工作的预见性和主动性，为各级党委、政府提供决策参考。特别是对涉及可能引发大规模集体上访和群体性事件的苗头性、倾向性问题的信息，在及时进行分析研判、采取应对措施、提前做好工作的同时，必须按规定及时报告，不得迟报、漏报和瞒报。

四、矛盾纠纷化解措施

(一) 区别不同情况，实施分类化解。对排查出的问题，法律法规和政策有明确规定且能立即解决的，要及时解决到位；对群众诉求合理、但法律法规和政策没有明确规定或规定不够完善的，要积极请示汇报上级有关部门，研究完善相关政策，积极推动解决；对坚持过高要求的，要耐心细致地做好心理疏导、理顺情绪工作，防止矛盾激化；对诉求不合理、但生活确有困难的，要采取政府救助、社会救济、民间互助等方式，使其基本生活得到保障；对以上访为名制造事端、煽动组织闹事的违法人员，要及时收集、固定、移交相关证据，依法进行处理。

(二) 采取多种方式，积极协调化解。积极引导群众通过行政复议、司法诉讼、仲裁等渠道化解矛盾纠纷，做到“案结事了”；综合运用人民调解、行政调解和司法调解的方式，充分发挥律师等专业人员、社会志愿者等多方面的作用，最大限度地整合社会资源参与化解矛盾纠纷；通过民主议事、民主恳谈等形式，及时协调不同群体间的利益关系，对于涉及人数多、政策性强、群众反映强烈的疑难复杂矛盾纠纷，可采取信访听证等方法进行化解。

(三) 整合工作资源，及时就地化解。充分发挥党的政治优势，把信访、维稳、综治、民政、司法和工会、共青团、妇联等工作资源有效整合起来，筑起维护群众合法权益，促进社会和谐稳定的第一道防线。积极探索完善民情分析会、民情沟通日、干部联系点、律师参与调解矛盾纠纷等制度；充分利用“政风行风热线”“网上信箱”等互动专栏和民意通道，搭建民意表达、社会监督和对话协商机制平台，最大限度地减少不和谐因素、增加和谐因素。

(四) 确定重点问题，领导包案化解。对涉及面广、时间跨度大、容易升级激化，带有普遍性的疑难复杂问题，要实行领导包案、一包到底。主要领导干部要带头包案，综合协调各方力量，确保问题得到妥善解决，矛盾得到有效化解。对可能引发群体性事件的突出矛盾纠纷，要组成专门工作组，明确责任单位，制定化解方案，确保化解及时。

(五) 下移工作重心，督导督办化解。建立健全对复杂矛盾纠纷化解的联合督导和挂牌督办制度。联合督导由县信访联席会议组织，每年至少开展4次；各乡镇、各部门结合实际自行组织，一般每季度开展1次。对本乡镇、本部门的复杂矛盾纠纷和上级交办的重要信访事项，要明确责任人和解决时限，实行挂牌督办。

(六) 健全完善政策，注重从源头化解。注重从政策源头分析查找原因，研究解决预防和化解办法。要坚持科学、民主、依法决策，统筹兼顾各方利益，对群众反映强烈的问题，可采取信访评估等方式，充分听取群众意见，坚决避免因决策失误损害群众利益，引发不稳定因素。

(七) 加大投入力度，促进矛盾化解。各级各部门要从解决人民群众最关心、最直接、最现实的利益问题出发，加大投入力度，用于解决疑难复杂矛盾纠纷，特别是对“无头案”“钉子案”“骨头案”等确需一定投入才能解决的，要下决心提供必要的人力、物力、财力支持。要设立专项信访救助资金，救助于法无据、于情有理、生活困难的上访群众，通过信访救助，使其息诉罢访。

五、组织领导

全县的矛盾纠纷排查化解工作在县委、县政府领导下，由县信访联席会议负责统一组织。各乡镇、各部门和各单位的矛盾纠纷排查化解工作由各乡镇、各部门和各单位负责组织实施。各级各部门要把矛盾纠纷排查化解工作摆上重要议事日程，主要领导负总责、亲自抓，分管领导具体负责。要把矛盾纠纷排查化解工作作为领导班子和领导干部考核的重要内容，对工作成绩突出的，要给予表彰奖励；对因决策不当、工作不力、玩忽职守等造成严重后果的，要坚决追究有关责任人的责任。各乡镇、各部门和各单位每年要对矛盾纠纷排查化解工作进行总结，并向县信访联席会议报告。

各乡镇、各部门可根据本意见，结合实际制定具体实施办法。

中共灵台县委办公室　灵台县人民政府办公室
关于印发《灵台县信访信息报送制度》的通知

灵办发〔2012〕139号

各乡镇党委、政府，县城区街道办，县直各部门，市驻灵各单位：

《灵台县信访信息报送制度》已经县委、县政府同意，现予印发，请结合实际，认真抓好贯彻落实。

2012年5月10日

灵台县信访信息报送制度

为及时、准确、全面掌握信息动态，妥善处理信访突出问题和群体性事件，更好地为县委、县政府决策服务，全力维护社会和谐稳定，根据《信访条例》和省、市有关精神，结合我县实际，特制定本制度。

一、报送原则

采取逐级双向报送原则，即各乡镇、各部门在县委、县政府报送的同时，一并报送县信访局，情况重大紧急的，可直接向县委、县政府报送，抄报县信访局。

二、报送范围

信访信息是指在群众信访活动中最新反映出来的，有关社会、政治、经济、文化和生产生活等方面具有一定参考价值或使用价值的情况、意见、建议。信访信息主要包括以下五类：

（一）已经或有可能引发的群体访和个访事件类。

1. 冲击、围攻、长时间滞留党政机关、企事业单位、社会团体和其他要害部门的群体性上访事件；

2. 造成道路交通中断或城镇和重要交通枢纽堵塞的群体性上访事件；

3. 5人以上且有严重过激行为的集体上访事件；

4. 有可能到市赴省进京的集体访和重点个访事件；

5. 因民事纠纷引发的群体性矛盾和冲突；

6. 信访人反映的问题具有较强的政策性和苗头性，或问题涉及多个单位，有跨地区串联迹象的上访事件；

7. 携带武器、管制刀具、爆炸物或化学制剂等危险品上访或在上访中扬言自杀或制造事端的上访事件；

8. 其他可能引发群众群体性聚集的社会动态。

（二）已经或有可能引发群众集体信访的事故类。

1. 交通事故；

2. 职工伤亡事故；

3. 公共场所伤亡事故；

4. 各种中毒事故、医疗事故；

5. 危及交通、电力、能源、通讯等重要设施的事故；

6. 其他重大恶性事故。

（三）已经或有可能引发群众集体信访的灾害疫情类。

1. 山体滑坡、泥石流等自然灾害和预兆以及自然灾害可能造成的险情；

2. 旱灾、冰雹等造成或即将造成大批农作物受灾；

3. 发现鼠疫、霍乱、甲乙类传染病例或疑似病例，以及其他易扩散、流行的重要疫情；

4. 其他对生活、生产环境造成严重影响的灾害。

（四）已经或有可能引发群众信访的涉法案件类。

1. 严重影响社会治安以及械斗、枪杀、抢劫等重大恶性案件刑事犯罪；

2. 暴力妨碍公务事件；

3. 非法集资、偷漏税、贪污等经济案件。

（五）重大社情民意及可能危及社会安定、酿成风波的苗头性和倾向性问题。

三、报送内容

信访信息报送分为初报、续报和处理结果报告，主要内容包括：事件发生的时间、地点、人数及原因；事件当事人的身份、单位及所在乡镇、部门主要负人是否到达现场做处置工作，采取了哪些处置措施，事态发展情况（处理中、离开现场、结案等）；其他需要报告的事项。

四、报送时限

重大、紧急信访信息随事件发生随时报送，乡镇、部门向县委、县政府报告最迟不晚于事件发生后1小时；一般信访信息可视具体情况及时报送。

五、报送程序

(一) 核实。报送的信访信息必须经过核实，要真实准确，避免因情况不清、表达含糊、重点不明、文字歧义等引起理解偏差或信息失实。

(二) 审批。上报的信访信息须经乡镇、部门主要负责人审核签发，确保上报信息的真实有效。

(三) 上报。信访信息应逐级报送，各乡镇、各部门负责报告发生在本辖区的信访信息，主要负责人审签后，通过政务专网、传真等方式报送县委办、政府办和县信访局，情况紧急时，可由乡镇、部门主要负责人向县委、县政府主要领导或分管领导电话直接汇报，随后将事件有关情况书面及时上报县委办、政府办和县信访局。

(四) 续报。各乡镇、各部门在规定时限内初报已掌握的情况之后，应追随事件或情况的发展变化，续报事态进展、处置措施等情况，直到事件妥善处理完毕。

六、报送要求

1.要健全完善领导责任制。各乡镇、各部门主要负责人为信访信息报送工作的第一责任人，要高度重视，落实责任，确定专人负责信访信息报送工作，确保信访信息及时准确报送。要进一步健全完善信访信息网络建设，不断改善条件，确保信访信息渠道的畅通有效。

2.要健全完善值班工作制。各乡镇、各部门要进一步加强值班，切实落实24小时值班制度，实行领导带班和责任人值班制，确保一旦发生重大信访情况第一时间及时报送信息。

3.要健全完善检查、通报、考核制。县委办、政府办和信访局要不定期地对信访信息的报送制度落实情况进行检查，每季度对重大、紧急信访信息的报送情况进行通报，并纳入信访工作目标责任书进行考核。对迟报、漏报、误报、瞒报重大、紧急信访信息的单位通报批评；对制度不健全、工作不落实的单位要限时整改。信访局要每月对全县信访信息进行汇总分析，向县委、县政府报告。

4.要健全完善责任追究制。凡属紧急重大的信访信息必须立即向上级领导如实报告情况，要做到立收立报，及时处理，绝不延误。对可能造成社会影响的重大、紧急信访信息，隐瞒、迟报、谎报，或者授意他人隐瞒、迟报、谎报，造成严重后果的，依照有关规定严肃追究相关领导和责任人责任。

中共灵台县委办公室　灵台县人民政府办公室 关于印发《灵台县处置涉访群体性及突发性事件应急预案》的通知

灵办发〔2012〕183号

各乡镇党委、政府，县城区街道办，县直各部门，市驻灵各单位：

《灵台县处置涉访群体性及突发性事件应急预案》已经县委、县政府同意，现予印发，请结合实际，认真抓好贯彻落实。

2012年6月25日

灵台县涉访群体性及突发性事件处置预案

为及时、高效、稳妥地处置已发生或可能发生的涉访群体性及突发性事件，有效预防和化解社会矛盾，切实维护社会和谐稳定，结合我县工作实际，特制定本预案。

一、适用范围

本预案主要适用于群体性上访事件的应急处置工作，主要包括到各级信访接待场所的上访，达到预警人数（20人以上）的；因信访突出问题到重点地区聚集、堵塞交通、造成较大影响的。

二、基本原则

1.预防为主，防患未然。建立经常性矛盾纠纷排查化解工作机制，对各类可能引发群体性事件的情况要及时进行分析、预测，做到早发现、早报告、早控制、早解决，及时消除诱发涉访群体性及突发性事件的各种因素，切实把矛盾纠纷化解在萌芽状态，化解在基层。

2.统一指挥，分工协作。在县委、县政府的统一领导下，由涉访群体性及突发性事件处置工作指挥部具体组织实施，相关方面积极配合，做到分工负责，协调联动。

3.正面教育，耐心疏导。以教育疏导为主，加强对上访群众的说服教育，引导群众以理性合法的方式表达利益诉求，做到谈清问题、晰透道理，讲明政策、理顺情绪、化解矛盾，防止激化，尽快劝返。

4.快速反应，果断处置。建立处置涉访群体性及突发性事件的快速反应机制，确保发现、报告、指挥、处置等环节紧密衔接，做到反应快速、应对正确、果断处置，在最短的时间内处置事态，防止形成更大规模聚集和诱发更严重事件。

三、组织机构与职责

成立由县委分管领导任总指挥，县政府分管副县长任副总指挥，县委办、政府办、政法委、信访局、司法局、法院、检察院、公安局、民政局、住建局、交通局、财政局、教育局、人社局、卫生局、安监局、工信局、工商局、食药监局主要负责人为成员的灵台县处置涉访群体性及突发性事件处置指挥部(简称“指挥部”)。主要工作职责是研究决定发生在县党政机关大规模群体性上访事件的应急处置方案;统一组织、指挥、调度和协调相关单位的人员、资金、装备等重大事项;传达贯彻县委、县政府主要领导对处置工作的指示;根据现场情况,研究处置对策并组织实施;协调调度相关单位工作组到现场做工作;开展现场协调、秩序维护、接访对话、劝阻劝返和后勤保障等工作。

(一)日常工作机构与职责

指挥部下设办公室,办公室设在县信访局,由局长兼任办公室主任,负责日常工作。

工作职责:负责收集、整理、上报信息;提出召开协调会、调度会建议;制定处置工作的初步方案;传达指挥部指令,通知相关工作组到现场做工作;协助现场处置工作;处理指挥部交办的其他事项。

(二)现场工作机构与职责

现场处置工作由指挥部统一领导,根据需要,现场处置工作设四个组,即现场秩序维护组、接访对话组、劝阻劝返组、后勤保障组。具体负责指挥、协调、对话和后勤保障工作。

1. 现场秩序维护组。由公安局局长任组长,公安局分管副局长任副组长,成员由公安、交警、消防等相关单位负责人组成。主要工作职责是,负责现场工作的协调、秩序维护、人员调配、道路交通疏导管制、情报信息掌握、法制宣传教育等工作。

2. 接访对话组。由县政府分管副县长任组长,县信访局局长任副组长,成员由涉访乡镇、单位主要负责人组成。主要工作职责是，根据有关政策解答上访人的问题，与上访代表对话，耐心疏导，稳定情绪。

3. 劝阻劝返组。由县委政法委书记任组长，县委办、政府办主任任副组长，成员由涉访乡镇、部门负责人，公安局、信访局和其他相关单位负责人组成。主要工作职责是，负责上访人员的劝阻、劝返，协调涉访乡镇、单位负责人对上访人进行劝阻劝返，防止上访人到市赴省进京上访滋事。

4. 后勤保障组。由县政府分管财政的副县长任组长，财政局局长任副组长，成员由卫生局、交通局、民政局、人社局及涉访乡镇、部门负责人组成。主要工作职责是，负责联系接访场地和交通车辆，为上访人提供必要的食物、饮水、医疗救护等服务。

四、防范预警

（一）建立经常性分析预测机制

加强对群众来信来访的综合分析，健全完善预测预警机制，对各类可能引发群体性上访事件的因素，定期分析、认真研究，及早制定有针对性的处置预案，预防在先，准备在先，化解在先，做到早发现、早报告、早处置。

（二）预警支持系统

各乡镇、各部门要建立快速、高效、灵敏的应急信息网络，严格执行《灵台县信访信息报送制度》，保证信息渠道畅通。对可能属于特别重大、重大、较大、一般群体性上访事件的预警信息，要在获取的第一时间报告县委、县政府。

（三）信息报告内容

（1）可能发生的时间、地点、参与人数（包括人员构成）等基本情况；

（2）事发地相关部门和单位已做的工作及采取的措施；

（3）可能造成的社会影响和发展趋势；

（4）需要报告的其他事项。

五、事件分级

根据涉访群体性及突发性事件的人数规模、影响范围和可能造成的危害程度、紧急程度、发展趋势等，将涉访群体性及突发性事件划分为特别重大、重大、较大和一般四个等级。

（一）特别重大涉访群体性及突发性事件

1. 参与人数在500人以上的；

2. 到党政机关、企事业单位等重点场所聚集的上访人数在200人以上的；

3. 到市赴省进京上访人数在50人以上的；

4. 出现全县范围或跨行业和互动性连锁反应的；

5. 视情况需要作为特别重大群体性上访事件对待的其他事件。

（二）重大涉访群体性及突发性事件

1. 参与人数在100人以上、200人以下的；

2. 到党政机关、企事业单位等重点场所聚集的上访人数在50人以上、100人以下的；

3. 到市赴省进京上访人数在20人以上、50人以下的；

4. 视情况需要作为重大群体性上访事件对待的其他事件。

（三）较大涉访群体性及突发性事件

1. 参与人数在50人以上、100人以下的；

2. 到党政机关、企事业单位等重点场所聚集的上访人数在20人以上、50人以下的；

3. 到市赴省进京上访人数在10人以上、20人以下的；

4.视情况需要作为较大群体性上访事件对待的其他事件。

（四）一般涉访群体性及突发性事件

1. 参与人数在50人以下的；

2. 到党政机关、企事业单位等重点场所聚集的上访人数在10人以上、20人以下的；

3. 视情况需要作为一般群体性上访事件对待的其他事件。

六、应急处置

（一）分级响应程序

特别重大和重大涉访群体性及突发性事件响应程序：

（1）指挥部立即启动本预案，总指挥、副总指挥及成员单位负责人迅速赶赴现场开展处置工作。同时，将有关情况及时上报县委、县政府；

（2）启动联合接谈机制，相关单位和部门做好联合接谈对话准备；

（3）将现场上访人员疏散到指定的接待场所；

（4）劝返上访人员。

较大涉访群体性及突发性事件响应程序：

（1）指挥部及时启动本预案，副总指挥及接访工作人员迅速赶赴现场开展处置工作，同时，将有关情况及时上报县委、县政府；

（2）将现场上访人员疏散到指定的接待场所；

（3）视情决定是否启动联合接谈机制；

（4）劝返上访人员。

一般涉访群体性及突发性事件响应程序：

（1）由县信访局负责现场处置工作，并及时将有关情况上报县委办、政府办；

（2）接谈、劝返上访人员；

（3）处置有困难的，请示总指挥、副总指挥。

（二）现场处置程序

指挥部决定实施现场处置工作后，相关工作人员立即进入事发现场，按照职责分工，迅速投入处置工作。

1. 群体性事件发生后，及时将有关情况报告有关领导，并通报公安部门，维护现场秩序，疏散围观群众，控制现场局面。

2. 处置群体性上访事件应当以控制事态扩大蔓延为目的，先期重点做好组织者、策划者的思想工作，掌握主动，控制事态。加强对事件外围现场的控制，积极疏导分流聚集群众，防止事态扩大升级。

3. 积极向上访群众宣传《信访条例》等法律法规，讲清群体性事件的危害性和消极面，制止上访中出现违法行为，劝导上访人员迅速离开聚集地，到指定接待场所反映问题，并推选出3−5人作为接谈代表。

4. 指挥部负责组织有关部门共同接待上访代表，认真听取群众反映意见，耐心解答有关问题，劝其返回。如仍难以劝离，可将上访人员带至指定的场所，进行分流疏散。

5. 对在群体性上访事件中出现围堵、冲击党政机关，拦截公务车辆，破坏公共财产，危害人身安全，推打谩骂接访人员等过激行为的，工作人员应进行劝阻、批评和教育。经劝阻、批评和教育无效的，由公安机关迅速依法处理。

（三）信息发布

涉访群体性事件的信息发布要严格按照新闻宣传方面的有关规定进行，一般由指挥部指定专人发布，严禁任何单位及工作人员私自对外发布信息。

七、后期处置

（一）疏导教育。涉访乡镇、部门要采取集中教育、入户宣传等形式，继续做好上访群众的思想工作，对重点人员要安排专门力量，做好说服教育和稳控工作，防止再次发生上访；对组织、策划、煽动无理上访的人员要讲清法律法规，必要时由公安机关依法处置。

（二）解决问题。对群众反映的问题，督促相关乡镇、部门尽快解决到位，消除可能导致事件反复的不安定因素。

（三）督查督办。对发生的涉访群体性及突发性事件，接待单位要及时进行交办、转办，承办单位应在7日内将处理结果按程序上报，对有特别时限要求的，按规定时限办结。县委办、政府办、信访局负责做好督查督办工作，限期解决反映问题。

（四）责任追究及奖励。在涉访群体性及突发性事件应急处置工作中，有下列情形之一的，对相关人员作出责令书面检查、通报批评、诫勉谈话或党政纪处分。

（1）对涉访群体性及突发性事件处置过程中，因推诿、敷衍、拖延或作风粗暴，造成矛盾激化的；

（2）对应报告的信访事件，瞒报、谎报、迟报、漏报，导致决策失误，处置不当，贻误有利处置时机，造成严重后果或恶劣影响的；

（3）对领导批示件及转办件，没有妥善解决，或者弄虚作假、徇私舞弊，引发越级访、集体访，造成不良影响或者严重后果的。同时，对处置群体性上访事件中有重大贡献的单位和个人给予表彰奖励。

八、处置保障

1.通讯信息保障。各乡镇、各部门实行24小时值班制度，畅通联系渠道，随时了解和掌握有关情况，随时报告。

2.交通运输保障。调配必要的车辆，为处置群体性上访事件劝返工作提供运力支持。

3.医疗保障。在处置涉访群体性及突发性事件过程中，处置指挥部要通知医护人员到场，并配备救护车辆及必备的药品及医疗器械。

4.经费保障。将处理群体性上访事件应急工作经费列入财政预算，专款专用，保证需要。

九、附则

（一）预案制定与解释。本预案由信访局负责制定、管理和解释，并报县委、县政府备案。各乡镇、各部门应根据本预案，制定本单位具体的应急工作预案，认真做好涉访群体性及突发性事件的处置工作。

（二）预案实施。本预案自发布之日起实施。

中共灵台县委办公室　灵台县人民政府办公室
关于印发《灵台县2012年深入开展领导干部接访下访活动实施方案》的通知

灵办发〔2012〕200号

各乡镇党委、政府，县城区街道办，县直各部门、市驻灵各单位：

现将《灵台县2012年深入开展领导干部接访下访活动实施方案》印发你们，请结合各自实际，认真抓好贯彻落实。

2012年7月10日

灵台县2012年深入开展领导干部接访下访活动实施方案

为深入开展领导干部接访下访活动，集中化解各类社会矛盾，切实维护群众合法权益，促进社会和谐稳定，根据省、市《关于深入开展领导干部接访下访活动的实施意见》精神，结合我县实际，特制定本实施方案：

一、指导思想

以邓小平理论和“三个代表”重要思想为指导，全面贯彻落实科学发展观，紧扣服务全县经济社会发展大局，以群众工作为统揽，以化解信访积案为重点，深入开展领导干部接访下访活动，集中解决群众反映强烈的突出信访问题，为推动全县经济社会转型跨越、科学发展和党的十八大胜利召开创设和谐稳定的社会环境。

二、目标任务

认真贯彻落实中央、省、市关于领导干部接访下访的要求，集中解决一批长期积压、久拖不决的信访积案；集中解决一批到市赴省上访、进京上访和非正常上访案件；集中解决一批影响社会稳定、群众反映强烈的土地征用、社会保障、医疗纠纷等方面的热点难点问题，努力实现信访总量下降、重信重访下降、到市赴省进京非正常访下降、群体性事件下降、息诉息访率提高的工作目标。

三、接访下访的主体

县委各常委，县政府各县长，各乡镇、县城区街道办、县直各部门、市驻灵各单位主要负责人。

四、实施步骤

按照省、市统一安排，领导干部接访下访活动从6月下旬开始至12月结束，分动员部署、组织实施、集中攻坚、检查督办和全面总结5个阶段进行：

（一）动员部署阶段（6月20日 — 6月30日）。各乡镇、各部门要对开展领导干部接访下访活动进行研究部署，结合各自工作实际，深入分析信访形势，认真梳理信访突出问题，制定具体实施方案，明确工作任务和工作重点，全面启动领导干部接访下访活动。

（二）组织实施阶段（7月1日 — 7月31日）。集中利用1个月时间，深入开展领导干部接访下访活动，全力化解各类疑难复杂信访问题。在活动开展中，突出把握好3个环节：

1. 全面排查建台账。各乡镇、各部门要结合开展“联村联户、为民富民”行动，经常性开展领导干部蹲点调研和党员干部进村社、农户活动，对接访下访的重点人员进行全面排查，认真梳理，建立“五表一册”，即中央联席会议办公室交办案件一览表、省信访联席会议办公室交办案件一览表、赴省集体上访案件一览表、群众反映热点难点问题一览表、乡镇自查排摸信访案件一览表及到市赴省进京上访人员花名册（包括信访人姓名、年龄、身份证号码、户籍地、反映事由、是否非正常上访、重复非访次数、历次进京上访时间），做到底数清、情况明、不遗漏，为领导干部接访下访提供依据。同时逐案逐人明确包案领导、牵头单位、配合单位，限时予以化解，努力做到“有事抓化解、无事抓预防”。

2. 健全制度促规范。围绕约访接访和带案下访，实行领导干部接访下访“两定、两开、一规范”制度。“两定”即在既定的时间和既定的信访接待场所，开展领导干部接访下访活动。“两开”即公开接访和敞开接访，通过网站、电视等媒体向社会公示领导干部接访下访的时间、地点和重点解决的问题。接访领导必须全天候在岗，随来随接。“一规范”即规范接访下访台账，实行“四单一记录”（接访下访登记单、交办单、督办单、办结单，接访下访书面和音像记录）制度。同时，对每次领导干部接访下访都要制作视频资料存档备查。

3. 全面推动抓实效。各乡镇、各部门要立足于解决问题，不搞形式、不走过场，严格落实领导干部“一岗双责”要求，健全完善领导干部包案和包片制度，建立“责任防区”，落实首办和包案责任，提高接访包案一次性办结率，坚决防止初访转化为重访、个案变为积案。

（三）集中攻坚阶段（8月1日 — 9月30日）。在开展领导干部接访下访活动、全力化解信访积案的基础上，利用2个月的时间，对部分“钉子案”“骨头案”开展集中攻坚。各乡镇、各部门要按照“先易后难、先个别后一般”的原则，全面梳理排序尚未解决的各类疑难复杂信访问题，报县信访联席会议办公室协调包案解决。各包案领导要以“事要解决”为重点，倒排结案时间，组织专门班子深入分析案情，因人施策，全力推动案结事了，切实做到信访人合理诉求解决到位、认识问题教育到位、生活困难帮扶到位、违法违纪处置到位。

(四) 检查督办阶段（10月1日 — 10月31日）。县信访局要健全完善检查、通报、考核、奖惩制度，通过带案下访、带案督办、联合下访等方式方法，对各乡镇、各部门领导干部接访情况进行抽查和检查，对问题突出的乡镇和部门进行通报。连续2次受到通报、工作仍无明显改观的，报请县信访联席会议召集人对其主要负责人进行约谈。10月份开始，县上要对开展领导干部接访下访活动、信访积案化解等工作情况进行督导检查，帮助查找工作中的薄弱环节，提出整改措施，推动信访工作整体水平提升。

(五) 全面总结阶段 (11月1日 — 12月31日)。各乡镇、各部门要对领导干部接访下访活动开展情况进行全面自查、总结经验、查找不足。县信访联席会议办公室将组成检查组，以案结事了、息诉息访为标准，结合信访工作年终考核，对领导干部接访下访工作进行检查考核，树立典型，进一步巩固领导干部接访下访成果，不断提高工作的规范化、制度化水平。

五、工作要求

1. 加强领导，靠实责任。各乡镇、各部门要高度重视领导干部接访下访活动，党政主要领导要负总责、亲自抓、带头做，切实担负起第一责任人的责任；分管领导要具体抓，确保人员、时间、效果三落实；其他领导要按照“一岗双责”的要求，在领导干部接访下访活动中主动承担解决问题、化解矛盾的责任。要统一思想，靠实责任，集中攻坚，形成党政主要领导带动，分管领导跟进，信访部门带头，整体联动抓信访的工作机制。

2. 广泛宣传，营造氛围。要充分利用电视、报刊、广播和网络等媒体，大力宣传领导干部接访下访活动情况及取得的成效，营造良好的社会氛围。要注意发现和总结工作中的好经验、好做法，及时向县信访局上报先进典型和成功案例，加大典型的宣传推广力度，发挥典型的示范带动作用，推动领导干部接访下访活动深入开展。

3.严格考核，确保实效。各乡镇、各部门要加强信访信息报送，每15天向县信访局报送活动进展情况。县委、县政府将把领导干部接访下访活动开展情况作为党委工作责任书考核的一项重要内容，严格考核奖惩。对活动开展不力，不认真落实领导包案，处理问题不到位造成群体性事件或到市赴省进京上访的，要严肃追究有关乡镇、部门领导的责任。

中共灵台县委办公室　灵台县人民政府办公室
关于进一步加强全县信访干部队伍建设的实施意见

灵办发〔2013〕48号

（2013年11月 18日）

为全面加强我县信访干部队伍建设，充分发挥信访部门职能作用，全面提升信访工作水平，全力维护社会和谐稳定，根据中共中央办公厅、国务院办公厅《关于进一步加强信访干部队伍建设的意见》（中办发〔2012〕21号）、省委办公厅、省政府办公厅《关于进一步加强信访干部队伍建设的意见的实施意见》（甘办发〔2012〕150号）和市委办公室、市政府办公室《关于进一步加强信访干部队伍建设的实施意见》（平办发〔2013〕19号）文件精神，现结合我县实际，提出如下实施意见：

一、充分认识进一步加强信访干部队伍建设的重要性和紧迫性

信访工作是党和政府的一项重要工作，是构建社会主义和谐社会的基础，是党的群众工作的重要组成部分，也是新形势下加强和创新社会管理工作的有效途径和重要手段。做好新形势下信访工作，创造和谐稳定的社会环境，对于贯彻落实党的十八大、十八届三中全会精神，推动县域经济社会转型跨越、科学发展，与全国全省同步全面建成小康社会具有十分重要的意义。当前，我县正处在经济发展的跨越期和转型期，也是各种社会问题和利益矛盾的凸显期，大量问题通过信访渠道反映出来，信访工作面临的形势更加复杂，信访部门承担的任务更加繁重，这对信访干部队伍的素质和能力有了更高的要求。重视和加强信访干部队伍建设，是维护社会和谐稳定和密切党群、政群、干群关系，加强和创新社会管理的迫切需要，是做好新形势下信访工作的组织保证和力量保障。

全县各级各部门要从全局的高度，充分认识加强信访干部队伍建设的重要性、紧迫性和艰巨性，把加强信访干部队伍建设摆在更加突出的位置，切实抓实抓好。要按照充实力量、优化结构、提升能力、发挥作用的要求，全面加强信访干部队伍思想建设、能力建设、作风建设，着力打造一支业务精良、素质过硬、纪律严明、作风正派、熟悉法律法规政策知识、拥有丰富工作经验、具备较强社会管理能力的信访干部队伍，为做

好新形势下信访工作提供坚强的组织人才保障。

二、切实加强信访工作力量建设

（一）选好配强领导班子。坚持德才兼备、以德为先的用人标准，注重选拔政治素质好、业务能力强、纪律作风硬、政策水平高、善于做群众工作的干部到信访部门任职，进一步优化信访部门领导班子结构，切实增强领导班子整体工作能力。县信访局长兼任县委办公室副主任，以便协调促进工作。

（二）充实配备工作力量。各级各部门要建立健全信访工作机构，调整充实工作人员，配足配强工作力量。其中中台、邵寨、独店、什字、朝那和县城区街道办要配备专职信访干部3名，其他8个乡镇要配备专职信访干部2名，县直各大口部门配备专职信访干部2名，其他部门及市驻灵单位配备专职信访干部1名，切实做好本级信访工作。

（三）完善督察专员制度。进一步健全和完善信访部门督查专员制度，县信访部门要配备科级、副科级督查专员各1名，加强对重大疑难信访案件和领导批示件的督查督办，推动群众信访反映的突出问题得到妥善解决。

（四）优化干部队伍结构。坚持正确的用人导向，有计划地选调熟悉政治、经济、社会、法律等专业知识的人才充实信访干部队伍，不断提高信访干部的综合素质。要通过公开选拔和选调的形式，从基层一线和综合部门选拔有群众工作经验的优秀干部到县信访部门工作，增长群众工作才干，提高解决复杂信访问题的能力。

（五）设立纪检组（监察室）。在县信访部门设立纪检组（监察室），配备副科级纪检组长及工作人员，加强对信访干部的内部监督，对违反信访工作纪律的干部提出党纪政纪处分建议，确保信访干部依纪依法开展信访工作。

三、不断加大信访干部教育、培养、交流和使用力度

（一）加强思想建设。进一步完善和落实学习制度，组织信访干部开展党性锻炼活动，坚持用中国特色社会主义理论体系武装头脑，切实提高理论水平和大局意识，引导信访干部讲政治、顾大局、求上进，始终在思想上和行动上同党委、政府的决策保持高度一致。

（二）加强能力建设。采取多种方式帮助干部开阔视野、更新观念，优化知识结构，提高综合素质，掌握科学的工作方法和过硬的业务本领，增强开展群众工作、处理复杂问题和化解社会矛盾的能力，切实做到“为党分忧、为民解难”。

（三）加强教育培训。坚持教育培训与提升业务水平相结合，采取在职学习、远程教育、脱产培训、外出考察学习等多种方式相结合，强化对信访干部的业务培训，提高信访干部做好群众工作的能力。要提倡和鼓励信访干部参加各类在职学习，保证学习时间，保障学习经费，促进学习型机关建设。

（四）打造锻炼平台。进一步完善“双向挂职锻炼”制度，组织人事部门要有计划地选派后备干部、新提拔干部、年轻干部到信访部门挂职锻炼，选派信访干部到乡镇和县直综合部门挂职锻炼，让年轻干部在信访工作中提高解决复杂问题的能力，让信访干部在综合工作中开阔视野，全面提升综合素质。组织、人事部门要把干部在挂职锻炼期间的主要表现作为干部使用的重要依据。

（五）加强交流使用。加大信访干部交流使用力度，扩大干部交流使用范围，畅通干部交流使用渠道，形成干部交流使用的长效机制。对从事信访工作8年以上的信访干部，原则上要予以交流，10年以上的信访干部必须交流。对政治素质好、业务能力强、工作业绩突出、群众公认的信访干部，要优先予

以提拔重用。

四、着力规范信访干部队伍管理

（一）加强纪律约束。坚持严格要求，严格教育，加强对信访干部的党性党纪教育，引导信访干部严守政治纪律、组织纪律、工作纪律和廉政纪律，切实增强法制意识，自觉依法按政策办事，真正做到作风正派、纪律严明。

（二）抓好作风建设。牢固树立以人为本执政为民理念，切实增强宗旨意识，牢固树立群众观点，始终坚持群众路线，带着责任和情感切实为群众办好事、办实事，用良好的作风和务实的精神赢得群众的认可。

（三）创新管理制度。进一步完善信访干部管理各项规章制度，建立健全信访干部队伍管理制度体系，逐步实现信访干部招录、调配、选拔任用、竞争上岗、交流、考核等工作的规范化、制度化，形成科学的信访干部管理机制。

五、切实强化信访干部队伍建设组织保障

（一）加强组织领导。高度重视和大力支持信访干部队伍建设，及时研究解决信访干部队伍建设中存在的问题，强化督促检查，确保提出的各项意见和任务落到实处。

（二）体现特殊关爱。从政治、工作、生活等各方面爱护信访干部，帮助信访干部解决实际困难和问题，落实公休假制度、信访干部年体检制度和优秀信访干部定期疗养制度，为信访干部工作、学习、生活和成长创设良好条件。

（三）强化工作保障。严格按照有关要求，县财政每年按纪检、政法部门人均1.1万元标准列支信访部门办公经费和业务经费，按全县人均2元的标准列支信访疑难专项资金，列支不低于5万元信访劝返经费，并根据财力逐年增长。落实全县基层信访干部岗位津贴，县财政按标准预算列支拨付县信访局，年终统一考核后发放。要设立信访接待大厅，配备专门信访联席会议室和工作用车，全力保障信访工作需要。

（四）完善激励机制。不断完善考核奖励机制，对信访系统涌现出的先进典型，要及时予以表彰奖励。对长期从事信访工作、贡献突出的信访干部，要按照国家有关政策表彰奖励，充分调动信访干部的积极性、主动性和创造性，促使其充分发挥引领带动作用。

中共灵台县委办公室　灵台县人民政府办公室
关于调整灵台县信访联席会议办公室及专项工作小组
组成人员的通知

办函〔2014〕48号

各乡镇党委和人民政府，县城区街道办，县委各部门，县级国家机关及各部门，县人武部，各人民团体，市驻灵各单位：

因人事变动和工作需要，县委、县政府决定，对灵台县信访联席会议“一办五组”组成人员进行调整。现将组成人员通知如下：

一、县信访联席会议办公室

主　任：牛国平　县委办公室副主任、县信访局局长

副主任：胡玉祥　县委办公室副主任

王建刚　县政府办公室副主任

杨俊锋　县信访局副局长

二、五个专项工作小组

（一）全县涉访群体性及突发性事件处置工作小组。

组　长：杨中畔　县政府党组成员、县公安局局长

成　员：杜福林　县民政局局长

罗杰邦　县司法局局长
田　华　县检察院副检察长
马永发　县交通局局长
张金福　县卫生局局长
王永宏　县农牧局局长
王柏林　县住建局局长
杨俊锋　县信访局副局长
苏斌杰　县法院副院长

(二) 全县集中处理涉法涉诉信访问题工作小组。

组　长：杜建国　县委政法委常务副书记
成　员：贾文科　县法院常务副院长
景克文　县公安局常务副局长
孟胜利　县检察院副检察长
杨建华　县司法局副局长

(三) 全县集中处理城镇房屋拆迁问题工作小组。

组　长：王柏林　县住建局局长
成　员：张宾郎　中台镇政府镇长
焦　勇　县规划局局长
王文合　县房产局副局长
于宏祺　县房改办主任

(四) 全县集中处理社会保障及救助问题工作小组。

组　长：杜福林　县民政局局长
成　员：王登堂　县人社局副局长
何　为　县信访局副局长
刘　臻　县司法局副局长

(五) 全县集中处理农村土地征用问题工作小组。

组　长：晏齐功　县国土资源局局长

成　员：张宾郎　中台镇政府镇长
　　　　董永忠　县住建局副局长
　　　　王忠科　县规划局副局长
　　　　王金胜　县国土资源局副局长
　　　　李　丽　县房产局副局长

信访联席会议办公室及专项工作小组成员如有变动，由成员单位接任工作的同志替补，不再另行发文通知。

中共灵台县委办公室
灵台县人民政府办公室
2014年10月31日

中共灵台县委办公室　灵台县人民政府办公室关于进一步加强网站留言办理工作的通知

灵办发〔2014〕57号

各乡镇党委和人民政府，县城区街道办，县委各部门，县级国家机关及各部门，县人武部，各人民团体，市驻灵各单位：

甘肃·灵台门户网站政民互动栏目自2011年1月开通以来，共办理回复社会公众留言1700余条，解决了一大批事关人民群众切身利益的民生问题，拓宽了社情民意表达渠道，成为全县各级、各部门开展网上便民服务的新型网络载体。但在运行过程中，仍存在个别单位重视程度不够、工作机制不健全、留言办理回复不及时、答复质量不高，甚至个别单位系统无人管理等问题。为进一步加强网民留言办理工作，提高办理质量和效率，现就有关事项通知如下：

一、充分认识网民留言办理工作的重要性

网民通过网络媒介提出意见和建议，体现了群众对党和政府的信任、对灵台发展的关心和支持。做好网民留言办理工作，对于密切党和政府与人民群众的联系、维护群众的合法权益、传递党和政府的声音、直接接受社会监督具有极其重要的意义。各乡镇、各部门要以开展党的群众路线教育实践活动为契机，将办理网民留言作为践行群众路线的重要举措，列入议事日程，落实分管领导和工作人员，明确留言办理要求，主动承担起网民留言办理工作的责任，努力把留言办理工作抓实、抓好、抓出成效，确保留言办理工作规范、高效、有序开展。

二、进一步明确网民留言办理工作职责和范围

网民通过人民网地方领导留言板块向县委书记的留言，甘肃门户网站及省上领导信箱有关我县的留言，平凉门户网站及市上领导信箱有关我县的留言，甘肃·灵台门户网站政民互动栏目留言等均属留言办理工作受理范围。网站留言办理实行属地管理、分级负责。县委办负责网民在人民网地方领导留言板块给省委书记、市委书记涉及灵台的留言、给县委书记留言和灵台门户网站“政民互动”栏目“书记信箱”留言的收集、整理、呈批、交办、督办、复核、回复，办理市委领导批转的留言。县政府办（信息办）负责网民在人民网地方领导留言板块给省长、市长涉及灵台的留言和灵台门户网站“县长信箱”留言的收集、整理、呈批、交办、督办、复核、回复，办理市政府领导批转的留言，负责灵台门户网站“政民互动”栏目留言的统计、管理和平台保障、技术支撑。各乡镇、各部门负责灵台门户网站“政民互动”栏目网民对本单位留言的收集、整理、办理、回复，并做好“书记信箱”“县长信箱”转办留言的办理工作。县委宣传部负责互联网网络舆情监测监控和涉灵热点信息的筛选整理、摘录呈批。县公安局负责互联网的安全监督管理和舆情监控，依法处置各类网络违法犯罪行为。

三、不断规范留言办理程序

网民留言办理工作按照收集认领—审核呈报—领导批示—督办落实—实地复核—反馈结果—整理归档的程序进行。各乡镇、各部门要确定专人坚持每日上网巡查，对属地范围内的网民留言和涉及自身职能范围的网民留言，在发布之日主动收集认领；县委办、县政府办分别负责收集认领灵台门户网站“政民互动”栏目“书记信箱”“县长信箱”网民留言，并在留言发出当日收集整理，第一时间呈县委、县政府主要领导批示后转交相关部门办理。各乡镇、各部门要按照“一般性网民留言5个工作日内办结，反映问题涉及面广、情况比较复杂的在7个工作日内办结”的时限要求，进一步靠实责任，加快进度，及时做好调查处理、网上回复等工作，确保网民留言按期办结。对于一些在规定时限内不能办结的，承办单位应向交办单位提出申请，经同意后，可适当延长办理期限，但办理时限最长不超过10个工作日，对一些没有政策依据或政策尚不明确的网民留言，要做好解释说明工作。对领导批示凡需两个或两个以上承办单位共同办理的网民留言，由主办单位牵头，协办单位配合，主办单位以正式文件按时限要求向交办单位上报办理结果。

四、着力提高留言办理质量

网民留言办理政策性强、社会关注度高，稍有不慎就会造成不良影响。各乡镇、各部门务必高度重视，严把政策关、法律关和文字关，避免出现政策、法律适用不当，确保文字规范精准。要把问题是否解决、群众是否满意作为衡量留言办理工作的重要标准，坚持“能公开的尽量公开，能办理的立即办理，能回复的全部回复”的原则，切实做好留言的办理和回复。网民对相关工作的意见和建议，要结合实际研究采纳。对于网民诉求合理、有条件解决的，要及时解决；一时不具备条件的，应说明情况并积极创造条件解决；不符合政策规定的，要耐心细致地做好宣传疏导工作。涉法涉诉问题，建议网民按司法程序或通过行政复议解决。党风廉政方面的问题，可告知网民向纪律检查机关举报。反映失实的网民留言，要以事实说话，及时陈明实情。所有留言要直接回复办理结果，不得推诿扯皮、敷衍塞责、含糊其辞，真正让人民群众满意。

五、加强网民留言办理工作的督促检查

各乡镇、各部门要经常研判网民留言趋势，加强对重大政策性问题和热点问题办理情况的督促检查，特别对于同类问题多次反映和重复反映的要高度重视，安排相关人员认真调查核实，切实提高网民留言办理质量。县委办、政府办将加强对网民留言办理工作的督促检查，对工作认真、办理质量好、群众满意的乡镇和部门通报表扬；对办理工作中推诿扯皮、敷衍应付、弄虚作假、办理质量不高、回复率低的，将进行通报批评并督促整改；对办理工作不负责任，反映问题不及时解决，造成不良影响和严重后果的，将严肃追究有关领导和工作人员的责任。

六、严明留言办理工作纪律

在网站留言办理过程中，各乡镇、各部门及其工作人员不得随意删除留言；不得将控告、检举材料及有关情况透露和转交给被控告、检举对象；对实名举报、控告有关乡镇、部门和个人的留言，不得公开留言人的姓名和身份；对不宜公开的处理结果，留言承办单位只向留言人回复，不得向社会公开；对负面、敏感性留言和涉及人身攻击的留言一律不予公开。凡违反上述规定的，县上将按有关规定作出严肃处理。

2014年6月16日

中共灵台县委办公室　灵台县人民政府办公室
关于灵台县集中处理信访突出问题及涉访群体性事件联席会议
更名为灵台县信访工作联席会议的通知

灵办字〔2015〕59号

各乡镇党委和人民政府，县城区街道办，县委各部门，县级国家机关及各部门，县人武部，各人民团体，市驻灵各单位：

为深入贯彻落实党的十八大和十八届三中、四中、五中全会精神，全面推进信访工作制度改革，进一步把信访纳入法制化轨道，按照中央要求和省市有关文件精神，县委、县政府决定，将灵台县集中处理信访突出问题及涉访群体性事件联席会议更名为灵台县信访工作联席会议（以下简称联席会议），相关职能、工作机构和组成人员同时予以调整。现将有关事项通知如下：

一、主要职责

在县委、县政府的领导下，联席会议统筹全县信访工作；推动中央、省、市关于信访工作决策部署的贯彻落实；指导信访工作制度改革和信访法治化建设；了解掌握信访工作情况和动态，研究分析信访形势，指导解决和化解具有普遍性的信访突出问题；协调处理跨县区、跨部门、跨行业的疑难复杂信访事项；督导各乡镇、各部门完成重点信访工作任务。

二、组成人员

召集人：刘　凯　县委书记

崔仁杰　县委副书记、县政府县长

杨东虎　县委常委、政法委书记

王宏仕　县人大常委会副主任

李勤忠　县政府副县长

孙泓涛　县政协副主席

成　员：牛国平　县委办副主任、县信访局局长
杨文奇　县人大办副主任
熊　涛　县法制办主任
杜小燕　县政协办副主任
郭忠学　县纪委常务副书记、县监察局局长
周玉存　县委组织部常务副部长、县人才办主任
胡玉祥　县委宣传部副部长
刘亚东　县委政法委副书记
王显明　县综治办主任
贾文科　县法院常务副院长
田　华　县检察院常务副检察长
郭宏波　县发改局局长
田庆银　县教育局局长
李德芳　县工信局局长
景克文　县公安局常务副局长
杜福林　县民政局局长
刘海涛　县财政局局长
晏齐功　县国土局局长
郭玉良　县环保局局长
王柏林　县住建局局长
马永发　县交通局局长
辛灵锁　县水务局局长
王重民　县农牧局局长
张金福　县卫计局局长
杨　颖　县食药监局局长
马文科　县民宗局局长
刘兴平　县总工会主席

张灵祥　中台镇政府镇长

联席会议可根据工作需要，邀请相关单位人员参加。

联席会议办公室设在县信访局，联席会议办公室主任由县信访局局长牛国平同志兼任，副主任由县政府办公室分管信访工作的副主任和县信访局副局长兼任。联席会议设联络员，由成员单位确定相关信访业务科室同志担任。

联席会议组成人员工作如有调动，由接任工作的同志替补，不再另行发文。

三、工作原则

联席会议根据工作需要，定期或不定期召开会议，由召集人或召集人委托的同志主持。联席会议的议题可由联席会议办公室和有关成员单位提出。联席会议以会议纪要形式明确会议议定事项。重大问题经联席会议讨论通过后，由联席会议相关成员单位按程序报批。

联席会议办公室承担联席会议日常工作，负责督促落实联席会议议定事项。同时，可根据需要召开联络员会议或相关专题会议，讨论需要提请联席会议研究的议题和需要提交联席会议召集人决定的事项。

四、工作要求

联席会议不再设专项工作小组，成员单位严格按照“谁主管、谁负责”的原则，做好本系统、本领域的信访工作；认真落实联席会议确定的工作任务和议定事项，及时处理信访工作中需要跨部门协调解决的问题；加强与相关部门的配合，形成工作合力。联席会议办公室要加强对成员单位信访工作的统筹协调和督促检查，及时通报情况，深入调研分析，提出改进意见、责任追究等工作建议。

2015年11月14日

第三节　部门关于信访工作的重要文件

灵台县机构编制委员会
关于全县信访机构设置的通知

灵机编发〔2004〕08号

县信访办：

根据市委、市政府《关于进一步加强和改进信访工作的意见》（市委发〔2004〕14号）精神，经2004年7月22日县编委会议研究决定：县委、县政府信访办公室更名为中共灵台县委、灵台县人民政府信访局，直属县委、县政府管理，内设机构自定，增加事业编制2名（总编制6名，其中行政4名，事业2名），设局长1名，副局长2名。各乡（镇）设置信访办公室，编制在各乡（镇）内部调剂解决。

二〇〇四年八月四日

中共灵台县委组织部
关于印发《灵台县新任副科级领导干部担任县信访督查专员暂行办法》的通知

灵组发〔2005〕51号

各乡镇党委、政府，县直各部门，市驻灵各单位：

现将《灵台县新任副科级领导干部担任县信访督查专员暂行办法》印发给你们，请认真贯彻执行。

二〇〇五年八月十七日

灵台县新任副科级领导干部担任县信访督查专员暂行办法

为了进一步贯彻落实“三个代表”重要思想，增强领导干部联系群众、服务基层的意识和处理问题、化解矛盾、做好群众工作的能力，全力推进我县信访工作，结合实际，制定本办法。

一、县直部门和县法院、县检察院等单位新任的副科级领导干部要分期分批到县信访局担任信访督查专员。

二、信访督查专员的主要职责：学习中央、省、市、县委关于加强和改进信访工作的一系列指示精神及要求，宣传国家的法律法规及中央、省、市、县委的各项政策；代表县委、县政府处理群众来信，接待群众来访；督办和查处重要案件及久拖不决的疑难上访案件，深入基层搞好信访调研，抓好信访工作试点，培养、总结、宣传、推广先进典型经验，为县委、县政府提出合理化建议，发挥好参谋助手作用；发现问题，揭露矛盾，纠正错误，对违犯《信访条例》规定，造成严重后果的渎职、失职行为的责任人，提出责任追究建议。

三、县信访督查专员每期时间为3个月，每批4人，具体人员由县委组织部确定。履行信访督查专员职责期间，工作安排和日常管理由县信访局负责。上岗前集中学习了解有关信访工作的法律法规和工作程序。

四、县信访督查专员工作期间的用车、工资、福利、差旅费及补助等由原单位配备解决。

五、县信访督查专员工作期满，由本人进行工作小结，县信访局对其表现情况作出鉴定，反馈给任职单位，作为干部年度考核和使用的依据。实行试用期的新任副科级领导干部，其担任县信访督查专员的时间计入任职试用期。

六、新任的副科级领导干部担任县信访督查专员，是培养锻炼干部，加强信访工作的有效措施。各乡镇、各部门要高度重视，积极配合县信访督查专员开展工作。同时，对本乡镇、本部门的信访问题，要加强工作责任制，狠抓落实。

七、本办法由县委组织部、县信访局负责解释，自下发之日起施行。

中共灵台县委组织部

关于印发《灵台县干部监督工作联席会议制度》的通知

灵组发〔2007〕47号

各有关单位：

《灵台县干部监督工作联席会议制度》已经县干部监督工作联席会议各成员单位讨论通过，现予印发，请结合实际认真贯彻执行。

2007年5月25日

灵台县干部监督工作联席会议制度

为了切实加强对领导班子和领导干部的监督，全面掌握领导班子和领导干部依法行政情况，有针对性地开展教育和防范，努力形成干部监督的整体合力，推动高素质领导干部队伍建设，依据《中国共产党党内监督条例（试行）》《干部选拔任用工作条例》，结合我县实际，制定本制度。

第一条　联席会议制度以“三个代表”重要思想、科学发展观和正确政绩观为指导，坚持党要管党、从严治党的方针，加强对党政领导干部履行职责全过程的监督，保证党的路线、方针、政策全面正确地贯彻执行。

第二条　干部监督工作联席会议由县纪委、县委组织部、县人事局、县检察院、县监察局、县计生局、县审计局、县信访局等8个部门或单位的领导组成。根据工作需要，有关单位可列席会议。

第三条　联席会议由县委组织部负责召集，组织部部长为会议召集人，分管副部长可受部长委托主持联席会议。干部监督工作联席会议下设办公室，办公室设在县委组织部干部组，办公室负责办理会议商定的相关事务，了解、督促会议商定事项的落实，搞好与成员单位的沟通联系。

第四条　联席会议的主要职能是围绕加强对党政领导干部选拔任用工作和党政领导干部履行职责情况的监督，沟通信息，分析动态，交流情况，研究问题，协调工作，讨论和提出加强干部监督工作的意见和建议。

1. 学习关于加强干部监督工作的政策规定及有关文件，结合实际，提出贯彻落实意见，讨论拟建立和完善的干部监督制度及规定等；

2. 通报纪检监察、干部选拔、检察、计生、审计、信访等工作中反映领导干部违反纪律问题的调查处理情况；

3. 交流加强干部监督管理的做法和经验，研究工作中存在的突出问题，提出解决的意见和建议；

4. 协调解决干部监督工作中出现的其他问题。

第五条　联席会议每半年召开一次，必要时可随时召开。召开联席会议前，各成员单位按照工作职能和业务范围，收集整理需要通报交流的有关问题。会后，各成员单位根据联席会议议定的事项分别落实所承担的工作任务。

第六条　各执法执纪部门要切实加强领导，积极配合，坚持实事求是，公道正派，及时、如实沟通干部群众反映的情况，确保信息沟通的质量，共同做好干部监督工作。

第七条　联席会议成员单位的主要职责：

1. 纪检、监察部门。通报领导干部违纪案件的举报、立案、查处情况；领导干部廉洁自律方面存在的问题；受理干部选拔任用工作中违纪违规行为的举报、查处情况；领导干部执行县委、县政府规章制度和对领导干部的诫免谈话等情况；其他需要沟通的情况。

2. 组织、人事部门。通报执行《党政领导干部选拔任用工作条例》情况；推行公开选拔、竞争上岗制度和干部交流轮岗制度等情况；办理领导干部违纪违规问题和对有关责任人提出组织处理意见和建议情况；分析干部队伍思想、工作作风动态；其他需要沟通、交流、研究的问题。

3. 县检察院。通报本部门检察工作中涉及领导干部及后备干部违法案件的立案、侦查和公诉情况；通报领导干部其他相关情况。

4. 计生部门。通报领导干部和后备干部违反国家计划生育政策的情况和超生子女社会抚养费的交纳情况；其他需要沟通的情况。

5. 审计部门。通报在审计工作中发现的领导干部经济违纪问题；执行收支“两条线”规定情况；领导干部任期审计和离任审计、专项审计等情况；其他需要通报的情况。

6. 信访部门。通报来信来访反映领导班子和领导干部、后备干部问题的情况摘要及调查情况；其他需要通报的情况。

第八条　联席会议与会人员要严格遵守保密纪律，不得泄露会议沟通的内容，对单位之间提供的文字材料要妥善保管，严禁向外泄露。违反纪律的，视情节做出相应的组织处理。

第九条　本制度由县委组织部负责解释。

灵台县机构编制委员会
关于给县信访局增加编制的批复

灵机编发〔2008〕16号

县信访局：

你局《关于请求增加人员编制的报告》（灵信发〔2008〕19号）文件收悉。经2008年6月19日县编委会研究，同意给县信访局增加事业编制2名。

此复

二〇〇八年六月二十六日

灵台县司法局　灵台县信访局
关于印发《灵台县律师参与信访工作实施方案》的通知

灵司法发〔2008〕21号

各乡镇党委、政府，县城区街道办，县直各部门，市驻灵各单位：

为了进一步贯彻落实《信访条例》，充分发挥律师在信访接待工作中的作用，根据《中华人民共和国律师法》和《信访条例》有关规定，结合我县实际，县司法局、信访局联合制定了《灵台县律师参与信访工作实施方案》，现予印发，请参照执行。

2008年5月16日

灵台县律师参与信访工作实施方案

为了进一步贯彻落实《信访条例》，充分发挥律师在信访接待工作中的作用，畅通群众依法信访渠道，保护群众合法权益，推进依法行政，维护社会稳定，根据《中华人民共和国律师法》和《信访条例》有关规定，结合我县实际，特制定本方案。

一、指导思想

以“三个代表”重要思想为指导，以《信访条例》和有关法律、法规、政策为依据，积极配合信访部门为信访人提供法律咨询，为各级政府依法处理人民群众来信来访提供法律服务，引导群众依法上访，合理表达诉求，切实维护信访群众合法权益。

二、参与信访接待工作律师的基本条件

（一）接访律师必须具备律师资格。

（二）理想信念坚定，维护公平正义，求真务实诚信。

（三）应当具有丰富的执业经验和较高的业务素质。

（四）严格遵守律师职业道德，遵守信访工作纪律。

三、主要工作任务

（一）为县委、县政府领导和信访部门接待处理涉法信访事项提供法律咨询服务。

（二）为来访群众提供义务法律咨询。

（三）根据县委、县政府领导指示或信访部门的委托，参与重大疑难案件的法律论证，提出个案法律意见。

（四）对来访群众进行法制宣传教育，协助信访部门做好息诉罢访、化解矛盾的工作，维护社会稳定。

（五）对符合法律援助条件的信访人提供法律援助。

四、工作程序与方式

（一）律师参与信访接待工作，受县司法局和县信访局共同领导、监督和管理。

（二）律师参与信访接待工作，采取定期不定期进行，正常为每周星期三，如遇特殊情况，值班的律师在信访局随时接待涉法信访群众并提供法律咨询；对涉法、涉诉的上访，值班律师参加县领导接待工作，按照接访领导的指示提供法律意见。

（三）律师参与信访工作必须以事实为依据，以法律为准绳。接待上访人员，要认真听取上访人的陈述，全面了解情况，依照有关法律和政策的规定，认真解答，并逐案做好记录备案，重大疑难信访问题，必须汇报请示局、所领导。

（四）对于需要通过诉讼、仲裁、行政复议解决的上访案件，律师应引导上访人员通过法定程序解决或由信访部门采取相应办法进行处理。

（五）对重大涉法问题或可能引发突发性群体涉法信访案件，律师应全权参与，直至问题彻底解决。

（六）对不属于法律咨询范围的信访事项，律师应向上访人员说明情况，并作出明确的答复；需归口办理的涉法事项，接待律师说明情况后，由信访局转交责任单位办理。

（七）律师接待上访人员，只为上访人员提供法律咨询，不得接受上访人员的委托代理，如有提出此种请求的，可告知上访人到律师事务所办理委托手续，依法聘请律师。

（八）对于符合法律援助条件的上访当事人，可告知其到住所地法律援助中心申请法律援助。

五、县司法局工作职责

（一）县司法局负责做好参访律师的指派工作，并指定有关业务部门对律师参与信访工作进行管理、指导、协调、监督。

（二）根据本地实际情况，建立律师参与信访工作的值班制度，定期通报、总结、交流律师参与信访工作情况和经验。

（三）对需要进行法律论证或出具法律意见书的重大疑难信访案件，承办律师个人解答有困难的，由县司法局组织律师专家组讨论研究后答复，以确保法律咨询意见的准确。

六、县信访局工作职责

（一）为律师参与信访工作提供必要的办公条件；

（二）负责律师参与信访的相关工作，并负责材料的整理和归档。

（三）根据律师提供的法律咨询意见和建议，及时分流、疏导、处理相关信访事项。

（四）需要律师提供法律论证意见、出具法律意见书或参加案件协调会、听证会处理重大疑难信访案件的，提前3日向县司法局或指定的律师提供相关资料。

（五）定期通报、总结、交流律师参与信访工作的情况和经验。

（六）根据工作需要为市司法行政机关、市法律援助中心提供有关的信访文件和信息资料。

七、工作要求

（一）律师接待上访群众要服务热情，文明礼貌、态度和蔼、耐心周到认真准确解答问题。

（二）要清正廉洁、依法办事，不得挑词架讼，扩大矛盾，一经发现上述问题，由县司法局按照有关规定严肃处理。

（三）对涉及党政机关秘密事项及上访者个人隐私的信访案件，律师应按保密有关规定办理。

（四）信访干部要和参与信访工作的律师互相支持、密切配合，共同做好涉法信访接待工作。

中共灵台县委机关总支委员会
关于信访局党支部组成人员的通知

总支发〔2009〕2号

信访局党支部：

接机关工委发〔2009〕6号文件批复，信访局党支部支部委员由牛国平、杨俊锋、何为三位同志组成，牛国平同志任支部书记。

特此通知。

2009年3月5日

灵台县机构编制委员会
关于成立灵台县信访接待室的通知

灵机编发〔2012〕59号

县信访局：

为进一步健全信访工作机构，加强信访工作力量，经县编委会议研究，成立灵台县信访接待室，股级全额拨款事业单位，隶属县信访局管理，核定编制5名（其中划入局机关3名事业编制）。主要职责是：负责县委、县政府来访人员的接谈和信访事项的办理工作。

2012年11月16日

中共灵台县委政法委员会
关于印发《灵台县涉法涉诉信访案件办理办法（试行）》的通知

灵政法〔2014〕13号

各有关单位：

为了全面贯彻落实《中共中央办公厅 国务院办公厅〈关

于依法处理涉法涉诉信访问题的意见〉的通知》精神，切实解决涉法涉诉信访案件办理权责不明、程序不清的问题，县委政法委在广泛征求政法各部门意见建议、充分讨论的基础上，制定了《灵台县涉法涉诉信访案件办理办法（试行)》，现予以印发，请各单位结合各自实际，切实抓好贯彻落实。

灵台县涉法涉诉信访案件办理办法（试行)

第一条 为了认真贯彻落实中央、省、市涉法涉诉信访改革工作会议精神，进一步健全完善涉法涉诉信访工作机制，规范群众诉求表达渠道，切实推动涉法涉诉信访问题在法治轨道解决，在维护群众合法权益的同时维护司法权威、维护社会稳定，根据国务院《信访条例》、中央办公厅、国务院办公厅《关于依法处理涉法涉诉信访问题的意见》等法律法规和政策规定，结合我县工作实际，制订本制度。

第二条 涉法涉诉信访是指依法属于人民法院、人民检察院、公安机关和司法行政机关管辖的信访问题。

第三条 涉法涉诉信访工作应当遵循实事求是和依法办事的工作原则，每一起案件都必须做到事实清楚、证据充分、程序完备、定性准确、处理合法适当。

第四条 加强对依法处理涉法涉诉信访问题的领导，坚持科学决策、民主决策、依法决策，从源头上预防和减少涉法涉诉信访问题。

第五条 办理涉法涉诉信访问题应当坚持“分级负责、归口管理、逐级办理”和“谁主管、谁负责，谁办案、谁接待”的原则，信访案件属于哪一级管辖，就由哪一级负责，属于哪一个部门管辖，就由哪一个部门办理。

第六条 县人民法院、人民检察院、公安局、司法局按照本制度受理涉法涉诉信访案件。县信访局对涉法涉诉信访问题，按规定转送有关政法部门受理。

第七条　政法各单位设立专门信访接待窗口，抽调素质高、责任心强的干部负责日常信访接待工作。及时受理每一件涉法涉诉信访案件，不推诿扯皮，做到件件有登记、件件有审查、件件有结果。

第八条　政法各单位对于受理的涉法涉诉信访案件，根据信访性质和管辖范围认真审查，对属于本单位职权范围内的涉法涉诉案件，及时研究办理，并向信访人回复；对不属于本单位管辖范围内的，详细填写《信访案件（事项）内部分流转办单》，经县委、县政府分管领导签字后，及时送交有管辖权限的相关单位予以办理。信访局对受理的涉法涉诉信访案件，要进行认真审查登记，根据案件性质和职权范围，填写《信访案件（事项）内部分流转办单》，经县委、县政府分管领导签字后，及时移送政法相关单位进行办理，并告知信访人。

第九条　在涉法涉诉信访案件办理过程中，应做到客观公正，实事求是，秉公办案，不徇私情。办案人员若与信访事项或信访人有直接利害关系的，应主动回避。

第十条　按期办结信访事项。对受理转办的涉法涉诉信访案件，除法律、法规有规定的外，一般案件在受理之日起15个工作日内办结，办理结果直接告诉当事人。复杂案件在30个工作日内办结，特殊案件在60个工作日内办结。案件办理情况要及时向县委、县政府分管领导汇报，对限期内不能办结的案件，要说明原因。

第十一条　凡符合下列情形之一的涉法涉诉信访案件，可做结案不予受理处理：

1. 信访人的诉求，已经有权处理的单位依法按政策处理完毕，根据信访人的申请，有关单位进行了复查、复核并作出正确的复查、复核意见后，信访人仍继续以同一事实、理由提出诉求的；

2. 经政法各单位调查处理，并经复查、复核，信访人的诉求缺乏法律法规依据、不符合法律法规规定或者没有事实根据的；

3. 经过两级人民法院、检察院、公安局办理且省高院、省检察院、省公安厅已经复查终结，没有新的事实和理由的；

4. 对于不符合法律规定或是正在法律程序办理中的涉法涉诉信访案件，当事人直接上访的，政法机关依法不予受理。

第十二条　对生活确实有困难的刑事被害人，应通过涉法涉诉救助资金，给予适当司法救助。

第十三条　维护正常信访秩序，对采取极端措施缠访、闹访，扰乱正常信访秩序的，公安机关要依法严肃处理。

第十四条　对于群众诉求不及时受理、不按期办结、有错不纠，在办理涉法涉诉信访案件过程中，违反国家法律法规及有关规定造成严重后果的，应当依纪依法追究有关责任单位及责任人的责任。

第十五条　政法各单位对受理或交办的涉法涉诉信访案件，在案件办结后，要及时以书面形式向交办单位报送案件办理情况。

第十六条　本制度由县涉法涉诉信访改革工作领导小组办公室负责解释。

附件：

1. 信访案件分流交办模版。

2. 灵台县涉法涉诉信访案件办理流程图。

3. 信访案件（事项）内部分流转办单。

中共灵台县委政法委员会

2014年6月6日

灵台县机构编制委员会
关于给灵台县信访局核定信访督查专员职数的通知

灵机编发〔2017〕10号

县信访局：

为了健全完善信访督查专员制度，适应信访形势和任务需要，根据市编办《关于核定灵台县信访局信访督查专员职数的批复》（平机编办发〔2017〕14号）精神，经县编委会议研究，给灵台县信访局核定信访督查专员职数1名（副科级）。

灵台县机构编制委员会

2017年5月23日

第四节　县信访局关于信访工作的重要文件

协助县领导接待处理信访制度

（1990年6月）

一、每月初一、十一、二十一日为领导接待来信来访日，分别由一名县委常委或政府县长值班，挂牌办公。常委接待时，在县委信访办公室；县长接待时，在县政府信访接待室，负责接待信访群众，协调解决有关问题。

二、接待日的前一天，由信访办和接待室分别负责安排衔接；若值班领导因公外出，由信访办安排，并及时通知顶班人员；领导接待时，信访办主任和副主任要同时分别值班，由文书作好记录，填写值班日志。

三、对信访群众提出的问题，可由接待领导视其具体情况，当场解决或责成有关单位查处；接受查处任务的单位，对属政策范围内的要及时研究解决，对不符合政策规定的，应说明情况，疏导教育并按时上报结果，由信访办以函件或口头等形式短期内给本人以明确答复。

四、在县委每季度召集纪检、组织、信访、监察、人事部门的领导，对来信来访进行综合分析时，信访办准备好需要汇报解决的信访案件，由领导拍板定案。

五、坚持领导阅信接待登记，由信访办给县委、县政府领导统一印发《人民群众来信来访登记簿》，便于领导将自己阅批来信、接待来访的情况记录在案，并过问处理结果。

信访工作例会制度

（1992年4月）

一、党委、政府要把信访工作摆上重要议事日程，坚持党政主要领导亲自抓、分管领导直接抓、其他领导配合抓的办法，每季度召开一次专题会议，研究信访工作，解决信访工作中的有关问题。

二、各村党支部和村委会每月召开一次信访工作会议，专题研究有关信访疑难问题，掌握信访动态，总结推广经验，寻找差距，制定改进措施。

三、每月召开一次信访领导小组会议，通报情况，统一思想，集体研究解决，涉及几个村社、情况又比较复杂的信访案件，组织有关村社联合办案，相互协作，妥善解决问题；对查办的案件，由会议审查结案，做到事实清楚，证据确凿，定性准确，符合政策，手续完备。

四、每月召开一次行政村信访民调委员会议，布置任务，分析问题，检查工作，解决“老大难”问题；对发生的庄基、地畔、家庭邻里、蚕食道路等矛盾和纠纷，说公断直，秉公处理，化解矛盾，消除隔阂，对随时出现的矛盾和纠纷，要随时召开会议，调查化解，把问题解决在萌芽状态，杜绝越级上访。

人民群众逐级上访接待处理制度

（1993年9月）

一、认真执行“分级负责，归口办理”的原则，依照法律、法规和政策，实事求是地处理群众的信访问题，维护公民的合法权益，使信访工作规范化、制度化。

二、群众上访反映问题，首先应向所在的乡镇、县直部门所属单位、社、村提出，所在组织应认真负责地调查处理，填写《群众上访办理意见书》一式三份，发给上访群众一份，报上级主管部门一份，存档一份，不得推诿扯皮、敷衍了事，把矛盾上交。如上访群众不服本级处理意见，并有充分的理由和事实依据，可持组织处理意见逐级向上请求复查。

三、未经基层处理、不持所在组织的处理意见的上访群众，本室只作登记、咨询、解释、不予受理，劝其回原地解决，经劝说不回的上访群众，通知所在组织及其单位来人共同协商处理。对不听劝解、屡教不改的要采取强制措施，责成所在组织带回原地解决。

四、经复查后确认已按政策规定作出恰当处理的，但上访者仍坚持无理要求，继续到各级各部门纠缠，应视为无理上访，信访部门不予接待，不予交办。对无理上访干扰党政机关正常秩序的“上访老户”可按地委、行署信访处和公安处平信字（90）24号、平安发（90）40号文件有关规定，进行收容遣送或交公安司法机关依法处理。

五、凡县上领导批示及信访室交办要结果的信访案件，按有关规定，承办单位要严肃认真地对待，必须在一月内查结上报，上报时要将调查处理报告以及调查所取的证明材料一并上报，在此时间，上访群众不得越级重复上访。

六、一般不准采取集体上访的形式，若涉及群众集体利益的信访案件，应推选一至二名代表向所在组织或部门直接反映。对组织、串联群众集体上访的带头人和集体上访的党员、干部、职工要进行批评教育，情节严重造成不良影响的要给予纪律处分，违犯法律的要追究法律责任。

七、凡应由公、检、法、司机关管辖处理的案件，上访群众应该按法定程序申诉，信访部门一般不予受理。

八、要采取多种宣传手段，向上访群众宣传逐级上访制度，加强政治责任性，认真接待来访群众，就地解决信访问题，避免群众越级信访和重复信访。对工作不负责任，失职误事造成越级上访和出现越级集体上访的单位，应追究有关领导及经办人的责任。

包干负责承办信访制度

（1994年1月）

一、每月召开一次专题会议，听取信访工作汇报，布置任务，分析问题，检查工作，总结情况。对疑难信访案件或老上访户定任务、定领导、定时间，包调查、包处理、包做思想工作，做到包一案、查一案、结一案、了一案，绝不留“尾巴”。定期不定期召开联席会议，研究解决一些牵扯面广的重大案件。

二、室内成员人手一册《人民群众来信来访登记簿》，对群众来访情况和反映问题进行登记，按照“找谁谁接待，谁接谁处理”的原则，不分地域、身份、急缓一律热情接待，能当时当场结论处理的，要当时当场拍板定案，予以处理；一时不能结论处理的，要向当事人说明原因，提出查办意见，交信访工作例会决定，再答复上访人，对群众上访接待率要达到100%，处理率要在95%以上。

三、室内成员每人包抓四个乡镇、两个县直单位，对出现的越级信访问题和越级集体上访实行包干负责制，积极协调，化解矛盾，平息事态，正确引导，缩小不良影响和后果。对因工作不负责任，造成越级上访和集体上访的要追究责任。

四、每季度二十五日前由文书对室内受理的信访数字，分类统计汇总，提出综合分析意见，交由会议讨论研究后下发，为领导决策提供依据。由信访干事负责信访宣传、信息、报道工作，每季度通报评比一次。

五、对每个成员包干负责承办信访任务的完成情况，每半年初评考核一次，年终考核总评，采取听取汇报、查记录记载、座谈了解等方式进行，纳入工作岗位责任制考核，一并奖罚兑现。

保密制度

（1994年1月）

1. 必须认真学习《保密法》，增强保密观念，明确保密范围，严守保密纪律。

2. 对群众揭发、控告某一级党组织和领导干部的信件、材料，应转给其上级党政组织或者不下转，要注意保护举报人，

更不得转给被揭发单位或本人，

3. 对来信来访中反映的情况和问题，不准传的不传，不准讲的不讲，并不得把内部讨论酝酿处理信访问题的情况擅自告知信访者。

4. 对信访档案和新收到的信件、材料应加锁保管，不得外放，乱摊乱摆或随意带出办公室；需向领导送阅的应专夹直送，属保密的信件要在收信处理单上加盖“机密”。

5. 外单位查、借阅信访档案、信件、材料必须派两名中共党员，持本单位党组织的介绍信和本人身份证，经主管领导批准后，在管理人员指导下，按指定的内容和材料查阅，需摘抄、复制的内容，经允许方可摘抄、复制，不得随意摘抄、复制、拍照和私自带走。对控告、检举揭发和批评的档案材料，一律不予借阅。

6. 不在无保密障碍的场所阅办信件、资料，经办完毕的材料，必须及时按规定清退、归档。妥善保管会议记录、电话记录、统计表及个人的工作笔记、有关资料。

7. 勇于同一切泄密、失密、窃密行为作斗争，对违犯保密规定，造成泄密事件的人员，要视其情节，进行批评教育或给予党纪政纪处分，情节严重的，要追究其刑事责任。

乡镇信访工作制度

（1997年1月）

一、按照县委、县政府和县信访办的安排部署，认真受理人民群众来信来访，积极承办领导和上级机关交办的信访问题，努力完成各项任务。

二、对群众来信，必须及时拆阅，认真阅读，详细登记，当日呈报领导阅批，秉公办理，不得积压和丢失，按时汇报处理结果，做到事事有着落，件件有答复。

三、接待来访群众必须态度诚恳，说话和气，讲究文明礼貌，认真填写来访登记单，详细整理接谈记录，将主要内容、意见和要求及时呈报领导阅批，恰当处理，坚持回访，及时汇报处理结果。凡属于一般性来访，由接待人员明确答复，耐心做好说服教育和疏导工作。

四、处理来信来访必须按有关法律、法规和政策办事，不得随意许愿、乱开口子；坚持登记、呈阅、交办、催办、审查结案、复信、建档的程序，对查办的案件要在一个月之内结案，和当事人见面后，填写《意见书》，并答复信访人；给上访者开具介绍信，须经会议研究，避免造成被动。对上访者无理取闹、辱骂殴打信访人员而影响机关正常的工作秩序和扰乱社会秩序，应视为无理上访，按《信访条例》第四十一条处理。

五、每季度进行一次信访情况分析，综合群众信访中反映的重要情况和带倾向性的问题，及时研究提出处理意见为领导决策提供依据。每季度开展一次广播信访宣传，向信访部门报送二条信访信息。半年和年终各进行一次信访工作总结。

村人民调解委员会工作规则（试行）

第一章　总则

第一条　为了加强人民调解委员会建设，妥善调解民间纠纷，保障公民的人身权利、财产权利和其他权利，维护社会安定，根据国务院《人民调解委员会组织条例》和司法部《民间纠纷处理办法》《人民调解委员会及调解员奖励办法》的规定，制定本规则。

第二条　人民调解委员会是村民委员会下设的调解民间纠纷的群众性组织。在村党支部、村委会的领导下和乡镇司法助理员的指导下进行工作。

第三条　人民调解工作必须坚持“调防结合，以防为主”的方针，以防止民间纠纷激化为工作重点。

第四条　村级人民调解委员会由三至十一人组成，党支部书记、村主任担任正副主任，合作社调解小组由三人组成，社长担任组长，人口少的合作社只设一名组长。

调解人员由所在村社经过群众民主选举产生。

调解人员不能胜任工作时，由原选举单位调整补选。

第五条　凡是为人公正、联系群众、遵纪守法、热心人民调解工作并具有一定法律知识和政策水平的村社干部和其他具有公民权利的群众经过选举都可以当选为调解委员会、调解小组成员。

第六条　调解民间纠纷必须坚持以事实为根据，以法律、规章、政策和社会公德为准绳，对当事人在适应法律上一律平等。

第二章　调解工作任务、管辖、程序、方法

第七条　根据《人民调解委员会组织条例》的规定，人民调解委员会的任务是：

(一) 调解公民之间日常生活中发生的有关婚姻、家庭、赡扶养继承、邻里、债务债权、房屋宅基地、损害赔偿、水路地畔、地界、生产经营等民间纠纷。

(二) 进行法制宣传教育。结合工作业务向群众宣传法律、法规、政策、教育公民遵纪守法，尊重社会公德。

（三）配合治保、民办等组织积极参与社会治安综合治理，

维护社会秩序，保障社会安定。

第八条 村人民调解委员会只管辖发生在本村属于自己职权范围内的民间纠纷，合作社管辖发生在本社范围内的民间纠纷，村与村或村与城镇居民之间发生的纠纷由联合调解组织、纠纷当事人户籍所在地、所在单位、纠纷发生地的人民调解委员会共同调解。共同调解跨地区、跨单位的民间纠纷由最先受理的人民调解委员会主持调解，其他调解委员会协助调解。

第九条 人民调解委员会调解民间纠纷时，必须进行登记、制作笔录，根据需要或者当事人的请求，在调解达成协议后制作调解书或协议书。

第十条 人民调解委员会在调解民间纠纷时，应当查明事实，取得主要证据，作好笔录，在分清是非的基础上，运用充分说理、耐心疏导、消除隔阂的方法积极引导，促使其当事人在自愿的基础上达成协议。当事人双方或双方坚持己见的，告知当事人到有关部门去解决或向人民法院起诉。一方当事人或双方当事人既不接受调解，又不愿起诉的，由调委会报经镇人民政府依据《民间纠纷处理办法》第十七条规定作出处理决定。

第十一条 人民调解委员会调解一般纠纷，简单纠纷，可由委员或小组成员一人进行；调解疑难复杂纠纷可由委员两人以上进行，根据需要也可以邀请有关单位或个人参加，被邀请单位或者个人应当支持。

第十二条 人民调解委员会调解民间纠纷可以采取以下方法：

（一）直接调解。对简易纠纷，事实清楚，当事人双方争议不大的可召集当事人双方进行调解。

（二）间接调解。对那些积怨深、难度大的纠纷，动员双方当事人的亲属、朋友、知己作当事人的思想转化工作，在双方当事人有了转化和共识的情况下，邀请当事人的亲属参加，进行调解。

（三）公开调解。对那些涉及面广、影响大、对群众有教育的，且不涉及当事人隐私、阴私的纠纷，在适当范围召开群众会，邀请有关单位代表参加，进行公开调解。

（四）共同调解。对跨区域、单位、行业的纠纷，由受理一方的调解组织主动联系有关部门的调解组织、群众团体或按本规则第八条的规定进行调解。

第三章　当事人的权利、义务、承担责任方式

第十三条　人民调解委员会在调解民间纠纷时，双方当事人享有以下权利：

（一）当事人对主持调解的人员认为不能公正调解或一方当事人有利害关系的，有提起回避的权利。

（二）对家庭未成年人、无行为能力人的近亲属有依法监护的权利。

（三）在调解中，当事人有开展辩论、陈述自己观点的权利。

（四）对调解委员会主持下调解，达成的协议一方当事人反悔的，有请求镇人民政府处理或向人民法院起诉的权利。

（五）当事人有权请求为自己的隐私、阴私或者经济状况保密的权利。

第十四条　双方当事人在调委会调解过程中，或调解达成了协议或基层人民政府作出的处理决定有下列义务：

（一）调解活动中有如实反映情况，提供证人、证据的义务。

（二）对已达成的协议有自觉履行义务。

（三）对法律规定的未成年人，无行为能力人的近亲属监护的义务造成他人损失的有承担赔偿的义务。

（四）涉及对方个人隐私，隐私或经济状况有保密的义务。

（五）调委会取证、勘察现场时，当事人有积极配合的义务。

第十五条　人民调解委员会或镇人民政府调解、处理民间纠纷时，对有过错的一方可依照《中华人民共和国民法通则》第一百三十四条第一款所列举的方式承担民事责任。

第四章　调解人员工作纪律、奖惩

第十六条　根据《人民调解委员会组织条例》的规定，调解工作人员必须遵守以下纪律：

（一）不得徇私舞弊；

（二）不得对当事人压制、打击报复；

（三）不得侮辱、处罚当事人；

（四）不得泄露当事人的隐私；

（五）不得吃请送礼。

第十七条　根据人民调解《委员会及调解员奖励办法》的规定，对在调解工作中成绩显著的调解组织者或个人应当进行表彰和奖励。

（一）对组织健全、制度完善，积极调解民间纠纷，防止激化和向群众开展经常性的法制教育，预防民间纠纷成绩显著，并且三年内无民事纠纷转化为刑事案件，无因民事纠纷引起非正常死亡，无因民事纠纷引起群体性械斗，调解人员无违法犯罪的，对其调解组织进行表彰奖励。

（二）对在长期从事人民调解工作，任劳任怨，积极开展以防激化为重点，钻研业务，忠实于法律，不徇私情，坚决制止恶性案件，维护社会稳定，增进人民团结作出突出贡献的调解人员，应当进行奖励。

第十八条　奖励分为物质奖和精神奖。物质奖分为奖金、奖品、锦旗等，精神奖为颁发证书奖状等。

第十九条　村人民调解委员会、社调解小组在工作中违犯本规则第十六条规定的人员，由党支部、村委会予以批评教育或按规定程序予以处理。

第五章　附　则

第二十条　不是基层干部的调解工作人员，调解纠纷的误工补贴根据工作量大小，年终由村委会和合作社采用补记义务工的方式付给报酬。年终考核需要奖励的调解人员，奖励费用在村公益金项下列支或自筹资金项下列支。

第二十一条　村社受理的疑难纠纷一般在30天内调解处理，最长不超过45天。

第二十二条　本规则与有关法律政策不一致的，以有关法律政策为准。

灵台县信访局
关于印发《灵台县信访局办理群众来信工作规则（试行）》《灵台县信访局接待群众来访工作规则（试行）》《灵台县信访局督查督办工作规则（试行）》的通知

灵信发〔2005〕33号

各乡镇党委、政府，县直各部门，市驻灵各单位：

新修订的《信访条例》已于2005年5月1日起正式实施。按照《信访条例》的要求，县信访局参照市信访局的配套措施，制定了《灵台县信访局办理群众来信工作规则（试行）》《灵台县信访局接待群众来访工作规则（试行）》《灵台县信访局督查督办工作规则（试行）》，现印发给你们，请结合工作实际，调整和完善有关工作机制。

二〇〇五年六月二十五日

灵台县信访局办理群众来信工作规则（试行）

为了规范办理群众来信工作，恰当处理群众来信，根据国务院《信访条例》要求，参照《平凉市信访局办理群众来信工作规则（试行）》，结合办理群众来信工作实际，制定本规则。

一、工作职责和受信范围

县信访局负责办理县内公民、法人和其他组织及境外人士给县委、县政府及其领导的来信；办理市信访局、其他市级机关转来的信件，以及其他机关转来的信件。向领导反映群众来信的重要信息，交办督办重要来信事项，向乡镇、县直部门通报来信情况，办理有关信访事项。

领导本人对群众写给自己的来信，办理另有要求的，按要求办理。

群众写给本局负责人的来信，经本人拆阅后交给办信工作人员办理的，按办理群众来信的程序和原则办理。

本规则所称“来信”，包括信件、电报、电子邮件、传真等。

二、办信工作原则和重点

办理群众来信工作应坚持“属地管理、分级负责，谁主管、谁负责”的原则；突出重点、兼顾一般、注重时效的原则。

群众来信中情况紧急、时限性强的来信，应按“急事急办”原则，采取电话、传真等方式及时通报有关地方或部门办理，需要转送原信的，再将来信函转承办部门或单位。

办信工作的重点是：向领导提供群众来信反映的、有重要参考价值的信息，为领导科学民主决策服务；交办、转送来信提出的事项，督促检查重要来信事项的处理，为群众解决实际困难和问题；及时通报可能引发群体性事件的来信情况，促使可能引发群体性事件的倾向性、苗头性问题解决在基层和萌芽状态，预防和化解矛盾。

三、办信工作程序

(一) 来信签收、消毒和分发

对来信应消毒后分发处理。对送来的电报和特快专递，相关工作人员必须及时签收拆阅，有紧急事项的应及时妥善处理。

(二) 来信启封、装订及盖章

办信工作人员要严格按照受信范围处理群众来信，确保不误拆。启封时应注意保持邮票、邮戳、邮编、地址及信封内材料的完整。启封后，按主件、附件、信封顺序装订整齐。装订位置应便于翻阅。在来信首页右上角空白处加盖当日收信专用戳记，戳记印迹要端正、清晰。

(三) 原信登记

办信工作人员要严格按照办信工作要求和信访工作计算机管理系统操作程序，及时登记原信基本情况，确保基本数据准确、完整。来信内容摘要应简明扼要，并区别不同情况有详有略，详略得当。

对拟上报领导或交办的，反映重要情况、提出重要建议意见的来信，内容摘要应相对详细，包括建议意见的主要内容，问题发生的时间、地点，涉及的主要单位和人员，来信人的要求及其理由等。

不需要办理的重复信，《信访条例》规定不予受理、不再受理的和内容不清的信，可作简略登记。

(四) 基本办理方式

办信工作人员登记原信后，要按照《信访条例》第二十一条规定，区分情况，在15日内采取不同方式及时办理。办理群众来信的基本方式有：上报、交办、转送、通报、存查。

1. 上报。上报是指报送县委、县政府领导。办理方式主要有原件上送、摘要上报、综合上报三种。上报时，局分管领导都要签署意见。上报的来信信息，需要核实而又能够核实的，一般应先核实再上报。经过核实后上报的，应把核实的情况和有关意见、建议一并报领导同志参阅。

（1）原件上送。原件上送是指将群众来信原信及附件等直接呈报领导。

（2）摘要上报。摘要上报是指将群众来信内容摘要后，以《来信摘要》形式并附原信一并呈报领导。来信摘要可以是单件群众来信的摘要，也可以是多件内容相似的群众来信的综合摘要。

2. 交办。交办是指将群众来信提出的信访事项直接交有权处理的行政机关或主管单位办理，并要求承办部门在《信访条例》规定的期限内反馈办理结果。办理方式主要是发函交办。这类来信主要是提出个人诉求，且事实清楚，按政策规定应该解决的。

对来信反映的一些突发、紧急情况，需要及时交有关乡镇或部门办理的，可采取电话、电传的方式交办。

3. 转送。转送是指将群众来信提出的信访事项转送有关乡镇、部门或其负责同志办理。办理方式主要有发函转送、附转送单转送。

（1）发函转送是指将应该由乡镇或县直部门办理的信访事

项，以发函的方式转送乡镇或县直部门，由其负责办理。其中，发函集中转送的，转送时附上相对应的来信列表，并定期向相关乡镇和部门通报转送来信情况。通报内容主要包括转送来信次数、件数等。同时，要求乡镇和县直部门定期向县信访局报告转送信件办理情况。报告内容包括转送的群众来信是否及时办理，以及其他认为有必要说明的情况。乡镇和县直部门报来办理情况后，办信人员要汇总制作《转送信件办理情况统计表》，以备抽查和报告、通报情况。（发函集中转送函稿样张、来信列表样张、通报集中转送来信情况函稿样张、《转送信件办理情况统计表》样张分别参见附件1至附件4）

（2）附转送单转送是指将应该由县直有关部门或企事业单位办理的信访事项，以转送单方式转送县直有关部门或企事业单位办理。

4. 通报来信情况。通报来信情况是指将群众来信情况综合分析后向有关领导报告、向乡镇和县直部门主要负责人通报。通报材料一般抄送县委组织部。

5. 存查。对已经复核不再受理的来信，不需要办理的重复来信，无参考价值、内容不清的以及其他不需要办理的来信，一般可存查。存信按地区、年份和来信时间顺序打包，集中存放，定期销毁。

（五）督查督办

1. 督查督办工作基本要求。督查督办工作要严格执行《信访条例》和《灵台县信访局督查督办工作规则（试行）》的规定，遵照突出重点、注重时效、确保质量、狠抓落实的指导思想，坚持谁交办、谁督办原则，做到督办事项件件有着落，事事有结果。

2. 督查督办时限。办信人员负责督查督办本局直接向各乡镇、县直各部门交办的来信事项。按照《信访条例》规定，信访事项一般应当在60日内办结；情况复杂的，经承办部门或单位负责人批准，可适当延长办理期限，但延长期限不得超过30日。对逾期不能办结的，要求承办部门或单位及时说明理由。承办部门或单位有《信访条例》第三十六条规定情形之一的，应当及时督办，并提出改进建议。

3. 督查督办方式。根据督办信访事项的不同情况和工作需要，可以采取电话督办、发函督办、请承办单位来人汇报、派员到有关乡镇或部门实地督促检查等方式进行督查督办。

4. 交办信访事项反馈办理结果材料的审核和办理。办信人员要认真做好反馈材料的登记、审核和送审工作。报送程序不符合要求的，提出改进建议退回重报；处理明显不妥的，提出建议交承办部门或单位继续办理。

（六）群众来信回复

1. 回复范围

（1）《信访条例》规定的属于各级人民代表大会以及县级以上各级人民代表大会常务委员会、人民法院、人民检察院职权范围内的信访事项，依法应当通过诉讼、仲裁、行政复议等法定途径解决的信访事项。（相关回复函稿样张分别参见附件5至附件10）

（2）反映建议等其他内容来信的回复。反映重要情况或重大问题，提出重要意见或建议，县局已报送县委、县政府领导参阅、阅批的和领导直接收到的群众来信，具备回复条件的，应予回复；来信人情绪比较激烈，对一些情况有误解、扬言采取极端行为的来信，除及时请乡镇、部门做好工作外，有的可以直接回复，做好来信人的疏导教育工作；来信附有证件、手稿等，在退回的同时，一般应予回复；来信要求查询以前所写信件办理情况的，原则上应予回复；其他需要回复的，也应回复。

2. 回复方式。给来信群众回复，可视来信内容和来信人的具体情况，分别采取书面回复、电话回复等方式。

(七) 文稿办理

办信文稿种类有《来信来访处理单》、函件等。

办信文稿编写的基本要求是：符合国家的法律、法规和方针、政策及有关规定；观点鲜明，条理清晰，文字精练，篇幅简短，遣词用字规范；人名、地名、数字、引文准确；使用国家法定计量单位；简称要规范；结构层次序数用法符合规定。

1. 交办函的编写要求：一是标题规范，便于查询；二是主送机关名称或主送人姓名要准确；三是正文要交待清楚来信人姓名、地址或单位，反映的主要问题、建议及诉求等，概括适当，文字简练；四是结尾要说明发函目的，要求承办部门或单位将处理意见与来信人见面，反馈办理结果及来信人对处理的意见。

2. 转送函的编写要求：除不要求承办部门或单位反馈办理结果及来信人对处理的意见外，其他要求同交办函。

3. 督办函的编写要求：首先要交待清楚督办的信访事项，包括原交办函的函号、日期、主要内容等，其次要写明督办原因，提出改进建议。

4. 回复函的编写要求：要严格按照国家的法律、法规、规章和有关政策规定回答和说明问题；要有针对性和说服力，注重效果；要注意保密，不得将不该来信人知道的情况告诉来信人。

(八) 审阅审批权限

1. 设定审阅审批职责权限的基本原则。

(1) 行政领导负责制和分级负责的原则。

(2) 减少层次、提高效率的原则。

(3) 急事急办、特事特办原则。个别情况紧急，或内容涉密、不宜扩大接触范围的、举报科级以上领导干部的来信，办信工作人员可以视情节直接送分管副局长或局长审批办理。

2. 审阅职责和审批权限。

局长，审批内容重要、需要局长审批的信件；签发部分呈报县委常委、副县长和市信访局等上级机关的文稿。

分管副局长，审阅内容重要、需要副局长审阅的信件，审批摘要上报领导的信件，及转送乡镇和县直部门的信件，审阅、修改签发上报领导的文稿，及一般性转送、交办和回复等函稿。

除上述原则性规定外，凡经办人认为有必要送上一级负责人审批或签发的信件、文稿，均可送上一级负责人审批签发。

四、档案管理

办信人员应做好来信处理档案的收集整理、装订立卷工作，定期移交局办公室归档保存。

列入长期保存的办信档案范围是：在原件上送、发函交办转送、编写《信访情况通报（信）》过程中形成的各种文字材料在摘要上报，编写综合材料过程中形成的部分文字材料；其他比较重要需要归档存查的原信及信件办理资料。

归档时应按《原信基本情况登记表》、签批稿或打印稿、查办材料的顺序装订。两页以上的档案材料应用胶水粘贴或线装。

五、工作纪律和保密要求

(一) 工作纪律

办信工作人员要严格遵守国家的有关法律法规和县上的工作纪律，在《信访条例》规定时限内及时办理来信，不得擅自处理随信寄来的物品等。办信工作与信访事项或来信人有直接利害关系的，应当回避。

(二) 保密要求

严格遵守《国家信访局保密规定》《信访工作国家秘密的规定》《国家信访局保密要害部门部位保密管理暂行办法》，不得向无关人员扩散来信内容，不准擅自将信件带出机关；领导有关信访工作和信访材料的批示，以及来信统计数据等，未经批准，不得向无关人员泄露或传播。

灵台县信访局
关于印发《灵台县信访局履行提出“三项建议”职责工作规则（试行）》的通知

灵信发〔2006〕30号

各乡镇、县直各部门：

《信访条例》第三十六条、第三十七条、第三十八条规定，县级以上人民政府信访工作机构应当履行提出“改进工作建议、完善政策解决问题建议、给予行政处分建议”三项职责，这对信访工作机构做好新形势下的信访工作提出了新的更高的要求。根据国家、省、市信访局《履行提出“三项建议”职责工作规则（试行）》，县信访局制定了《灵台县信访局履行提出“三项建议”职责工作规则（试行）》，现予印发，以便更好地推动全县信访工作顺利开展。

二〇〇六年七月十三日

灵台县信访局履行提出“三项建议”职责工作规则（试行）

第一章　总 则

第一条　为了认真履行《信访条例》规定的县级以上人民政府信访工作机构提出改进工作建议、完善政策解决问题建议、给予行政处分建议（以下简称“三项建议”）的职责，规范相关工作程序，根据国家、省、市信访局《履行提出“三项建议”职责工作规则（试行）》，结合全县信访工作实际，制定本规则。

第二条　“三项建议”工作职责的提出，必须坚持实事求是、依法依规的原则，做到事实清楚、定性准确、适用法律法规和政策正确、所提建议恰当、程序规范合法、手续完备。

第三条　提出“三项建议”责任主体的职责。

（一）局长对全局履行提出“三项建议”职责的工作负总责，副局长协助局长抓好各室履行提出“三项建议”职责的落实工作。

（二）各室负责同志是本室履行提出“三项建议”职责工作的第一责任人，负责提出“三项建议”的有关工作。

（三）在开展实地督查督办工作中，带队负责人为督查督办事项的第一责任人，对“三项建议”的运用提出具体的意见和建议，并对有关具体意见和建议的准确性负责。

第二章　“三项建议”的使用范围

第四条　改进工作建议的使用范围。

发现有关行政机关有下列情形之一的，应当及时督办，并提出改进工作的建议：

（一）无正当理由未按规定的办理期限办结信访事项的；

（二）未按规定反馈信访事项办理结果的；

（三）未按规定程序办理信访事项的；

（四）办理信访事项推诿、敷衍、拖延的；

（五）不执行信访处理意见的；

（六）其他需要督办的情形。

向有关行政机关提出改进工作建议时，可抄送上一级行政机关。

第五条　完善政策、解决问题建议的使用范围。

对于信访人反映的有关政策性问题，需要向县委、县政府和县级领导同志报告的，应当提出完善政策、解决问题的建议。

第六条　给予行政处分建议的使用范围。

发现行政机关工作人员在信访工作中推诿、敷衍、拖延、弄虚作假造成严重后果的，应当向有关行政机关提出行政处分的建议。

第三章　提出“三项建议”的审批程序

第七条　提出改进工作建议的审批程序。

向有关行政机关提出改进工作的建议，需由班子会议讨论决定。有关公文由分管领导审核后，报请局长审批。

第八条　提出完善政策、解决问题或给予行政处分建议的审批程序。

向县委、县政府和县级领导同志报告的政策性建议及其他建议，或者向有关行政机关提出给予行政处分的建议，需提交班子会议讨论决定。有关公文由分管领导审核后，报请局长审批。

第四章　“三项建议”的公文格式

第九条　提出改进工作、给予行政处分的建议，应采用县信访局灵信函的公文格式。

第十条　向县委、县政府和县级领导同志报告的政策性建议及其他建议，应采用县信访局报告的公文格式。

第五章　建议采纳情况的落实和上报

第十一条　“三项建议”提出后，相关室要及时了解建议的采纳和落实情况。如有必要，经报请局领导批准，可派员到有关行政机关了解情况。

第十二条　有关室对本室履行提出“三项建议”职责的工作情况要及时进行分析总结，通报情况由班子会审议通过后，以信访情况分析报告形式，定期上报县委、县政府和县级领导。

第十三条　本办法从二00六年七月十三日开始施行。

二〇〇六年七月十三日

中共灵台县纪律检查委员会　中共灵台县委组织部
灵台县社会治安综合治理委员会　灵台县监察局
灵台县人事局　灵台县信访局
关于印发《灵台县信访工作绩效考核和责任追究暂行办法》的通　知

灵信发〔2007〕58号

各乡镇党委、政府，城区街道办，县直各部门、市驻灵各单位：

按照平市信发〔2007〕43号《关于印发〈平凉市信访工作绩效考核和责任追究暂行办法〉的通知》精神，结合全县实际，制定《灵台县信访工作绩效考核和责任追究暂行办法》，现印发给你们，请结合各自实际，认真贯彻执行。

2007年12月26日

灵台县信访工作绩效考核和责任追究暂行办法

第一条　根据《中国共产党党内监督条例（试行）》《中国共产党纪律处分条例》、国务院《信访条例》《甘肃省信访条例》的有关规定及《平凉市信访工作绩效考核和责任追究暂行办法》精神，结合我县实际，制定本办法。

第二条　本办法适用于全县各级党和国家机关、人民团体、企事业单位党政领导班子、领导干部和工作人员。

第三条　信访工作绩效考核和责任追究，坚持实事求是、客观公正的原则，实行平时与定期考核、定性与定量分析相结合的办法。

第四条　全县各级党和国家机关、人民团体、企事业单位及其工作人员都应当按照“属地管理、分级负责”“谁主管、谁负责”的原则，认真履行工作职责。各乡镇、各部门的主要领导是信访工作的第一责任人，对本乡镇、本部门的工作负总责，对重要信访事项要亲自推动解决；分管信访工作的领导负直接责任，抓各项具体工作的落实；其他领导成员“一岗双责”，按照分工抓好各自分管方面的信访工作。各乡镇党委、政府和部门要建立健全信访工作领导责任制，定期研究信访工作。党政主要领导干部要亲自接待群众来访、经常阅批群众来信、带案下访和包案处理信访案件，妥善处理各类信访问题。

第五条　信访工作绩效考核，主要采取信访工作年度目标考核，结合领导班子和领导干部年度考核或考察、工作人员年度考核及专项考核方式进行。

第六条　各乡镇党委、政府和各部门要将信访工作纳入领导班子和领导干部年度目标管理考核体系，制定科学的信访工作考核评价办法，逐级签订信访工作目标管理责任书。信访工作目标考核由各级信访工作领导小组组织实施，每年一次。

第七条　各级党委及其组织部门在对领导班子、领导干部进行年度考核或考察，单位党委在组织实施工作人员年度考核时，要将信访工作绩效作为一项重要内容进行考核。信访工作绩效考核结果作为评价领导班子政绩、领导干部和工作人员选拔任用、表彰奖惩、评优选先的重要依据。

第八条　经信访工作年度目标责任考核成绩突出的地区和单位，由上级党委、政府和本级党委、政府给予表彰，对主要领导和分管领导给予通报表扬和奖励。

第九条　经信访工作年度责任目标考核和专项考核需要追究责任的，视具体情况分别予以通报批评、责令作出检查、诫勉谈话、党纪政纪处分。涉嫌犯罪的，移交司法机关处理。

第十条　责任追究的程序和权限：

（一）给予责任单位党政领导班子、领导干部和直接责任人通报批评的，由上级信访工作机构提出建议，上级信访联席会议办公室作出决定，并予以通报批评；

（二）给予责任单位党政领导班子和领导干部做出检查的，由上级信访工作机构提出建议，上级党委、政府决定，上级党委组织部门督促执行；

（三）给予责任单位党政领导诫勉谈话的，由上级信访联席会议办公室提出建议，按照干部管理权限和诫勉谈话程序办理；

（四）需追究领导干部党纪、政纪责任的，由上级信访联席会议提出建议，同级党委研究，按照干部管理权限和规定程序，由纪检或监察机关具体办理；

（五）给予责任部门和单位一票否决的，由上级信访联席会议提出建议，同级社会治安综合治理委员会按规定予以一票否决；

（六）涉嫌犯罪的，移交司法机关处理。

第十一条　有下列情形之一的，对责任单位党政领导班子、领导干部和直接责任人给予通报批评：

（一）对群众反映的问题事先不知情，缺乏工作预案和应对措施，致使发生群众到上级党委、政府或越级来县到市赴省集体上访、进京非正常上访的；

（二）群众到当地党委、政府和有关部门集体上访，责任单位党政领导不出面接待，对群众反映的符合法规、政策应当解决的问题不及时协调处理，造成群众到上级党委、政府或越级来县到市赴省集体上访、赴京非正常上访的；

（三）群众到上级党委、政府和有关部门集体上访或赴省进京非正常上访，责任单位将群众接回后，不及时认真处理，不按期给群众答复，导致群众再次到上级党委、政府或越级来县到市赴省集体上访、进京非正常上访的；

（四）对应当由党政领导亲自包案处理的重大信访案件，不明确包案领导或不及时认真处理，导致群众到上级党委、政府或越级来县到市赴省集体上访、进京非正常上访的；

（五）对群众反映涉及多个地方或部门的信访问题，有关乡镇或部门党政领导不配合、不支持，推诿扯皮，导致群众到上级党委、政府或越级来县到市赴省进京非正常上访的；

（六）对上级领导批示交办、有关部门转办的重点信访案件，在规定的期限内不能查结上报，又不主动报告进展情况，或上报的材料不符合有关规定的；

（七）对本地区、本部门非正常上访老户稳控措施不落实，致使上访人在上级党委、政府或来县到市赴省进京非正常上访的；

（八）在信访工作年度目标管理考核中不达标，被列为重点信访工作管理地区、部门或单位的。

第十二条　有下列情形之一的，责令责任单位党政主要领导向上级党委、政府做出检查：

（一）对群众反映的符合法规政策应当解决的问题，因工作失误，处置不当，导致30人以上重复到县委、县政府或10人越级到省市集体上访、进京非正常上访的，发生冲击、围堵、滞留，拦截车辆，堵塞交通等影响正常工作秩序的；

（二）群众到上级党委、政府集体上访后，责任单位党政领导不按规定时限赶赴现场做工作，或派出的工作人员不负责任，致使上访群众冲击、围堵、滞留，拦截车辆，堵塞交通，干扰、影响机关正常工作秩序的；

（三）对群众反映的问题不坚持原则，不按政策规定予以解释，而是上交矛盾，引发群众到上级党委、政府或越级来县到市赴省进京非正常上访的；

（四）对本地区、本部门发生的重大信访问题，不及时上报信息，不及时妥善处理，造成重大影响的；

（五）对群众的无礼或过高要求，乱开口子，乱表态，作无原则让步，造成工作被动或引发连锁反应的；

（六）对本乡镇、本部门非正常上访老户稳控措施不落实或控制不力，发生上访老户在上级党委、政府或越级来县到市赴省进京拦车、堵路、自残等过激行为，造成不良影响的；

（七）对上级领导批示交办、上级信访部门立案交办、有关部门转办的重点信访案件，不认真调查处理或查处不力，致使群众到上级党委、政府或越级来县到市赴省进京上访的；

（八）连续多次被上级信访机构通报批评或连续2年被列为重点信访工作管理部门或单位的。

第十三条　有下列情形之一的，对责任单位党政主要领导实行诫勉谈话：

（一）对中央、省市县关于信访工作的重要部署和指示不认真贯彻执行，信访工作领导责任制落实不到位，越级集体上访和非正常上访较为突出的；

（二）对群众反映的问题无动于衷、敷衍塞责或处理错误，导致矛盾激化，发生严重的非正常上访行为或群体性事件，造成恶劣影响的；

（三）群众到上级党委、政府集体上访后，对上级党委、政府明确的处理意见不落实，造成重复到上级党委、政府或越级来县到市赴省进京集体上访的；

（四）对本乡镇、本部门重大信访问题，非正常上访老户，因工作不力或处置不当，引发到上级党委、政府或越级来县到市赴省进京滋事闹事，造成恶劣影响的；

（五）对上级领导交办、上级信访部门立案交办、有关部门转办的重点信访案件，不认真查处，上报的材料避重就轻、事实不清，证据不足，查办不实，后果严重的；

（六）连续两次被责令向上级党委、政府作出检查，连续3年被列为重点信访工作管理部门或单位的。

第十四条　有下列情形之一的，对负有主要和重要领导责任的党政领导和直接责任人给予党纪、政纪处分；涉嫌犯罪的，移交司法机关处理：

（一）对群众反映强烈的问题，应当受理而不予受理、应当且有条件解决而不解决，因故意或重大过失导致认定事实错误或适用法律法规和政策错误、违反法定程序，侵害信访人合法权益，造成严重后果和不良影响的；

（二）对上级机关立案交办的重点信访案件拒不查处，编报虚假材料欺骗上级领导机关，对有关责任人按照有关规定，应予严肃处理而未作处理，袒护包庇、姑息迁就的；

（三）拒不执行有权处理机关依法作出的支持信访请求事项的；

（四）利用职权徇私舞弊，收受信访人或被控告人、被检举人贿赂的；

（五）对可能造成社会影响的重大、紧急信访事项的信访信息或重大群体性上访事项，瞒报、谎报、缓报、漏报，导致决策失误，处置不当，造成严重后果或恶劣影响的；

（六）扣压、隐匿、篡改信访材料或将控告检举材料内容泄露给被控告、检举单位或个人的；

（七）打击报复或者非法拘禁、迫害信访人的；

（八）有其他违法违纪行为的。

第十五条　被通报批评的乡镇和单位，从通报之日起12个月内不得评为信访工作先进集体；被通报批评的领导干部和直接责任人，从通报之日起12个月内取消各类评选先进个人的资格；被责令作出检查的党政领导干部，从作出检查之日起12个月内不得参加上级党委、政府表彰先进个人的评选；被诫勉谈话或受到党纪、政纪处分的党政领导干部和直接责任人，取消年度奖金和各类评选先进个人的资格；党政主要领导因信访工作受到党纪、政纪处分或追究法律责任的，年终考核评优选先时，对该单位予以一票否决。

第十六条　县纪检、监察、组织、政法、人事等部门要根据信访工作机构和信访联席会议提出的意见、建议，及时进行责任追究。

第十七条　县信访局负责对全县信访工作绩效考核和责任追究贯彻执行情况进行监督检查。

第十八条　各乡镇、各部门可根据本办法，结合各自实际，制定实施细则。

第十九条　本办法由县纪委、县委组织部、县委政法委、县监察局、县信访局、县人事局负责解释。

第二十条　本办法自发布之日起施行。

灵台县信访联席会议办公室
关于加强信访案件办理工作的通知

灵信联办发〔2014〕12号

各乡镇党委、政府，县城区街道办，县直各部门，市驻灵各单位：

根据省市信访联席会议办公室《关于进一步加强信访案件办理工作的通知》精神和县委、县政府分管领导就做好我县信访案件办理工作作出的重要批示，县信访联席会议办公室就进一步做好我县信访案件办理工作、切实提高办理质量和效率有关事宜通知如下：

一、正视问题，切实提高思想认识

今年以来，各乡镇、各有关部门都能按照交办案件办理规定要求，对交办的信访案件办理工作高度重视，基本做到了调查深入细致、案件定性准确、处理意见恰当、工作程序规范，切实维护了群众的合法权益。但通过平时工作掌握，有些单位在信访案件办理工作中存在一些问题，主要有：

（一）思想认识不到位，办理不认真。有的对待群众信访不从自身找原因，不为群众着想，缺少换位思考意识；有的对群众诉求形成的原因等方面缺乏认真分析研究，把信访问题简单归结为信访人要求过高或胡搅蛮缠；有的对群众反映的问题，采取回避态度，或者调查工作不深入，对群众诉求解决不到位，造成群众不断信访，致使一些合理诉求长期得不到妥善解决。

（二）工作程序不规范，审核不严格。有的没有把精力放在解决问题上，对交办的信访事项采取应付态度，结案报告避重就轻，致使群众反映的问题没有真正得到解决；有的报送汇报材料不严格，要件不齐全，缺少对信访人的书面答复；有些缺少信访人签署的意见，对拒绝签署意见和没有签署意见的，没有详细说明；有些上报材料未经主要领导审阅或分管领导签字。

（三）时效观念不够强，报送不及时。按照规定，交办的信访案件要求在60日办结，但一些单位借故推诿、敷衍拖延，未在规定期限内上报结案报告。对逾期不能办结的，也不及时向上级信访部门上报延期报告。一些已经结案的案件，只给交办单位上报结案报告，不给信访人出具书面答复意见，致使一些信访问题不能进入“三级终结”程序，信访人就同一事由重复信访。

二、强化措施、切实规范办理程序

各乡镇、各部门要严格按照案件办理规定，细化措施，明确目标，真正做到办理一件、化解一件、息诉一件。重点做好以下四个环节：

（一）认真对待诉求，防止简单应付。各乡镇、各部门要增强群众意识，真正从群众的角度出发，多从自身工作找原因，认真分析群众的诉求，而不是把信访问题简单归结为信访人要求过高或者胡搅蛮缠。要直面问题，明确责任主体，及时就地妥善化解。

（二）突出事要解决，减少重复信访。各乡镇各部门要坚持首办责任制，力求把问题解决在基层。特别是对一些疑难复杂信访案件，要坚持因案施策、情理法并重，采取各种工作措施、处理办法，把诉求合理的解决问题到位，诉求无理的思想教育到位，生活困难的帮扶救助到位。

（三）强化调查分析，规范案件办理。要坚持实事求是的原则，对信访人的诉求进行全面、深入、细致的调查核实，认真听取信访人及相关单位或人员的意见，依据国家有关法律和政策，作出处理意见，做到事实清楚、定性准确、适用法规和政策正确、处理意见恰当、程序规范、手续完备。信访案件原则上60日内办结，情况复杂的，可适当延长，但不得超过30日，对逾期不能办结的，要及时上报延期报告。

（四）规范工作程序，严格审核把关。各乡镇各部门要严格规范案件办理程序，对上报的案件查办报告，严格把关，经单位主要领导签发后，将结案报告单、查办报告、书面答复意见书等材料，按规定办理时限和要求予以上报。

三、跟踪督查，切实提高办理质量

（一）加强督查督办。为进一步完善案件办理，将督查工作贯穿于案件调查、审核把关、事后督促等各个环节。县信访联席会议办公室将对重点突出问题、有倾向性问题及对久拖不决、涉及面广、群众反映强烈、社会关注度高的重大疑难信访问题列入督查范围。

（二）明确督查重点。从2014年开始，省市信访联席会议办公室定期筛选交办的信访案件，成立专门的督查督办工作组，进行实地督导。县信访联席会议办公室将以各级交办案件为督查督办重点，采取电话督办、会议督办、发函督办等各种形式，督促责任单位限期认真办理，切实做到问题不查清不放过、责任不落实不放过、处理意见不落实不放过。

（三）突出督查实效。县信访联席会议办公室要将督查督办的着力点放在靠实工作责任、维护群众权益上，对案件办理过程中发现的问题，要求责任单位限期整改，对于责任单位有推诿敷衍、弄虚作假造成严重后果的，依据规定程序向有关部门提出责任追究的建议。

灵台县信访联席会议办公室

2014年1月4日

灵台县信访局工作制度汇编

一、机构设置及人员编制

根据市委、市政府《关于进一步加强和改进信访工作的意见》（市委发〔2004〕14号）精神，经2004年7月22日县编委会议研究决定：县委、县政府信访办公室更名为中共灵台县委、灵台县人民政府信访局，直属县委、县政府管理，总编制10名，其中行政4名，事业6名，设局长1名，副局长2名，督察专员2名，内设办公室、接访室、督查室、信息室。

二、工作职能

（一）贯彻落实中央、省、市、县关于信访工作的方针、政策。

（二）受理人民群众来信、来电、接待群众来访、网上信访，指导群众逐级依法有序反映诉求。

（三）承办上级信访部门和县委、县政府领导同志批示交办的信访事项。

（四）向乡镇、部门和单位转办、交办有关信访事项，督查督办信访事项的办理情况。

（五）综合分析人民群众来信来访情况，向县委、县政府提出改进工作的意见建议。

（六）指导全县信访工作，培训信访干部，开展信访宣传，总结推广先进经验。

（七）协调乡镇、部门做好非正常上访人员的劝返工作，维护信访秩序。

（八）承办信访联席会议，研究解决重大信访问题，交办重点信访案件。

（九）承办县政府信访复查委员会工作，负责信访事项的复查。

（十）承办县委、县政府安排的其他工作。

三、内设机构设置

县信访局设办公室、信息室、接访室、督查室。各室的职责如下：

（一）办公室

1. 负责办理局机关的日常事务，承办文电、文印、会务、保密、通讯等工作。

2. 负责政务专网的收发登记及信访网页的维护更新工作。

3. 负责文书、档案、资料的管理工作。

4. 负责局机关行政事务、出勤考核、职工考评、后勤服务和安全保障工作。

5. 负责办理局机关财务及干部职工的劳资工作。

6. 负责信访干部培训及信访理论研讨。

7. 承办党务日常业务工作。

8. 承办县政务网站信访网页的更新工作。

（二）信息室

1. 承办本局收到的群众来信登记和处理工作。

2. 承办上级信访部门转办交办、县委县政府领导批示交办的群众来信登记处理工作，并反馈情况。

3. 负责信访信息系统转办、交办信件的办理及结果反馈工作，负责本级受理的各类来信来访的录入工作。

4. 负责向乡镇、部门转办、交办信访事项。

5. 负责处理群众重要来信的摘报、送阅及立案查办报结等工作。

6. 负责指导乡镇、部门处理来信和信访信息系统业务，统计上报各种报表。

7. 及时向局领导汇报有关信访事项，并提出处理意见和建议。

（三）接访室

1. 承办来县委、县政府上访群众的接谈、登记、转办、交办工作。

2. 及时向局领导汇报有关信访事项，并提出处理意见和建议。

3. 做好群众异常上访、集体上访和突发事件的处置工作，维护正常的信访秩序。

4. 做好来访情况的汇总统计，综合分析信访形势，报送重要来访信息。

5. 指导乡镇、部门处理来访业务。

（四）督查室

1. 负责承办上级和本级交办、领导批示案件的督查督办工作。

2. 调查处理重要信访案件。

3. 办理信访积案、赴京非正常上访、交办案件台账的登记管理工作。

4. 负责案件办理情况的汇总、统计、汇报。

5. 对信访问题突出的乡镇、部门进行督促检查并及时通报情况。

四、信访局工作人员岗位职责

（一）局长：

1. 主持县信访局全盘工作。

2. 协助县委、县政府对全县信访工作安排部署。

3. 负责县信访联席会议办公室和县政府信访复查委员会办公室工作。

4. 负责全县基层信访工作的督查、检查和指导。

5. 负责机关干部管理考核及行政管理工作。

6. 负责对各室和工作人员的职责履行情况进行监督检查和年度考核工作。

7. 及时向县委、县政府提出加强和改进全县信访工作的意见和建议。

8. 负责跨乡镇、跨部门和涉外信访突出问题的协调处理。

9. 负责机关党建和党风廉政建设工作。

10. 负责做好上级主管部门及县委、县政府安排的有关工作。

（二）副局长：

1. 分管信息室、督查室工作。

2. 负责党务和双联工作。

3. 负责信访复查办公室日常工作。

4. 负责交办案件的督查审结工作。

5. 负责信访信息系统工作。

6. 负责县直部门和市驻灵单位的信访业务指导工作。

7. 负责全县信访干部培训和信访理论研讨工作。

8. 负责协调处理重大信访事项。

9. 负责疑难信访事的审核工作。

（三）副局长：

1. 分管办公室、接访室和局财务工作。

2. 负责县信访联席会议办公室日常工作。

3. 负责集体上访和非正常上访的接待处理工作。

4. 负责乡镇、县城区街道办信访业务的指导工作。

5. 负责信访信息和信访宣传工作；

6. 负责协调处理重大信访事项。

7. 负责文秘、后勤工作。

（四）督查专员：

1. 负责督查室工作。

2. 负责上级本级交办案件的督查督办工作。

3. 负责重点信访问题及复查案件的调查处理工作。

4. 负责案件的统计、重点案件通报工作。

5. 协助局领导做好其他工作。

（五）文书：

1. 承办文件收发、登记、传送、归档、管理工作。

2. 负责政务专网的文件收发，政府网站信访网页内容的更换维护工作。

3. 承办各类文字材料的起草、核对、打印、分发工作。

4. 承办局务会议、职工会议、信访联席会议，负责会议的通知及记录工作，管理办公室微机、打印机、电话机等公物的登记管理工作。

5. 负责职工参加会议、集体劳动、卫生打扫、文体活动的通知等工作。

6. 负责信访局、县联席会议办公室、县政府信访事项复查委员会办公室印章的管理工作。

7. 承办党务业务工作和有关临时性工作。

8. 负责机关日常工作的衔接、协调、汇报工作。

9. 承办领导安排的其他工作。

（六）办信员及信访信息系统管理员：

1. 承办群众来信的登记、摘要、转送、交办等业务工作。

2. 负责来信来访、上级交办案件的系统录入，受理告知、转送交办、催办回复等工作。

3. 承办群众来信和信访信息系统资料的整理和归档工作。

4. 负责来信来访和网上信访的收集统计工作。

5. 承办信访信息、信访动态撰写报送工作。

6. 承办领导安排的其他工作。

（七）接访员：

1. 承办群众来访的接谈、登记、答复、转办、交办工作。

2. 办理群众非正常上访、集体上访的秩序维护和劝解疏导工作。

3. 承办重要来访事项的摘要、送阅工作。

4. 承办信访信息、信访动态和信访季度分析的撰写报送工作。

5. 负责向信息室报送来访事项的有关资料。

（八）会计:

1. 承办会计业务，做好单位经费的收支，及时向分管领导和主要领导、局务会议、职工汇报年度经费收支情况。

2. 及时与财政、金融等部门联系做好单位经费的划拨、转账、支付等工作。

3. 承办信访专项资金的管理及相关档案的整理保管工作。

4. 做好单位经费的预算、编制、申报等工作。按季度分析单位经费收支情况。

5. 管理信访专项资金，收集有关档案资料。

6. 办理职工劳资的申报、审批、登记等工作。

7. 及时报送各类财务报表。

8. 承办领导交办的其他工作。

（九）出纳：

1. 办理单位现金支付、银行结算等有关业务。

2. 保管库存现金及现金支付和有关票据等。

3. 承办单位财务的购置、登记、管理，做好单位水费、电费、电话费的及时缴纳工作。

4. 及时做好财务收支与现金账务的核对工作。

5. 做好单位办公用品的购置计划等工作。

6. 承办领导交办的其他工作。

（十）驾驶员：

1. 驾驶和保管单位工作用车。

2. 遵守交通安全法规，增强责任意识和安全意识。

3. 爱护车辆，及时对车辆进行维护、保养和清洗保洁，确保车辆正常使用。

4. 及时检查车辆的安全状况，提出保养维修建议，确保出行安全。

5. 及时申报核销加油费、过路费、停车费和差旅费等费用。

6. 自觉遵守工作纪律，坚守工作岗位，服从领导安排，不准饮酒驾车，严禁擅自出车，更不允许私自借给他人驾驶，确保车辆正常行驶。如有私事，不管是否是工作日，都需提前向主要领导说明情况或请假，不得在用车时出现无人驾驶的现象。

7. 协助做好办公室和领导交办的其他工作。

五、管理制度

（一）局务会议制度

1. 局务会是领导班子实施行政管理的最高级别议事会议，参加成员为局长、副局长、督察专员，文书和相关人员列席会议。

2. 局务会主要研究下列事项：①贯彻落实党和国家的方针、政策，重点是关于信访工作的决策部署；②贯彻落实省市关于信访工作的安排部署，研究全县信访工作的安排部署、检查考核和工作总结；③研究局经费的管理使用；④研究局工作人员的分工、考察考评和党务工作；⑤研究局有关制度的制定和施行；⑥研究重大复杂的信访事项。

3. 局务会议由局长负责召集，视情况采取定期不定期召开。

4. 局务会议由班子成员或办公室提议，并列出议事事项，交局长审定后召开会议研究。

（二）学习制度

1. 局党支部要以创建学习型机关、争做学习型干部为目标，不断加强干部职工的学习教育。

2. 全体干部职工要坚持经常学习政治理论和业务知识，不断提高政治理论和工作水平。要认真学习各类文件，切实增强工作的预见性和针对性。

3. 坚持每周集中学习一次。采取会议宣讲、开展讨论、业务研讨、交流发言等形式，把理论学习和业务学习有机结合起来，达到学以致用，以用促学的目的，切实增强学习实效。

4. 坚持单位组织职工集体学习和个人自学相结合的方式，以职工自学为主。职工要积极订阅报刊，书写学习笔记，撰写心得体会，每季度检查调阅一次学习笔记。

5. 鼓励职工积极参加各级各类研讨征文活动，开展信访宣传。

6. 鼓励支持职工参加各类理论、业务培训和自学函授，创造条件到发达地区学习考察，开阔视野，创新理念，提高工作能力和水平。

7. 干部职工学习的检查考核工作由分管党务的副局长负责。

（三）工作制度

1. 全体干部职工要认真贯彻执行党的路线、方针、政策和上级信访部门，县委、县政府的决策部署及本局的工作安排。

2. 各工作人员要爱岗敬业，严谨负责，认真履行岗位职责，按时完成工作任务，推、拖贻误工作的要严肃追责。

3. 各工作人员要热情对待群众来电来访，做到行为礼貌，语言文明，自觉维护信访干部的良好形象。

4. 各职工要严格要求自己，严肃工作纪律，坚守工作岗位，按时上下班，不迟到，不早退，保持各办公室整洁，创造良好的工作环境。

5. 认真履行请销假制度。职工有事必须请假，一天以内由分管领导批准，两天以上（含两天）由主要领导批准。请假人需经领导在请假条上签字后交办公室负责人员登记后方可离开。不允许超假、旷工和擅自离开工作岗位，没有履行请假手续而私自离岗的，一律按旷工对待，旷工半天的，扣发一日工资，一天的，扣发2日工资，2天以上的，扣发当日工资及当月岗位津贴，并在职工会上做检讨，取消当年评优选先资格。假满后要向准假领导及时销假。

6. 工作人员在上班期间，不准在网上聊天、玩游戏，不准高声喧哗，不准闹无原则纠纷。如违犯规定，造成不良影响的要严肃追究责任。

7. 全体职工必须积极参加集体活动、文体活动和义务劳动，不得无故不到。其参加结果作为职工年度考核的重要内容。

8. 全体干部要加强团结，工作上要相互支持，密切配合，生活上相互照顾，努力营造创先争优、生动和谐的工作氛围。

（四）保密制度

1. 必须认真学习《保密法》，增强保密观念，明确保密范围，严守保密纪律。

2. 对单位的收发文件、电话记录、会议记录、电报、传真、信访材料、来信、来访登记簿等要严格保管，及时入柜。

3. 对信访档案和新收到的信件、材料应加锁保管，不得外放，乱摊乱摆或随意带出办公室；需向领导送阅的应专夹直送，属保密的信件要在收信处理单上加盖“机密”。

4. 外单位查、借阅信访档案、信件、材料必须持本单位的介绍信和本人身份证，经主管领导批准后，按指定的内容和材料查阅，不得随意摘抄、复制、拍照和私自带走。对控告、检举揭发类信访材料，一律不得借阅。

5. 不在无保密保障的场所阅办信件、资料，经办完毕的材料，必须及时按规定清退、归档。妥善保管会议记录、电话记录、统计表等涉密有关资料。

6. 要按照网络安全要求，凡政务专网和信访信息系统必须在指定的专机上运行，不得接入互联网。

（五）安全值班制度

1. 全体工作人员实行轮流值班制度。每周由一名负责同志和干事值班，负责做好班外和双休日的电话接转、政务专网查收、会议通知、信息报送、来访接待和突发事件的应急处理，确保不贻误工作。

2. 值班人员每天7：30前到单位，认真打扫环境卫生，在8:00前打扫结束。搞好区域内卫生保洁，确保办公、生活场所干净整洁。

3. 全体职工要切实提高安全防范意识，加强防盗、防火、防泄密，下班时各房间必须做到断电、关窗、锁门，切实消除不安全隐患。

4. 值班人员必须保持电话24小时畅通，晚间住在单位，确保单位安全，值班期间要认真填写值班日志，如有特殊情况必须向值班领导汇报，确保不贻误工作。

（六）财务管理制度

1. 全体干部职工要强化节俭意识，厉行节约，坚决禁止奢侈浪费。

2. 严肃财经纪律，坚持财务一支笔审批制度，所有支出必须先经过财务人员汇总、分管领导把关，汇报主要领导审核，加盖审核印章后由分管领导审批，1000元以上的支出经局班子会议研究后列支。支出单据须经经办人员和财务人员签名，没有签名的一律不得入账结算。

3. 机关财务实行会计、出纳分设。会计要严格执行《会计法》和《会计人员工作规则》，忠于职守，严格监督，编制收支计划，搞好记账、算账、结账，做到日清月结，妥善保管会计资料。出纳要配合会计管理使用好经费，妥善保管现金。

4. 财务人员必须严格遵守财务管理制度，严禁挪用或私自外借公款，单位工作人员因工作需要借用公款时，须打借条经分管财务的领导同意批准签字后在出纳员处借用，借用一月内及时归还。

5. 建立公务卡支付制度。实行公务卡管理制度，主要包括办公费、培训费、差旅费、会议费、公务接待费、公务用车运行维护费、其他交通费用和零星购买支出等，凡具有刷卡条件的，一律使用公务卡。出差人报销出差费用时，要持消费小票和正式发票，经分管领导及财务人员签字后予以报销，小票缺失者将不予报销。

6. 单位办公用品年初由财务室统一提出计划意见，经分管领导审核后统一购买配发，财务人员负责办理，其他人员不得私自办理。购买1000元以上大宗用品时，须两人以上参加，一人负责或者私自购买的一律不予报销。

7. 严格控制各类出差费用。因工作需要到乡镇、县外出差，须经局长同意。出差的乘车、住宿要严格按照县委办发〔2015〕15号《关于印发（灵台县党政机关差旅费管理办法）的通知》办事，严禁超标准住宿乘车。无特殊情况，出差不得乘坐飞机和软卧，如情况特殊，须请示主要领导同意，出差结束后15日内按程序报销差旅费。

8. 因工作需要打印、复印材料的，原则上在单位内部打印、复印。因情况特殊确需外出打印的，由分管财务的领导审批后到指定打印部打印，不按上述程序办理，私自随意打印者，费用自理。

9. 单位账务必须做到月清月结，账实相符，每月底财务人员、分管财务的领导向单位主要负责人汇报收支情况，每季度由分管领导和财务人员在职工会议上通报1次财务收支情况。

（七）信访宣传奖惩制度

1. 为了充分调动干部职工开展信访宣传的积极性和主动性，切实提高宣传稿件质量和水平，推动信访宣传工作发展，特制定本奖惩制度。

2. 投稿范围主要包括：《人民日报》《甘肃日报》《平凉日报》《人民信访》《甘肃信访》《党建》《党的建设》《调查与研究》，中央、省、市信访工作简报，省、市、县委县政府工作简报、《调查与研究》，门户网站及国家、省、市信访系统网站。

3. 稿件类别主要包括：有关信访工作的新闻报道、通讯、评论、典型经验、案例分析、调研文章以及散文、诗歌、小说、书画、摄影作品等。

4. 除工勤人员外，每人每年至少在指定的刊物、网站或简报发表1篇文章，完成的按刊发稿件的级别、类型予以奖励，未完成的处罚现金100元。

5. 奖励办法：

（1）典型经验、案例分析、调研文章每发表1篇奖励300

元。

(2) 新闻报道、通讯评论每发表1篇奖励200元。

(3) 文艺作品每发表1篇奖励100元。

(4) 同一作品在更高级别指定刊物上重复发表的按2篇对待。

6. 宣传稿件奖惩情况纳入职工年度考核。

第三章 信访工作重要历程

第一节 历年信访工作概述

1979年

【基本情况】1979年，全县各级各部门共接待群众来信来访8271件（次），其中来信5666件，来访2605次。分类统计：反映要求落实政策、平反问题、安排工作等方面3285件（次）；要求落实经济政策（包括自留地、房屋折价、林木折价等）751件(次)；民事纠纷、生产队分队、社员迁队、工伤事故、批评建议等471件（次）；要求工作、申报户口、工资待遇、家庭婚姻、询人问事等1115件（次）；反映干部违法违纪、贪污盗窃、男女作风、打骂群众、刑讯逼供等304件（次）；反映生活困难、缺粮少钱、居住问题等2059件（次）；反映基层干部作风137件（次）；反映打击报复等49件（次）；有关人命等100件(次)。已结7700件（次），未结571件（次），结案率为93.1%。其中县委、县革委信访室全年共接待来访926件（次），已结906件（次），未结20件（次），结案率为97.8%。

【主要做法及成效】党的十一届三中全会召开以后，全国进入拨乱反正的历史新时期，体现在信访工作上，信访量大幅增长。为了适应信访工作需要，1979年2月中旬，灵台县委召开常委会，专题研究信访工作，确定由县委一名副书记和县革委一名副主任分管信访工作，同时强调各基层单位相应的都要有一名负责干部主抓信访工作。并根据工作需要成立县委、县革委信访办公室，抽调固定了四名干部，配备了一名专职负责干部，从而使信访工作从组织领导方面有了保障。

在工作中，结合开展真理标准问题的讨论，着力澄清纠正领导干部、工作人员中普遍存在的“信访越抓，来访人越多；不抓不管，他不言不喘；告状没好人，好人不告状”等错误认识，倡导“全党办案，层层负责，多办少转”。在案件办理上，坚持“支持好人，惩治坏人，发扬好事，消灭坏事”，积极认真的查处群众上访问题。县委、县革委领导带头，亲自办案。县委还先后两次派出工作组，带上信件下乡查处，并对公社单位的信访工作进行督促检查。信访室4名同志除一名留本机关接待群众外，其余三名同志经常下基层查处信案。县信访办和县委派出的工作组及落实政策方面人员，亲自查处了60%以上的信案。

1980年

【基本情况】1980年，全县共接待群众来信来访3723件(次)，其中来信2735件，来访986次。以上来信来访，按其问题类型统计，属于要求落实政策（包括“文革”以来及“文革”前历次运动中的问题）的780件；职工退休后要求子女顶替的57件；属于批评建议方面的37件；反映干部违法乱纪问题的147件；检举揭发坏人坏事的96件；精简下放后，要求解决困难及提出复工复职要求的71件；要求调动工作的379件；要求劳动就业的82件；提出工资福利要求的210件；反映民事纠纷的231件；要求申报户口的190件；反映知青上山下乡方面问题的30件；反映农村经济政策不落实的281件；反映生活困难，要求给予救济的272件；属于其他方面的860件。这些信访案件已结3489件，结案率为93.7%。县委、县革委信访室当年共接待来信来访612件，已结594件，未结18件（包括转给其他单位处理的11件），结案率为97%。与1997年相比，1980年来信来访比1979年减少4550件（次），下降率为55%。县委、县革委信访室1980年受理的612件（次）信访案件和1979年的926件（次）相比，下降了314件（次），下降率为33.9%。

【主要做法及成效】为了认真做好人民来信来访工作，根据“分工负责，归口管理，条块结合，把问题解决在基层”的原则，县委、县革委召集县级各有关部门负责同志，对全县信访工作进行研究。根据上级有关精神，结合实际，先后两次对各级、各部门归口处理群众来信来访的范围划分作了具体规定。县革委还专门发出了维护信访秩序的通知，凡属各级各部门职权范围内的问题，由各级各部门就地、及时、正确地予以处理。一些问题较大，案情复杂和涉及到领导机关负责同志的信件，由信访室协同县纪委和组织部共同查处；涉及到几个部门或单位的信件，由信访室牵头，各有关部门或单位协同处理。由于坚持互相配合，层层负责，基本上克服了上推下卸、批来转去、拖延积压的官僚主义作风，使问题都能得到比较彻底的解决。

1981年

【基本情况】1981年，县信访室共受理人民来信来访461件（次）。其中来信380件（次），来访81件（次）。在这些信访件中，按其问题性质分，落实政策方面，文革前37件，“文革”

中30件，经济政策61件，批评建议26件，检举揭发50件，就业调动32件，精简下放4件，工资福利5件，民事纠纷41件，户口问题53件，要求解决生活困难的53件，其他方面69件。以上这些信访件中已查处结案的453件，其中县信访室亲自查处、去信、复结案的145件，转交其他单位办理的308件，结案率为98.3%。

【主要做法及成效】1981年春节过后，县委召开工作会议，作出了实行生产责任制的决定。这一决定大大鼓舞了社员群众的积极性，实行包干到户的工作迅速在各社队展开。由于工作进展快，干部少，一些社队宣传教育做得差，工作比较粗糙，导致承包土地过程中出现了一些问题，群众对此意见比较大，纷纷来信或到县上访，要求解决包产到户中的遗留问题。为此，县委及时研究，提出要结合农村工作中心，变群众上访为干部下访。县委从县社两级抽调470多名干部分赴全县16个公社221个大队，集中解决实行生产责任制中出现的各类问题，群众反映很好。

1981年后季，由于一名干部退休、两名干部调动到其他单位，信访干部锐减，给整体工作造成了一定影响。

1982年

【基本情况】1982年，县信访室共受理人民来信来访348件。其中，落实政策34件，经济政策16件，批评建议22件，检举揭发51件，要求就业调动24件，不服精简下放8件，要求解决工资福利5件，民事纠纷19件，户口问题15件，反映生活困难41件，其他113件。这些来信来访案件，截止年底，查处了339件（其中，按信访归口办理批转其他单位查处的244件，县信访室写信及口头答复处理结案的80件，直接派人查处的15

件)，结案率为97.3%。

【主要做法及成效】三中全会以来，随着党在农村的各项政策的落实，群众来信来访案件逐年下降，1979年受理来信来访926件（次），1980年受理来信来访612件（次），1981年受理来信来访461件（次）。信访量下降主要是由于：一是落实政策方面的信访问题逐年大幅下降；二是农村实行各种形式的生产责任制后，改变了干部作风，干群关系有所改善，反映干部工作作风的信访问题大大减少；三是随着生产的发展、人民生活水平的提高，反映生活困难的信访问题大幅下降；四是由于各级党委重视加强了对信访工作的领导及信访问题的及时处理，重信重访明显下降。

在具体工作中，县委、县政府高度重视，坚持把抓好人民来信来访工作作为保证全党工作重点转移及端正党风的一项重要措施来抓。县委、县政府都有一名负责同志分管信访工作，在家主持工作的领导也经常过问并帮助做信访接待工作，一些重要信访案件，都经领导阅批。县委、县政府10名领导都建立群众来信来访登记簿，做到群众来信来访有登记，处理结果有记载。在信访室人员少的情况下，县委、县政府在处理人民来信来访工作上，坚持按权属归口，转给有关部门进行查处，充分发挥部门的职能作用，使问题在基层及时得到解决，也促进了部门和社队的工作。

1983年

【基本情况】1983年，县信访室共受理群众来信来访331件，其中，属于落实政策的66件，批评建议18件，检举揭发54件，就业调动8件，精简下放25件，工资福利18件，民事纠纷36件，户口问题6件，生活困难29件，其他71件。至年底，共查处结案323件（其中按信访归口办案批转有关单位查处的199件，信访室写信及答复处理结案的81件，直接派人查处的43件），结案率为97.6%。接待上访45人次，对其反映的问题全部处理结束。

【主要做法及成效】体制改革后，新的县委、县政府领导班子进一步加强对信访工作的领导，充实配备了信访人员。信访室及时组织新进人员认真学习中办、国办转发的第三次全国信访工作会议精神及《党政机关信访工作暂行条例（草案）》和《甘肃省党政机关信访工作细则》，提高了同志们的政治责任感和业务水平。为了认真解决落实政策中的遗留问题，县委又抽调了8名同志对160多件来信逐件进行清理，经过调查核实，凡政策规定能解决的问题，认真负责地予以解决，属政策规定之外过高要求的，都一一做出明确的答复，使党的政策落到实处，来信者本人也心悦诚服。

1984年

【基本情况】1984年，县信访室共受理各种来信192件，接待来访38人次，信访总数较1983年减少30.5%，截至年底，共查结处理了222件，占信访总数96.5%。

【主要做法及成效】党的十二大以来，信访内容的构成发生了重大变化，申诉个人问题的来信来访逐渐减少，反映新时期出现的新情况、新问题，执行政策的信息反馈，为经济建设所提的意见、建议逐渐增多，信访成为干部、知识分子、工人、农民向党和政府献计献策的一条重要渠道。1984年，信访室共收到有关全县种草养畜、发展商品生产以及文教、卫生、交通、水电建设等方面的建议批评信件26件，信访室分别转送有关部门及时研究处理，对加快我县经济建设步伐，改变农村贫困面貌起到了参谋和推动作用。另外，信访室还收到检举揭发类信件32件，要求解决“文革”遗留问题的信件65件，这些问题的解决都对端正党风政风，促进社会稳定发挥了重要作用。

1985年

【基本情况】1985年，县信访室共受理人民来信219件，接待来访19人次。其中，立案查处的151件，查结145件，结案率为96.7%，自办率、重信重访率都基本达到了省地规定的指标要求。

【主要做法及成效】年初，全区信访工作总结评比会后，县委常委听取了会议精神汇报，针对我县实际情况，进行了认真讨论，提出了加强和改进信访工作的具体意见，在县委召开的全县两级干部会上作了全面传达。县委、县政府分管信访工作的领导具体指导，健全完善了信访工作制度和工作人员岗位责任制，各部门和各乡镇都确定了分管领导和主办人员。由于领导重视，严格要求，从而调动了各级信访工作人员的积极性，出现了层层有人抓，事事有人管的新局面，大大提高了信访案件的查结率。

在具体工作中，县委、县政府领导把批阅群众来信、接待群众来访，帮助群众解决实际问题作为转变作风、联系群众、了解下情的一个重要方面，坚持不懈，形成制度，并明确规定了“四不准”，即：群众给县委、县政府领导的信不准别人“代劳”，领导批阅的信件不准积压，找领导上访的人不准阻拦，领导交办的案件不准推、拖。据不完全统计，县委7名常委和5名副县长一年来共批阅群众信件320多件，接待来访群众470多人次，同时还主持解决了一批久拖不决的难案。

1986年

【基本情况】1986年，县信访室共受理人民来信243件次，来访52件。其中，属于落实政策方面的61件，党风党纪方面的26件，改革和农村经济政策方面的7件，民事纠纷方面的32件，生活困难方面的43件，其他74件；办结处理265件，占89.8%。

【主要做法及成效】为了使接待群众来访形成制度，县委、县政府决定，每周星期五为领导接待日，书记、县长轮流值班，接待来访群众。信访室对全体信访干部提出了“六不”“七个不转”的工作要求，“六不”即：热情接待，不摆架子；态度和蔼，不动辄训人；耐心解释，不简单急躁；关心疾苦，不推、拖、应付；一视同仁，不以感情代替政策；坚持原则，不任意迁就。“七个不转”即：询问政策的信访认真答复，不转基层；基层处理恰当，又到县上来访的主动做好疏导工作，不转基层；涉及全县全局性的重要信访案件，及时请示领导指定专人承办，不转基层；上级领导机关和领导同志交办的信访案件，直接查处，不转基层；牵扯乡镇领导干部问题的信件直接查处，不转基层；要求过高或无理取闹的，不转基层。以上工作制度的建立大大促进了信访工作规范化，促进了信访问题的及时解决。

1987年

【基本情况】1987年，县信访室共受理群众来信166件，接待来访29人次，其中立案查处92件。至年底，已查结84件，结案率为91.3%，上级要结果的11件全部及时上报。

【主要做法及成效】全县16个乡镇都建立了信访领导小组，228个村都建立了信访民调组织，这些机构建立后较好地发挥了作用，基本上做到了大事不出乡，小事不出村，问题有人管，矛盾不上交，使大量的问题都解决在基层，提高了效率，方便了群众。信访室进一步健全完善文明接访制度，在“六不”“七不转”的基础上，提出了“四声”要求，即：来访有迎声，询问有答声，走时有送声，结果有回声。要求工作人员切实转变作风，对来访群众做扎实细致的思想疏导工作，不论问题能否解决，都要让群众心悦诚服。在工作中还重视了信访信息反馈，凡来信来访中涉及全局性的重要意见、建议，除直送县委、县政府有关领导参阅外，还编印了《来信摘登》和信访摘报11件，向领导提供了信息，发挥了参谋助手作用。

1988年

【基本情况】1988年，县信访室共受理群众来信来访152件，其中反映经济体制改革方面问题的3件，党风党纪25件，民事纠纷11件，生活困难的23件，其他有关批评建议、劳动就业、工资福利等方面的90件。共立案查处23件，已结案22件，结案率为95.6%；自办88件，自办率为57.8%；上级要结果的3件，均按时查结上报。

【主要做法及成效】1988年工作上重点是继续抓了乡村两级信访网络建设，同时借全县文书工作会之机，对120多名乡镇、部门文书就信访工作的指导思想、具体任务以及信访业务的办理程序、注意事项、结案要求、工作纪律等六个方面的内容进行了培训，提高了他们的业务水平，为进一步做好信访工作奠定了基础。信访室在抓好案件查处的同时，结合整顿机关作风、生产力标准讨论，重新修订健全了岗位责任制，进一步明确了信访工作的职责范围和任务，规范了信访工作。

1989年

【基本情况】1989年，县信访室共受理群众来信158件，接待来访46人（次）。其中，反映党风党纪方面的37件，批评建议方面的13件，民事纠纷11件，生活困难的38件，其他有关劳动就业、工资福利等方面的105件，其中立案38件，立案率为18.6%，已查处结案的33件，结案率为86.8%，自办87件，自办率为42.6%，重信重访4件，重信重访率1.96%，上级要结果的9件，除按职权范围转县纪委查处的2件外，其余7件已按时查结上报。

【主要做法及成效】为了争取领导对信访工作的重视支持，信访室在工作中坚持勤请示、多汇报，每个信访案件的查处，每段工作的进展，都及时向领导汇报，便于他们掌握情况。对于那些需要领导出面协调解决的问题，信访室都事先把问题难点搞清楚，处理意见提明确，便于领导参考。县委书记李铁成明确表示，凡是干部群众找他反映问题的，尽量挤时间亲自接谈，不要别人接转；凡是群众写给他的信件，都要交他批阅，不要文秘人员“代劳”；凡是他批阅的要信要件，自始至终亲自过问；委托办理的都要上报处理结果，不以批代结。主要领导率先垂范，有效地带动促进了信访问题的化解处理。

1990年

【基本情况】1990年，县信访室共受理人民来信206件，比上年158件，上升30.1%，接待来访群众43人（次），比上年46人（次）下降6.5%。其中：反映党风党纪方面的45件，比上年29件上升了55.2%；不服各种处理的9件，比上年13件下降了30.8%；各种批评建议的20件，比上年13件上升了53.8%；反映农村生产生活问题的22件，比上年18件上升了22.2%；反映农村民事纠纷方面的6件，比上年9件下降了33.3%；反映计划生育方面的28件，比上年11件上升了154.5%；其他有关劳动就业、工资福利、历史遗留问题等方面的119件。全年共立案查处40件，立案率为16.1%；已查处结案38件，结案率为95%；自办94件，自办率为38%；重信重访8件，占总量的3.2%；上级要结果的4件，已全部查处上报。

【主要做法及成效】党的十三届六中全会召开以后，县委围绕贯彻落实全会《决议》，提出信访工作必须搞好“三个服务”，做到“三个结合”，即：信访工作必须为政局的稳定服务，为民主决策服务，为经济建设服务。信访工作要与思想政治工作结合，与加强廉政建设结合，与改进工作结合。“三个服务”“三个结合”的提出，使得信访工作的指导思想进一步具体化，也进一步疏通和拓宽了党和政府密切联系群众的渠道。1990年一个显著的特征是来自各方面的批评建议信件上升了53.81%，各种矛盾纠纷案件下降了33.3%，这充分体现出县委关于信访工作“三个服务”“三个结合”的要求是切合县情实际的。

1991年

【基本情况】1991年，县信访室共受理人民来信来访210件（次），比1990年减少了39件，下降15.7%。其中：来信178件，比1990年减少28件，下降了13.6%；来访32件（次），比1990年减少了11件（次），下降25.6%。全年来信来访约占总人口的万分之十左右，基本趋于正常。上级转来30件，占来信总量的16.9%，比1990年上级转来56件减少了26件，下降46.4%。县委、县政府领导批阅来信来访共125件，占总量的59.5%。上级要结果的41件，立案率为19.5%；已查处结案40件，结案率为97.6%；自办87件，自办率为41.4%；重信重访率为1.9%。完满完成了上级指标要求。

【主要做法及成效】4月份，县委在反复讨论研究的基础上，制定了《灵台县党政机关信访工作暂行办法（试行）》，并以两办文件批转下发了信访室《关于贯彻全省第六次信访工作会议精神的意见》，按照“分组负责，归口办理”的原则，明确了基层党政组织办理信访案件的任务、范围和要求，把信访工作真正摆上了各级党委、政府的议事日程。同时县上还按照构建大信访工作格局的要求，把信访工作纳入当年开展的社会主义思想教育内容，要求社教工作队干部代查处信访案件，并将工作情况纳入社教检查验收标准，从而有效地促进了信访问题的解决。为了进一步加强信访室工作，县上为信访室调配了一名年轻干部，并从信访室干部中提拔配备了一名副科级信访员，派员参加了省上的信访干部培训，还采取以会代训的方式对全县280多名专兼职信访干部进行了培训，从而保证了信访工作的顺利进行。

1992年

【基本情况】1992年，县信访室共受理来信来访115件，与1991年相比下降了45.2%；其中来信94件，比1991年减少了84件，来访21人（次），比1991年减少11人（次），立案19件，已查结18件，结案率94.8%，自办率占56.5%，重信重访占信访总数的3.4%，在这些来信中上级转来要结果的2件全部查结上报。从来信类型分析，大部分属于批评建议、干部作风、农村生产生活、民事纠纷、计划生育方面的问题。

【主要做法及成效】为了扭转信访工作“说起来重要，干起来次要”的局面，县委、县政府根据《中共中央关于加强党同人民群众联系的决定》和地委《实施细则》的要求，及时制定了“来信来访接待制度”，并以县委办文件下发了《关于县委、县政府领导定期接待来访群众的通知》，安排由县委、县政府领导轮流值班、挂牌接待。同时在县电台反复播放了《灵台县党政机关信访工作暂行办法（试行)》，扩大了干部群众对信访工作、领导接访等政策规定的知晓率。

1993年

【基本情况】1993年，县信访室共受理群众来信来访126件(次)，比去年增加11件（次)，上升9.6%。其中来信101件，比去年增加7件，上升7.4%；来访25人（次)，比去年增加4人(次)，上升19%。在来信中，上级转来25件，占来信总数的24.8%，县委、县政府领导批阅79件。四项指标考核完成情况是：立案20件，占信访总数的15.8%；已结案19件，结案率95%；自办件72件（次)，自办率57.1%；重信重访率为3.9%。在立案查处的信件中，上级转办要结果的7件，除1件纪检机关正在查处的案件外，其余全部查结上报。按照分类统计，批评建议14件，比去年增加5件，上升55.6%；检举揭发35件(干部作风24件，经济问题10件，治安1件)，比去年增加6件，上升20.6%；农村生产生活18件，与去年持平；民事纠纷18件，比去年增加7件，上升63.6%；计划生育6件，工资福利6件，劳动就业4件，户口问题3件，精简下放2件，落实政策1件，其他17件。

【主要做法及成效】随着改革的不断深入，城乡干部群众市场经济观念日益增强，参与意识浓厚，提合理化建议、批评、揭发检举各级干部的信件增多，多为反映农村财务不清，干部贪占集体资财，思想教育跟不上，强迫命令作风时有发生，机关单位干部包括一些领导干部以权谋私，作风霸道，甚至打骂群众等问题。总体看，呈现出四多四少的特点，即：反映现实问题的多了，历史问题的少了；反映党内问题的多了，党外问题的少了；反映共性问题的多了，个性问题的少了；提合理化建议的多了，个人要求的少了。针对这种现状，县委、县政府更加重视信访工作，及时调整充实了县上信访工作领导小组，并讨论制定下发了《关于逐级上访制度的通知》，在全县范围内组织开展了《信访条例》和有关政策法规集中宣传教育活动，为促进信访工作制度化、规范化发挥了积极作用。

1994年

【基本情况】1994年，县信访室共受理群众来信来访122件次，同比减少4件（次），下降3.2%。其中来信93件，同比减少8件，下降7.9%；来访29人（次），同比增加4人（次），上升16%。

【主要做法及成效】年初，县上调整充实了信访工作领导小组，同时对县直部门和乡镇、村社信访工作机构、人员进行了调整充实，全县16个乡镇、64个县直部门共确定信访工作分管领导80人，专兼职信访干部57人，全县227个行政村确定民调组织成员720人，1456个合作社都确定了信访员，初步形成了上下成线、左右成网、纵横相连的县、乡、村三级信访网络。信访室修订完善了《灵台县信访办公室工作（学习、安全、卫生、保密）制度》，制定了《工作岗位责任制考核办法》，各乡镇和县直部门、企事业部位都相应的修订了来信来访登记、交办、结案制度，对分管信访工作的领导和业务人员都制定了目标管理责任制及考核办法，各乡镇和村上都签订了信访民调责任书，强化了量化考核，增强了监督约束机制。

1995年

【基本情况】1995年，县信访办共受理群众来信来访91件次，比上年减少31件次，下降25.4%。其中：立案16件，占17.6%；结案16件，占100%；自办42件，占46.2%；重信重访2件次，占2.2%。

【主要做法及成效】1995年，全县各级以推进信访工作进一步规范化为着力点，在继续健全完善各项工作制度的同时，重点抓了教育引导人民群众逐级上访工作，各级各部门采取会议宣传、广播电视宣讲、印发宣传资料、办黑板报等方式，广泛宣传了《甘肃省人民群众逐级上访暂行办法》和《平凉地区人民群众逐级上访接待处理实施细则》，同时在邵寨乡开展了群众逐级上访试点，并总结印发了试点经验，推动了全县工作。当年信访办主任王仁贵同志被评为“全国信访工作系统先进工作者”，受到中办、国办、人事部表彰奖励。

1996年

【基本情况】1996年，县信访办共受理群众来信来访116件次，立案25件，立案率为21.6%；结案25件，结案率为100%；自办案件66件，自办率为56.9%；重信重访13件次，占11.2%；其中信访室参与查处案件21件，占84%；立案要结果案件4件，占16%；中央、省、地要结果的案件5件，全部按期结案上报；领导阅批率、答复率均达100%，复信率达50%；一次结服率达95%，信访老户终止率达100%，各种案件按期办结率达100%。

【主要做法及成效】年初，县信访办被地委、行署信访处评为“全区信访系统先进集体”。为了进一步加强对信访工作的组织领导，明确工作责任，县委调整充实了“灵台县信访工作领导小组”，由县委一名副书记任组长，县政府一名副县长任副组长，14个县直部门主要负责同志为成员，负责领导检查、协调全县的信访工作。县委、县政府把信访工作目标任务分解量化为5项31条，列入全县社会治安综合治理责任书，分别与16个乡镇、64个县直部门进行了签订，并实行百分制考核，兑现奖罚。县信访办公室狠抓了基层信访软硬件建设，各乡镇和县直部门基本达到了“十有”，即有牌子、有办公地点、有办公人员、有答复存根、有记录、有案卷、有书面总结和工作安排。“五上墙”，即概况、制度、示意图、序列图、网络图上墙。设立了“三簿二册一卡”，即来信来访登记簿、信访案件按期办结登记簿、领导成员来访接待登记簿；信访分管领导花名册、信访干部花名册；群众上访问题处理意见卡。年内，信访办组织查处了百里、中台、蒲窝等乡镇群众信访反映县种子公司供应高粱种子不纯、造成减产的问题，共补偿受损农户经济损失6.1万元，使这一涉及多个部门、多个乡镇的信访问题得到了妥善解决。年底，全县信访工作目标管理责任书考核居全区第一，受到地委、行署的通报表扬。

1997年

【基本情况】1997年，县信访办共受理群众来信来访111件，立案37件，立案率33.3%；结案37件，结案率100%；自办案件42件，自办率37.8%；重信重访4件（次），重信重访率3.6%；省市交办4件全部办结；领导批阅率100%，答复率100%，一次性结服率达90%以上，信访老户终止率95%以上。

【主要做法及成效】全县信访工作以加强基层基础工作和制度建设为重点，及时充实调整了乡镇信访工作力量，全面整合资源，将乡镇信访室、法律事务所、计划生育等涉及信访问题的下设机构合署办公，确定分管信访工作领导32名，配备专兼职信访干部32名，调整村级信访民调小组227个，新增民调人员126名；重点修改完善了《信访工作制度》《逐级上访制度》《信访工作例会制度》《领导包干负责承办信访制度》《信访干部职责》等15项制度，全县90%以上的单位做到了示意图、序列图、网络图和工作制度上墙；积极开展信访工作宣传调研，编写了《发展中的灵台信访工作》一书，集中宣传推介了灵台县信访工作的成功经验，县信访办主任王仁贵同志先后被评为“全区十佳文明公仆”“全省十佳公务员”。

1998年

【基本情况】1998年，县信访办共受理来信76件，接待来访30人（次）。其中，党政领导阅批来信37件，占信访总量的48.7%，接待来访30人（次），占信访总量的100%。

【主要做法及成效】为了靠实工作责任，切实推进信访工作规范化，县委、县政府办公室印发了《灵台县基层信访工作暂行办法》，县委组织部、人事局对全县16个乡镇的信访办公室主任和信访干事进行了明文通知，真正做到了基层信访工作有人抓、有人干。县信访办公室加强室内硬件建设，设置了《灵台县信访工作规范化管理程序》，内设“基本情况、信访机构序列分布示意图、归口办理示意图、信访机构序列图、县乡信访机构网络图、信访量升降情况坐标图、信访分类升降坐标图”十项内容，同时将国家、省、地、县信访工作条例、制度、办法十一项内容装框上墙。9月7日，省委、省政府在平凉召开了“全省基层信访工作会议”。会议重点学习了灵台县基层信访工作经验，县委副书记杨俊虎同志在会上作了题为《立

足稳定抓信访　抓好信访促经济》经验介绍发言。会议期间，与会人员观摩学习了县信访办公室、什字镇、西屯乡和什字镇长坡村信访工作典型经验。随后有天水、庆阳、定西地区和平凉、泾川、华亭等市、县考察团12批141人来灵台参观学习基层信访工作经验。12月，县信访办被评为“全省信访工作先进集体”，受到省委、省政府办公厅的表彰奖励。

1999年

【基本情况】1999年，全县各级各部门共受理群众来信来访2367件次，立案967件，占总数的40.9%；结案967件，结案率100%；自办1400件，占59.1%；重信重访79件，占3.3%；比省市规定的指标分别增长21.2%、15%、9.1%和低于11.7%；乡镇信访发案率和越级信访总数分别低于责任书控制指标的制指标4‰和2‰；调处各类纠纷865起，调处率95%。其中，县信访办受理来信来访102件次，立案21件，立案率20.6%；结案21件，结案率100%；自办62件，自办率60.8%；重信重访6件，重信重访率5.9%，省市交办案件5件办结率100%；落实涉访资金15.8万元。

【主要做法及成效】年内，全县信访工作以党的十五大精神为指导，紧紧围绕县委、县政府“99”计划，认真处理群众来信来访，充分发挥桥梁纽带作用，扎实开展领导干部大接访活动，县委、县政府群众来信批阅率达100%，解决10年以上信访难案老案14件。不断加强信访工作硬件建设，为县委、县政府各设置了群众信访接待室，设置了单位门牌，对房屋进行了维修粉刷，购置了办公桌椅，促进了信访接待室硬件达标。为提高信访工作水平，县委副书记杨俊虎、县委组织部长路畅亲自安排部署信访干部培训工作，带领各乡镇主要领导参观学习了中台镇信访工作先进经验，在西屯乡召开了全县农村党组织和广大党员“四增一创”勤劳致富竞赛活动现场会，学习西屯乡“六好乡镇党委”和“五好村”达标经验，狠抓了北沟乡南沟村“烤烟示范点”社会矛盾综合治理工作。为了进一步做好信访宣传和理论研讨工作，探索信访工作好的经验和做法，以“信访工作如何为经济建设服务”为主题，在全县开展调研活动。同时，对近10年来全县信访工作的发展和规律进行了全面的分析研究，撰写了《结案后的思考》论文。并抽组人员搜集整理了1986年至1998年全县信访工作机构沿革、重大事项、大案要案、领导在信访工作方面的重要活动等，编写了《灵台信访工作大事记》和《灵台县信访室综合年鉴资料》，为将来研究历史和编纂史志提供了资料。

2000年

【基本情况】2000年，全县各级各部门共受理群众来信来访2042件次，立案928件，占信访总数的45.4%；结案846件，结案率91.2%；自办信访1256件次，占61.5%；重信重访28件，占1.4%。比省上规定的四项考核指标分别高出25%、6%、31%和低于0.2%；同比信访总量下降13.7%，越级上访下降13%，重信重访下降64.4%，无越级赴省赴地集体访。乡镇和县直部门信访发案率低于责任书控制指标5‰和2‰，各级领导信访事项批阅率100%，调处各类民事纠纷960起，调处成功率99.1%，落实涉访资金15.6万元。其中，县信访办受理来信来访100件次，立案21件，立案率21%，自办62件，自办率62%；重信重访6件次，重信重访率6%；办结省市督查案件2件；信访总量和1999年同比下降1.9%，越级上访下降12.5%，无理上访率下降56%，建设性意见建议上升12%。

【主要做法及成效】全县信访工作以邓小平理论和党的十五大精神为指导，紧紧围绕西部大开发和“二次创业”战略，县委、县政府把信访工作列入全县“双十”计划和党建、综合治理的考核内容，县上主要领导亲自过问信访案件办理情况，坚持按季度听取信访工作汇报。在“三讲”教育中，县上四大班子27名县级领导深入全县16个乡镇193个行政村开展督查调研活动，对全县227个行政村的信访民调委员会统一了名称，充实调解人员567名，印发了《信访调解委员会工作制度》《信访民调任务》《群众逐级上访制度》《信调小组职责》，并在全县开展了为期16天的信访民调业务培训。县委抽调有关部门成立检查小组，两次对全县信访工作目标责任进行检查考核，促进了信访工作“三薄两册一卡”“十有”“五上墙”。同时，为了规范涉法涉诉信访问题的办理，县委主要领导亲自参与，指导起草并印发了《灵台县群众来信来访涉法涉诉问题处理建议书》，将涉法涉诉信访问题交由同级政法机关处理。为了加强宣传、树立典型，推动信访工作全面发展，在县乡两级大力宣传《信访条例》，办黑板报256期，利用广播宣讲182次，张贴标语1667条，印制宣传材料13348份。结合县级“三讲”教育和县直部门“三学一改”活动，总结推广了龙门乡“三位一体”抓信访工作和县教育局超前安排部署信访工作典型经验。通过广泛深入的调查研究，编撰了《灵台县信访工作理论研讨文集》第一集。

2001年

【基本情况】2001年，全县各级各部门共受理群众来信来访2635件次，立案1179件，立案率44.7%；结案1128件，结案率95.7%，自办信访1367件（次），自办率51.9%；重信重访89

件，占信访总量的3.4%，同比上升217.9%，越级访下降16.5%；调处各类纠纷724起，调处成功率95%，落实涉访资金18.6万元。其中，县信访办受理来信来访121件次，来信73件，来访48件次，立案19件，立案率15.7%；结案16件，结案率84.2%；自办77件，自办率63.6%；重信重访14件，占11.6%。求决类71件，占58.7%；检举揭发类43件，占35.5%；申诉类5件，占4.1%；其他2件，占1.7%；办结省市督查案件8件，化解集体访4起，调解民事纠纷8起；与2000年同比，越级访下降16.7%，建设性意见建议下降6%，无赴市赴省进京越级集体访。

【主要做法及成效】全县信访工作围绕全县“十五”规划和“六八十”计划，以深入开展“三个代表”重要思想学习教育和干部作风整顿活动为载体，坚持开展领导信访接待日制度，开通了县委书记、县长热线电话，指派专门工作人员值守。县委办、政府办直接将群众关注的热点难点信访问题反馈给县上主要领导，对一些复杂信访问题，县上四大家领导经常召集相关部门“一把手”参加信访联席会议、办公会，听取调查汇报，分析信访形势，共解决突出复杂疑难信访问题21件。在巩固提高什字镇、星火乡、县纪委、县教育局、土管局等先进典型的基础上，着力创建县商业局、公路段、上良乡、朝那镇四个新的信访工作模范单位，推广了新集乡《标本兼治成效显著》、公路段《畅通渠道、维护稳定》、朝那镇《31年来民事纠纷不出村》等先进经验。结合干部作风整顿，修订完善了《包干负责承办信访制度》，举办党务领导干部信访工作培训班和信访理论研讨班各1期，有10个乡镇和县直部门的17篇优秀论文在领导干部大会上发言交流，县委组织部、县委党校、县信访办联合颁发了奖品和荣誉证书，信访办及时收集编纂了《灵台县信访工作理论研讨论文汇编》10万余字。其中，信访办主任王仁贵撰写的《强化思想政治工作是做好新时期信访工作的关键》一文获全县“水利杯”党政“一把手”谈思想政治工作有奖征文一等奖。

2002年

【基本情况】2002年，全县各级各部门共受理群众来信来访1121件次，其中，立案347件，立案率31%，结案329件，结案率94.8%；自办594件，自办率53%；重信重访36件，占3.2%；越级上访下降了9.7%，重信重访下降了59.5%；调解各类民事纠纷523起，成功率95%，落实涉访资金56.4万元。县信访办受理来信来访128件次，立案32件，立案率25%；结案25件，结案率78%，自办78件，自办率60.9%；重信重访9件，占总量的7%；领导批阅率85%，初信初访办结率上升20%；查处有重大影响的案件5件，协调处理各类纠纷21件，落实涉访资金23.8万元。与2001年同比，重信重访下降35.7%，基层信访问题化解率达到95%，“四无”乡镇和部门分别达到30%和75%，无赴省进京越级访。

【主要做法及成效】全县信访工作认真贯彻落实全市信访工作会议和全县经济工作会议精神，突出“两个重点”（乡镇信访处理，村级信访调解）、树立“三个典型”（初信初访结案率上升、集体访超前防范、杜绝重信重访）、搞好“四个服务”（服务全县经济建设、服务民主决策、服务信访群众、服务社会稳定）、紧抓“五个环节”（预防、接待、处理、下访、巩固）、坚持“六个到位”（领导到位、组织到位、人员到位、制度到位、信息到位、工作到位）。县委、县政府加大对信访工作的支持力度，县财政列支信访工作经费8000元，为全县16个乡镇和44个县直部门配备专兼职信访干部72名，进一步完善领导干部接访制度，制定接访办法，开通了“书记、乡长信箱”“乡镇领导热线电话”，促进了领导干部接访工作常态化。通过大力开展信访宣传和理论研讨工作，组织编纂了《灵台县信访理论研讨汇编》第二集，其中优秀论文《做好信访工作，营造“三个环境”》一文在平凉市市委《发展与研究》上刊登；关于落实信访工作领导责任制的经验材料《五抓五促五到位》在省政府信访室《信访情况》上刊登；县信访办公室王仁贵、杨俊锋两名同志在省委举办的“树立正确的权力观教育”巡回报告活动中，赴省和六个地区巡回演讲宣传灵台信访工作先进经验。同年，县信访局局长王仁贵同志的先进事迹在《平凉日报》《党风通讯》上刊登，并当选为市、县党代会代表，出席了市、县党代会。

2003年

【基本情况】2003年，全县各级各部门共受理群众来信来访2797件，其中，立案723件，立案率25.8%；结案705件，结案率97.5%；重信重访54件，重信重访率1.9%；调解各类民事纠纷947起，落实涉访资金53.93万元。县信访办受理群众来信来访176件，立案51件，立案率28.9%；结案49件，结案率96.1%；重信重访9件次，重信重访率5.1%；处理各类纠纷24起，落实各类涉访资金36.13万元。

【主要做法及成效】全县各级党政组织认真践行“三个代表”重要思想，从维护改革、发展、稳定的大局出发，高度重视信访工作，积极兑现2002年信访工作目标管理责任书。为了进一步落实信访工作责任制，确定了中台镇、蒲窝乡和县供销联社、交通局四个单位为信访工作领导责任制落实试点单位，县委、县政府结合实际制定了《灵台县信访工作领导责任制实施细则》，明确了信访工作领导责任、责任追究、奖惩措施，完善了领导接待日制度、包案制度等。为了切实提高群众对信访法律法规的知晓率，信访办组织编纂信调培训教材，充分利用干部群众大会、县乡广播等有效形式，先后深入4个乡镇和8个县直部门，举办信调干部培训班12期，参训人员368人次，乡镇和县直部门也积极开展宣传培训，共举办培训班96期，受训人员达2100余人。年内，信访办主任王仁贵同志被平凉市委评为“廉洁奉公好干部”，受到了市委、市政府的表彰奖励。

2004年

【基本情况】2004年，全县各级各部门共受理群众来信来访2120件次，同比下降24.2%，其中来信230件，同比上升3.2%，来访1890人次，同比上升21%。立案869件，立案率40.9%；结案855件，结案率98.4%；重信重访32件，重信重访率1.5%；自办1251件，自办率59%。县信访局共受理群众来信来访232件次，同比上升31.8%，其中，个信53件占22.8%，同比上升71%；联名信9件占3.9%，同比上升350%;个体访138件406人次，占总数的59.5%，同比上升了69.8%；集体访23批320人次，占总数的9.9%，同比上升了475%；研究化解疑难复杂信访问题23件，落实涉访资金80.54万元。

【主要做法及成效】全县信访工作以“三个代表”重要思想和党的十六大精神为指针，不断强化宏观管理职能，加大调处工作力度，全面提升基层信访制度化、规范化、信息化水平。通过上报县委、县政府、县编委同意，将原县委信访办公室更名为中共灵台县委、灵台县人民政府信访局，直属县委、县政府管理，确定总编制6名，其中行政编制4名，事业编制2名，设局长1名，副局长2名，并明确各乡镇设置信访办公室，配备专兼职信访干事。按照《平凉市信访工作责任制》和《灵台县信访工作领导责任制实施细则》要求，严格落实《领导干部接访制度》，设立《群众来信来访接待薄》和领导干部接访热线电话，切实畅通信访渠道。通过大力开展信访宣传培训，总结先进经验，推广了百里乡《落实两个责任，强化四项工作重点》、星火乡《抓信息，聚民心，保稳定，奔小康》、邵寨镇《释群众之所疑虑，解群众之所难》、新开乡《凝聚民心，治源治本》和县经贸局《真情释坚冰，积怨化祥和》的经验，组织编纂了《灵台县信访理论研讨论文集》第三集。同时，积极探索试行综治、司法、信访“三位一体”接待室，彻底解决了乡镇无固定信访接待场所的问题，这一做法受到市委政法委的充分肯定，全年信访工作成效显著，被省委、省政府评为全省信访工作先进单位。

2005年

【基本情况】2005年，全县各级各部门共受理群众来信来访2428件(次)，同比上升14.5%，其中来信421件，同比上升了5.2%，来访2007人次，同比上升了29.2%。立案624件，立案率25.7%；结案530件，结案率84.9%；重信重访69件，重信重访率2.8%。其中，县信访局共受理群众来信来访319件（次），同比上升了37.5%，其中受理个人来信98件，占信访总数的30.7%，重信3件，占来信总数的3.1%，上级转来信件43件，占来信总数的43.9%；接待群众来访221人（次），占信访总数的69.3%。其中个人访181件243人（次），占来访总数的81.9%；集体访24批278人（次），占来访总数的10.9%；群体访16批54人（次），占来访总数的7.2%；重访4件（次），占来访总数的1.8%。共立案查处信访案件68件，立案率21.3%，结案65件，结案率95.6%。向有关乡镇和县直部门交办信访案件73件，交办率22.9%，结案69件，结案率94.5%；自办信访246 件，自办率77.1%。本年度全县新建项目增多，涉及征地、拆迁问题随之增加，信访量大幅上升，上访人数多，上访群众组织化倾向明显，主体呈多元化，反映问题情绪激烈，过激行为时有发生，个别涉法上访户缠访闹访，信访形势非常严峻。

【主要做法及成效】面对严峻的信访形势，县委、县政府高度重视，强化了信访工作责任追究，严格按照《甘肃省信访工作责任追究暂行规定》《平凉市信访工作责任制》，对发生了重大群体性事件、集体访的乡镇和单位，县委、县政府实行一票否决制，不得参与党建、精神文明、纪检、综治、信访责任书评奖，对负有责任的领导不得评选为先进个人，不得提拔使用。为了引导舆论，切实规范信访秩序，县上主要领导亲自安排部署，大力开展信访宣传培训工作，将5月份定为全县《信访条例》宣传月，组织有关部门利用集日上街进行了大规模的宣传；在县广播电视台开设《信访之窗》栏目，设置新闻报道、记者专访、《条例》讲座、对谈问答节目；利用一切宣传阵地和宣传媒介，组织开展了各种形式的专题宣传，共发放宣传材料12801份，张贴标语1357条，广播宣讲201次，办板报96期，专栏184期，集日现场咨询180场（次）；开展了广泛、深入的理论研讨，共收到思路新颖，具有较高指导价值的优秀论文17篇，编纂了《灵台县信访理论研讨论文汇编》第四集。为充实信访部门工作力量，提高信访水平和能力，县委、县政府贯彻落实市委《关于进一步改进和加强信访工作的意见》精神，及时落实了信访局长兼任县委办副主任，新提拔了一名信访干部担任信访局副局长，为信访局选拔年轻干部3名，增加了信访业务经费，搬迁了信访局办公地点，改善了办公条件。

2006年

【基本情况】2006年，全县乡镇和县直部门共受理群众来信来访1236件（次），同比下降49.1%，其中来信174件，来访1062人次，同比分别下降58.7%和47. 1%。立案328件，立案率26.5%；结案320件，结案率97.5%；重信重访38件，重信重访率3.1%。其中，县信访局共受理群众来信来访158件（次），其中受理来信55件，占信访总数的34.8%，上级转来信件34件，占来信总数的61.8%；接待群众来访103件（次），占信访总数的65.2%。其中个人访92件121人（次），占来访总数的89.3%；集体访7批64人（次），占来访总数的6.8%；群体访4批13人（次），占来访总数的3.9%；重访3件（次），占来访总数的2.9%。共立案查处信访案件43件，立案率27.2%，结案40件，结案率93%。向有关乡镇和县直部门交办信访案件55件，交办率34.8%，结案52件，结案率94.5%，自办信访76件，自办率48.1%。

【主要做法及成效】全县把建立综治、司法、信访、民政“四位一体”接待室作为创新工作机制、强化基层信访工作的一项重要举措来抓，制订了“四位一体”信访接待室和高标准示范村建设标准，13个乡镇全部落实了地点、人员、资金，配备综治、司法、信访、民政干事各13名，配置办公桌椅126件，电话6部，摩托车13辆，信访接待室全部达到了“十有”“五上墙”的标准。制订了“四位一体”接待室工作职责、工作制度、接待程序和信访办理程序共24项276条。充分发挥接待室的职能作用，对受理的信访问题，按照类别依法进行分流解决，从而保证了信访工作在基层合规合法地开展。由于制度健全，措施到位，职责明确，使90%以上的信访问题解决在基层，消化在了萌芽状态。为开阔干部视野，增长见识，利用“五一”长假，组织职工赴海南考察学习。

2007年

【基本情况】2007年，全县乡镇和县直部门共受理群众来信来访1986件（次），同比上升60.7%。县信访局受理群众来信来访264件，同比上升67.1%，其中受理个人来信125件，接待群众来访145件587人次，集体访18批194人（次）。立案查处信访案件62件，结案58件，结案率93.5%。

【主要做法及成效】一是认真开展领导干部接访下访。县委、县政府主要领导阅批来信66件，接待来访83人次，其他领导阅批群众来信103件，接待群众来访154人次。按照“谁主管、谁负责”的原则和“五个一”（即：一个案件，一个责任单位、一个包案领导、一个调处班子、一个解决方案）的要求，包案解决农民工工资、企业改制、土地承包、伤残人员安置等突出信访问题10多件，落实涉访资金150余万元。二是扎实开展矛盾纠纷排查化解活动。党的十七大召开前夕，县信访联席会议先后集中安排了5次矛盾纠纷排查调处活动，印发了《关于成立灵台县抽调干部下基层集中排查调处矛盾纠纷工作领导小组的通知》和《实施方案》。全县共排查出各类矛盾纠纷329件，化解316件，占96%，落实稳控措施的7件。三是深入开展信访法规宣传。5月份，联合县委组织部、县委党校举办了全县信访干部培训班，对乡镇和部门154名专兼职信访干部和分管领导进行了业务培训，并结合近年来群众反映强烈的退耕还林、城镇拆迁、企业改制等热点难点问题，组织全县信访干部进行了广泛深入的研讨，收集优秀论文25篇，编纂了《灵台县信访理论研讨论文集》第六集。四是健全工作制度。县信访局制订了《灵台县创建文明信访接待活动实施意见》《灵台县文明信访接待制度》《灵台县文明信访接待守则》和《文明信访接待员评选标准》，在全县范围内认真开展了“文明接访”创建活动。五是全面加强基础建设。在县委、县政府的大力支持下，为信访局调配公务用车1辆，县财政预算列入5万元的劝返经费，增加了信访局的办公经费，调整了信访局的领导班子；筹措资金对办公用房进行了全面维修，铺设了地板，粉刷涂白了墙体，新购置3台电脑及办公桌、沙发和档案柜等办公设备，优化了工作环境。

2008年

【基本情况】2008年，全县乡镇、部门共受理群众来信来访1789件（次），同比下降9.9%。县信访局受理群众来信来访266件，同比上升0.8%，其中受理个人来信89件，接待群众来访177批614人，集体访15批152人（次）。立案查处信访案件54件，结案50件，结案率92.6%。省市交办案件17件，结案17件，结案率100%。

【主要做法及成效】开展了以“重信重访专项治理”“县委书记大接访”为主要内容的专项活动，县委专题召开常委会议，研究印发了《灵台县县委书记大接访活动实施方案》。召开了全县信访工作会议，县委主要领导对“县委书记大接访”活动进行了安排部署。县委、县政府领导按照《实施方案》要求，开门接访、带案下访、重点约访、入户走访，乡镇、部门领导主动投入接访工作，解决了农牧局下属企业改制职工王元琴反映企业改制、县道管站王怀学等11名退休职工反映的工资发放和医疗保险、中台镇群众马文革反映的社会治安等29件信访问题。自大接访活动开展以来，县委、县政府主要领导接待来访群众21批46人（次），其他领导接待群众来访30批36人（次），共受理群众反映的各类问题58件，结案53件，结案率达91.4%，共督促落实解决涉访资金51万元。

2009年

【基本情况】2009年，全县各级党政组织共受理群众来信来访1644件（次）。其中，乡镇、部门受理1247件，同比下降了30.3%；县信访局共受理群众来信来访307批786人（次），同比分别上升了15.4%和11.8%，其中受理来信91件，接待群众来访216件695人（次），集体访40批450人（次）。省市交办案件20件，结案20件，结案率100%。向有关乡镇、县直部门转办交办案件135件，结案126件，结案率93.3%。

【主要做法及成效】非访形势比较严峻，全年共发生赴京非正常访6批7人次，对已经发生的赴京非正常访，县委、县政府领导十分重视，及时安排人员进行劝返。由县委、县政府领导包案，采取联席会议、县长办公会议等形式进行集中办理。县委、县政府分管领导亲自接访，听取信访人诉求，及时召集相关部门认真研究，尽最大可能予以解决，确保赴京上访人员接得回、稳得住、不倒流。在省委第三巡视组驻县开展工作期间，共交办信访案件20件，县委、县政府领导批示要结果的19件，跨省、跨市人事分离信访问题3件。对交办案件，严格按照“分级负责、属地管理”和“谁主管、谁负责”的原则，实行县级领导包案，责任单位限期办结的工作机制，所有积案均按期化解，协调落实各项资金达100多万元，切实维护了群众利益，一批老案难案得到了彻底解决，全县信访积案化解工作取得了显著成效。

2010年

【基本情况】2010年，县、乡两级党政部门共受理群众来信来访1721件次，同比上升4.7%。其中来信273件，来访1448批。县信访局共受理群众来信来访410件844人次，与上年相比，件次增加103件，人数增加58人，同比上升33.6%和7.4%。其中受理群众来信103件，同比增加12件，上升13.2%；接待群众来访307批741人次，同比批数上升42.1%，人次下降6.6%；集体访36批373人次，同比批次减少4批，下降10%，人数减少77人，下降17.1%。共立案交办信访事项31件，结案23件，到期办结率74.2%。年内办理省市交办信访事项3件，办结3件，办结率100%。劝返进京非正常上访人员1批2人次，同比下降83.3%。

【主要做法及成效】以集中开展“三访”（赴省进京非正常上访、赴市到县集体上访、重信重访）治理年活动载体，全县各乡镇、各部门组织力量，全面摸排可能引发“三访”的问题21件，县信访联席会议充分发挥牵头抓总的职能作用，组织国土、城建、规划、林业、水务等部门对征地、拆迁、林改和7·23暴雨灾害中出现的群体访、集体访实行联动机制，集中化解处理。同时，协调公安机关对违法闹访行为严肃打击处理，全年共打击处理非正常上访20多人次，“三访”治理成效显著，越级进京上访在2009年的6批7人次的基础上下降到1批2人次，无到市赴省进京集体访，重信重访也明显下降，出现了“三下降一好转”的良好态势。干部队伍和基础设施建设也取得了成效显著，有1名年轻干部被提拔担任副科级信访督查专员，招考了1名工作人员，2名班子成员分别被评为优秀共产党员和全县矛盾纠纷排查先进个人，受到了表彰奖励。筹措资金

2万多元，添置了电脑、摄像机、照相机等信访信息化设备，局内业务人员、分管领导、主要领导等5台电脑及时连接了信访信息系统，安装了物理隔离卡等安全设备，确保了信访信息系统业务的正常运行。

2011年

【基本情况】2011年，县信访局共受理群众来信来访346件761人次，同比分别下降15.6%和9.8%。其中来信69件，同比下降33%；来访277批692（次），同比批数和人次分别下降9.8%和6.61%；集体访31批369人（次），同比批数下降13.9%，人次下降1.1%。对受理的群众来信来访，向有关乡镇、部门转办107件，交办26件，结案24件，结案率92.3%。共办理上级转来的信件25件，查办上级交办信访事项5件，及时劝返进京上访人员1人。

【主要做法及成效】以群众工作为统揽，紧紧围绕体制机制创新、领导干部接访、信访积案化解三个重点，把推行信访事项“一册通”和信访事项“三级终结”制作为载体，加强组织领导，细化工作措施，落实工作责任，处理信访案件34件，惠及信访群众143人，解决各类资金3，326，719元。同时，结合全国信访系统“创先争优”和“能力建设年”主题教育活动，在县委党校举办了信访干部培训班，对全县13个乡镇、60多个部门、单位分管信访工作的领导、信访专干130多人进行了集中培训。针对全县信访秩序一个阶段不太规范的实际，县委、县政府及时安排，在全县集中开展了《信访条列》宣传月活动。各乡镇、各部门制作横幅标语51条，展板、板报等162面，散发传单20000余份，共举办各类知识讲座、辅导培训117场次，受教育群众12万人（次）。在上级信访部门的关心支持下，购置了电脑、复印机、打印机、办公用具，更新了桌椅、档案柜等硬件设施。全局干部职工达到人均一台电脑，实现了办公自动化全覆盖，保证了各项工作的顺利开展。

2012年

【基本情况】2012年，县信访局受理群众来信来访475批（次），同比上升了37.2%。其中来信73件，同比增加4件，上升5.8%；来访402批1184人（次），同比分别上升45.1%和71.1%；集体访53批664人（次），同比批数增加22批，上升70.9%，人数增加295人，上升79.9%。全年共立案交办信访案件121件，办结115件，结案率95.4%。劝返赴京非正常上访4批4人次。无赴省访问题发生。来信来访领导阅批率、一次结服率、立案案件结案率、信访老户终止率、各种案件按期办结率均达90%以上。

【主要做法及成效】县委、县政府高度重视信访工作，讨论制定了《用群众工作统揽信访工作的实施意见》《领导干部接访下访工作制度》《网上信访工作制度》《矛盾纠纷排查工作制度》《涉访群体性事件和突发性事件工作预案》等规范性文件8个；县财政按干部职工人均1.1万元的标准，预算列入公用经费7.7万元，划拨信访疑难问题专项资金30万元；认真开展领导干部接访下访活动，建立并规范了领导干部接访“四单一记录”，在灵台门户网站设立了“书记、县长信箱”，县直部门设立了“局长信箱”，开通了网上信访快车道。为确保十八大期间全县不发生任何非正常上访事件，县委、县政府主要领导亲自安排部署，制订工作计划，分管领导亲力亲为，带领相关部门负责人综合运用司法调解、行政调解、民政救助等多种手段，充分发挥信访疑难专项资金的杠杆作用，通过大量艰苦细致的工作，长达10年之久的刘某信访问题达成调解协议，签订了息诉罢访承诺书，张某信访问题也得到彻底化解，曹某信访问题化解工作取得了突破性进展，为下一步工作顺利开展提供了有利的先决条件。这些疑难信访问题的成功化解，是近10年来全县在“非访”治理工作中成效最为显著的一年。

2013年

【基本情况】2013年，县信访局共受理群众来信来访645批(次)，与上年相比增加170批，同比上升35.7%，其中来信33件，同比减少40件，下降54.8%；来访612批1633人，同比增加210批，上升52.2%，人数增加449人，上升37.9%；集体访67批836人，批数和人数分别上升26.4%和上升25.9%。共发生进京访2批2人次，同比下降50%，到市集体访2批 32人次，赴省访3批3人次。全年共立案104件，办结102件，办结率98.1%，转交乡镇、部门办理212件，办理市上转交案件11件，办结11件，办结率100%。

【主要做法及成效】以深化领导干部接访下访、包案化解疑难信访问题、排查矛盾纠纷、强化督查督办、创新体制机制、加强队伍建设六项工作为重点，集中开展了“信访大调研”和“百日攻坚”活动，全年越级访下降25%以上，无赴市以上越级集体访和重复访，无到期未办结的信访案件，全县信访形势呈现出“一降三无”的良好局面。县政府不断加大对信访工作的投入，县财政每年把信访部门的办公经费和业务经费同纪检、政法部门一样对待，按每人每年1.1万元的标准落实办公经费；按全县人口每人1元的标准预算列支疑难信访专项资金23万元，临时列支专项资金27.4万元，投入1万余元对信访干部进行了体检，为县信访局增加人员编制、健全工作机构、配足人员力量，年内提拔任职1名，交流1名。积极开展了大调研活动，给全县13个乡镇和民政、公安、教育、国土、卫生等16个县直大口部门确定了调研课题，收集各乡镇各部门撰写的优秀调研文章22篇，被国家“科学发展观”论坛刊登2篇，《甘肃信访》刊登5篇，《平凉日报》、甘肃法制网、甘肃审计网等报刊网站刊登文章12篇。

2014年

【基本情况】2014年，县信访局共受理群众来信来访607件(次)，同比减少38件，下降5.9%。其中受理来信49件，同比上升48.5%；接待来访558批1622人(次)，同比批（次）和人（次）分别下降8.8%和0.7%；受理集体访74批915人（次），批(次)和人(次)分别上升10.4%和9.4%；重信重访128件，同比上升5.8%。县委、县政府领导接待群众来访30批345人（次），阅批群众来信260件，受理网上信访事项606件，回复573件。年内，县信访局向乡镇部门转交信访件101件，办结99件，办结率98%。上级交办案件5件，按期办结5件；市上领导批示7件，办结7件。全县信访形势总体平稳。

【主要做法及成效】2014年，中央第二批党的群众路线教育实践活动开始的大背景下，全县信访工作按照以信访制度改革为重点，以规范信访工作程序和群众信访秩序为抓手，以全年无赴京非正常访、无越级赴市以上集体访，实现全县信访总量下降、集体访下降、重信重访下降为目标的“1236”的工作思路，县委、县政府领导亲自安排部署，组织召开信访问题协调会16次，督促处理疑难信访问题33件，化解了百盛购物大厦建设、荆山宾馆后院改造等重点疑难问题31件；认真贯彻中央、省市关于信访制度改革的总体要求，结合县情实际，由县政法委牵头，信访、公、检、法、司等部门共同讨论，制定了涉法涉诉信访问题分流处理办法，设置了示意图，使涉法涉诉信访问题来有出路，去有接手；信访部门对涉法涉诉信访问题，坚持不转办、不交办、不统计、不通报、不考核的“五不”原则，对涉法涉诉案件交由有关政法部门受理处理，真正分清了界限，明确了职责，切实规范了涉法涉信访问题的办理；持续深化领导干部开展接访下访活动，县委、政府领导接待群众来访28批291人次，包案解决了乡镇畜牧站临时人员参加社会劳动保险等问题19批，批阅群众来信达928件，办理网站群众留言419件；县信访局以开展“五心五访”活动为载体，紧紧围绕“为民务实清廉”主题，深入全面的开展党的群众路线教育实践活动，对领导班子、信访干部存在的“四风”问题进行了认真的对照检查，经过学习教育、对照检查、查摆问题、整改落实、建章立制等各个环节，彻底消除了存在“四风”问题，工作作风切实转变，服务水平大幅提升。同时，积极整合网络资源，搭建信、访、网、电“四位一体”工作平台，整合信访、维稳、综治、司法等方面力量，实现了将信访工作向预防和化解两头延伸的目标。通过引导乡镇部门和社会力量发挥作用，使人民调解、行政调解、司法调解相互结合，形成党政主导、条块结合、齐抓共管的“大调解”格局。

2015年

【基本情况】2015年，县信访局受理群众来信来访401件(次)，其中来信42件，接待群众来访359批825人（次），个访323批482人（次），集体访36批343人（次）；办理省、市转交的信访事项27件；信访信息系统录入信访件226件（来信11件，来访215批354人），办理复杂信访案件124件，与去年相比，信访总量、个访、集体访、重信重访均下降32%以上。

【主要做法及成效】县委、县政府将信访工作纳入党委目标责任书，与全县重点工作同安排、同部署、同考核，特别是把领导干部接访、下访、包案作为化解信访法问题的有效途径，针对特殊疑难信访案件重点进行解决，全年县上领导共接待群众来访41批次，批阅群众来信34件，亲自办理回复网民留言269件，包案化解特殊疑难信访案件9件。按照中央、省市关于推进信访制度改革的要求，由县信访联席会议牵头，组织信访、公安、法院、检察院、司法局等部门对网上信访、依法逐级走访、诉访分离、初信初访办理、法定途径优先及统筹督查督办等信访制度改革工作进行了专题研究，制定印发了《灵台县涉法涉诉信访问题受理办法》和《信访问题分流办理示意图》，把涉法涉诉信访问题从党政信访部门分流到同级有关政法部门依法办理。特别是对省委巡视组交办的32件、市委巡查组交办的110件信访问题，坚持一个问题一个工作小组，严格落实“四定三包”责任制，明确责任单位、责任人，对丁某反映的医患纠纷问题、朝那盘头村群众反映垃圾填埋场问题、百里乡群众反映非法采砂等15件突出信访问题，县上分管领导亲自协调处理，县信访联席会议全程跟踪督办，做到问题不化解，人员不撤离，确保问题及时得到化解处理。通过强化督查督办和落实信访工作问责制度，切实提高了信访案件办结率和息诉罢访率，实现了全县信访“零积案”。为切实严格执行信访工作绩效问责制度，建议县委、政府分管领导对单位主要负责人进行了约谈，对2个单位责令限期整改，取缔了3个信访问题突出的村党支部的评优选先资格。按照“三严三实”要求，以“工作一流，群众满意”为目标，在县电视台开展信访知识专题讲座1期，印发《信访漫话》口袋书2万本，先后选派5名干部赴省市进行信访业务培训，9月底在县职专举办了全县信访干部业务培训班，10月份，县人民来访接待大厅落成，对大厅进行玻璃隔断式改造，配套了LED电子显示屏、自助查询终端、监控设备、机场椅等现代化设施，切实改善了信访接待条件。

2016年

【基本情况】2016年，县信访局共受理群众来信32件，接待来访群众311批802人次，办理省、市交办信访事项82件(次)；全省信访信息系统录入案件333件，落实信访疑难专项资金48万元，化解复杂信访问题71件，无赴市集体越级访、大规模集体访、涉访极端恶性事件，全县信访形势总体平稳。

【主要做法及成效】年初，先后召开县委常委会、县政府常务会和县委工作会议，分析研判信访形势，研究重点信访问题化解处理方案，对信访工作进行了安排部署。县政府主要领导和13个乡镇、45个县直部门负责人签订了信访工作目标管理责任书，将信访工作纳入党委目标责任书考核。县委、县政府多次对信访工作进行督查；县信访工作联席会议定期逐乡镇、逐部门对全省信访信息系统运行、重点案件办理、矛盾纠纷排查、业务档案建设等工作进行进行专项督查指导。9月份开展了信访信息系统运用工作专项督查，结合督查情况，组织举办了3期信访干部培训班；从10月1日起，为13个乡镇党委书记、乡镇长和25个县直部门负责人设置了全省信访信息系统账户，开通了案件信息和办理时限手机短信提醒功能。通过严格落实《灵台县涉法涉诉信访问题受理办法》，对法律规定应由司法机关依法办理的、已经进入司法程序的、对司法处理结果有异议等涉法涉诉类信访问题党政信访部门坚决不予受理，依法引导群众到司法机关依法解决处理，全年共计向司法机关转交民事赔偿、合同纠纷等涉法涉诉信访问题49件。积极协调律师参与信访接待，先后化解了新开乡灵新公路修路工人苏某意外伤亡、北沟中学学生郑某服毒身亡、县城区全友家具店工人触电身亡等6起伤亡事故引发的集体访。在县电视台举办《群众依法逐级走访知识专题讲座》，在乡镇部门信访接待场所张贴《依法逐级走访示意图》、印发《信访漫话》口袋书等多种有效方式，大力宣传引导群众逐级走访。敦煌“文博会”和县上“两会”等重要节会期间，对信访问题多发的乡镇部门和信访事项多发领域进行专项排查，共排查信访隐患296件，提前介入化解了新开中学教学楼工地王某伤亡等集体访隐患问题19件。对县上摸排出的38件信访问题，根据县级领导工作分工实行领导包案，分别向县委、政府领导包案20件，向县人大、政协领导包案18件，并就特殊信访案件明确了带案下访的工作要求。落实专项资金40万元，对梁原乡政府干部交通事故补偿、新开乡郭某困难救助、独店镇郭某大病救助、粮食系统马某等13件特殊疑难信访问题集中进行了化解处理。县信访工作联席会议成立专门工作组，对一些村集体征地补偿款发放、村庄道路硬化、农村低保调整等群众关注度高的信访问题，迅速开展调查处理。年内，共化解中台镇白沟村集体土地补偿款、西屯镇北庄村低保调整等难点信访问题71件。全年共选派4名干部赴甘肃行政学院参加全省信访干部培训班，选派1名领导干部赴台湾就公民诉求网络化进行考察学习；推荐提拔一名干部任副主任科员；对全局干部职工集中进行了体检。“百日集中攻坚”行动期间，对重点案件办理超期和工作严重滞后的单位，指派工作人员驻点开展督查指导。8月底，基本上完成了《灵台县信访志》初稿。

2017年

【基本情况】2017年，县信访局共受理群众来信20件，接待群众来访425批1323人次，其中集体访62批789人（次）；办理中央第三巡视组交办案件4件（次），省、市交办信访事项5件（次）；信访信息系统全县共录入案件387件，其中县信访局录入151件，乡镇、部门录入236件，与去年同期相比提升了5.4%。

【主要做法及成效】认真贯彻落实中央、省、市信访局长会议精神，以信访工作制度改革推进年活动为载体，狠抓了信访工作责任落实、信访信息系统运用、信访问题化解处理、信访干部队伍建设和十九大期间信访维稳等重点工作，特别是在信访制度改革和化解突出信访问题方面取得了显著成效。年初，县委工作会议上传达了省市信访局长会议精神，对全县信访工作进行了全面安排部署，对在2016年度全市信访工作责任书考核排名第一的县信访局进行了嘉奖。为了推进信访问题化解，县上对“两办”和县信访局受理的38件重点信访案件交由县上“四大家”全体县级领导包案化解，至年底全部按期化解办结；年内，县上两次组织专门工作力量对乡镇、部门信访工作和信访信息系统应用情况进行了督查，对因在信访工作中责任落实不到位、化解措施不力，引发群众多次缠访闹访，造成不良影响的新开乡党委、政府进行了通报批评，责任单位的党政主要负责人向县委、县政府做了书面检查。全国“两会”、省“十三次”党代会和“一带一路”峰会期间，先后安排4名工作人员到省赴京参与值班。党的十九大召开前夕，县上组织政法、综治、信访、公安联合在全县范围内开展了重点矛盾问题排查化解专项行动。从8月份开始，县上每天确定1名县级领导和抽调新提拔的4名科级干部在行政中心信访接待大厅值班公开接访，落实24小时值班制度，确保了十九大期间全县信访形势稳定。以开展“两学一做”学习教育和“抓党建、强素质、改作风、促发展”主题实践活动为载体，狠抓信访干部队伍建设，举办了3期信访干部培训班，对68名乡镇、部门分管领导、业务人员进行了集中培训。县上调整充实了信访局领导班子，一名副局长调县交通局任职，一名副主任科员提拔任副局长职务；为县信访局调入工作人员2名，工作人员达到了13名，增设副科级信访督查专员职位1个，培养接收预备党员1名，信访部门工作力量得到切实加强。11月份，县信访局被省人社厅、省信访局表彰为全省信访工作先进集体；被县委、县政府评为党的十九大安保维稳工作先进集体，副局长何为同志被评为先进个人。

第二节　信访部门历年信访量统计表

1979—2017年信访量统计表

年份	来信	重信	联名信	来访		集体访		信访总量		办结
				批次	人次	批次	人次	按来访批次	按来访人次	
1979										906
1980										594
1981	380			81				461	380	453
1982										339
1983	286			45				331	286	323
1984	192			38				230	192	222
1985	219			19				238	219	228
1986	243	5		52				295	243	265
1987	166	4		29				195	166	178
1988	130	2		22				152	130	113
1989	158	2		46				204	158	127
1990	206	4		43				249	206	144
1991	178	3		32				210	178	157
1992	94	2		21		1	4	115	94	
1993	101	4		25				126	101	98
1994	93	1		29		3	12	122	93	
1995	67			24				91	67	

续上表

年份	来信	重信	联名信	来访		集体访		信访总量		办结
				批次	人次	批次	人次	按来访批次	按来访人次	
1996	101	13		15		1	18	116	101	116
1997	97	2		14		1	20	111	97	
1998	76	2		30				106	76	
1999	70	2	6	32		3	27	102	70	
2000	42	7	2	58		6	85	100	42	91
2001	73	5		48		4	39	121	73	
2002	49	3	4	53		7	41	102	49	
2003	58	4	13	118		9	117	176	58	
2004	62	2	9	170	758	23	320	232	820	
2005	98	3		221	575	24	278	319	673	
2006	55	6		103	270	7	64	158	325	
2007	125	8		145	587	18	194	270	712	58
2008	89	13		177	614	15	152	266	703	
2009	91	22	13	216	695	40	450	307	786	
2010	103	34	21	307	741	36	173	410	844	
2011	58	25	10	328	714	29	355	386	772	
2012	73	6	10	402	1184	53	664	475	1257	
2013	33		1	612	1633	67	836	645	1666	
2014	49	2	1	558	1622	74	915	607	1671	
2015	42	8	5	359	825	36	343	401	867	
2016	36	1	2	366	1043	50	588	402	1079	
2017	21	3		447	1404	64	797	468	1425	

第四章　优秀论文

做好县级信访工作的入手点

陈全福

县一级是党同人民群众联系的前沿哨所，是群众对我们党和党的领导干部最直接、最具体、最形象的反映和认识。做好县一级信访工作相当重要，它既能够密切党同人民群众的联系，又可以减少越级上访，把大量问题解决在基层，如何做好县一级信访工作，从哪几个方面入手呢？通过近年来的实践和体会，我认为主要有以下四点：

一、从提高认识入手，真正把人民群众的来信来访工作摆上重要位置。信访工作是党的工作的重要组成部分，是社情的“晴雨表”，民意的“温度计”，疏通感情的渠道，联系群众的纽带。信访工作搞好了，不仅可以出政治效益，而且可以出经济效益。我的体会，要做好信访工作，必须首先提高认识，真正把人民群众的来信来访作为联系群众、解决问题的一件大事来对待。党委、政府要把信访工作列入重要议事日程，定期研究，大力扶持。今年，我们针对改革力度大，社会不安定问题较多的实际，在认真调查分析的基础上，分别召开了有乡镇党委书记和县直部门主要领导及乡镇和县直分管领导参加的信访工作会议，专题就全县信访工作进行了安排部署，并在全县职工工资欠拨两月的情况下，增拨信访经费4000元，加强了基层设施建设，解决了办公费少的问题。同时要提高整个班子成员抓信访的意识。主要领导思想上要常想信访工作，日常工作中要经常过问信访工作，特别是要亲自批阅群众来信，接待来访群众，定期了解信访工作情况，重大信访案件要亲自过问结果，一抓到底。分管领导要深入进去，具体抓，处理涉及面大的疑难问题，其他领导成员也要按照分工，同心协力共同抓。

二、从加强教育入手，努力提高各级干部特别是领导干部的政策水平和工作水平。县级处在机关与基层的交叉点上，信访量大多数来自基层，来自农民和职工，而各级干部特别是乡、村领导干部的政策水平和工作水平的高低，与信访工作有很大关系。凡是工作能力强，思想教育深入，政策执行准，偏差和失误少的，问题就比较少，信访量也就小；否则问题多，信访量也就大。据此，我们采取举办乡、村干部培训班，以会代训，逢会就讲等形式，狠抓了各级干部培训教育，既提高了各级干部执行政策的严肃性、准确性，又有效地减少了信访量的上升。

三、从制度建设入手，逐步把信访工作纳入法制化轨道。“告御状”“官越大越能解决问题”，这是中国过去几千年形成的习俗，目前还影响很深，对于县级来说，群众往往有一点事就找县上领导，找书记、县长。这样既不利问题的解决，还给群众造成了诸多困难和不便，也不利于社会的稳定和领导机关工作。在实践中逐步使信访工作制度化、规范化，是信访工作改革的基本思路和迫切要求。根据我的体会，应重点抓好三项工作。一是抓好宣传教育，增强群众按程序逐级上访的自觉性。今年，县上先后印发了《甘肃省信访条例》，下发了《逐级上访制度》，利用会议、广播、版报、专栏等形式进行了广泛深入的宣传，使群众初步了解和懂得了逐级上访的好处。二是认真搞好落实逐级上访制度的试点工作，发挥辐射和带动作用。上半年我们选择了一个乡，开展了逐级上访制度的试点工作，不但信访量下降，而且无越级上访，无重信重访。群众说“过去为一些小事我们常常上县越省，千里迢迢去上访，不仅给生产、生活带来了影响和损失，而且还解决不了问题，现在不用出乡，问题就解决了，还是按照程序来的好”。三是要做好逐级上访制度的督促和落实工作，以增强群众逐级上访的信心。教育基层党政组织和各级干部，坚决按照“分级负责、归口办理”的原则和逐级上访的程序办事，严肃对待群众的来信来访，即有反映就调查，有问题就纠正，没有问题讲清楚，不拖不推，及时处理。同时对批转的重要信件，要限期回报查处结果，既推动逐级上访制度的落实，又解决某些带有苗头性的问题。去冬今春，有个别乡镇的部分群众来信县委、县政府，反映乱砍滥伐林木和破坏广播线路的问题比较严重，我们及时批转有关乡镇查处，而且责成县信访、公安、林业等部门抽组人员，下去协调工作，通过督促落实和查处，及时刹住了这股歪风，受到了群众的好评。

四、从网络建设入手，充分发挥信访部门的职能作用。首先，要从县、乡、部门到村建立一支稳定的政策熟、工作责任感强的高效信访工作队伍，这是搞好县级信访工作的根本保证。近几年的努力，我们在全县16个乡镇都成立了6−7人的信访工作领导小组，并确定由一名党委副书记任组长，乡政府文书办理具体业务，在227个行政村都成立了3−5人的信访民调小组，由村党支部书记兼任组长，县直部门和单位由“一把手”亲自抓信访，文书办理具体业务。去年冬春我们又结合农村致富奔小康教育，对所有因工作调整等原因而缺额的信访民调组织进行了一次全面的调整、充实和整顿，进一步加强了信访工作的力量，健全完善了机构和网络。目前，全县共有专兼职信访工作人员857名，其中乡、村两级720名。其次，各级领导要重视支持信访工作。对信访工作人员要做到政治上关心，工作上支持，使用上大胆。近几年，先后有三名信访干部被提拔重用。目前，县委、县政府信访室的四名干部，其中三名为科级和副科级干部，这样，有利于加强信访工作，发挥信访职能部门的作用。

(作者：陈全福，原中共灵台县委书记。该文1994年10月被《平凉报》和《甘肃政报》选登。)

推行逐级上访　保持大局稳定

马文科

信访工作是党和政府密切联系人民群众的一条重要渠道。怎样使这条渠道畅通、有序、有效，对此我们在维护大局稳定，服务经济建设的实践中，进行了许多有益的探索和尝试。其中比较成功的做法就是本着就地、就近、省时、有序、有效的原则，全面推行了逐级上访制度。一年多来，全县信访总量下降了60%，85%的县直单位和60%的乡镇实现了“四无”目标，整个信访工作开始出现上有人管，下有人抓，层层为群众负责的局面。我们的主要做法是：

一、树立创新意识，正确看待逐级上访制度。随着经济体制改革的不断深入，信访工作也出现了一些新的特点和新的情况，县级信访部门的孤军作战、信访查处效果的杯水车薪和信访对象结构的日益复杂、利益直接、形式趋变、矛盾突出、处理困难、信访总量居高不下，形成了很大的反差，尤其是越级信访的无序状态，给传统的信访形式和过去曾经比较有效的信访制度提出了新的挑战。是被动适应，还是主动引导，引起了我们上上下下的反复思考。经过一段较长时间的调查研究和大量的逐级、归口处理群众来信来访的实践，县委明确提出了树立创新意识，发挥主观能动作用，强化基层信访工作的思路。从此，逐级信访制度和层层都为群众负责的意识开始在广大群众和各级干部的思想上有了一定的位置和分量。同任何一项新事物一样，逐级信访的提出和认可，也曾经引起一些同志的担心、困惑和诸如“逐级信访是限制群众上访”“领导干部怕见群众”“上级不问，下级哪里肯管”等等非议。为了能够使推行这一制度有说服力，能够被广大人民群众、各级干部所理解和支持，我们在全力抓好试点工作的同时，展开了大量的宣传教育活动。全县上下普遍通过召开会议、广播电视讲座、举办各类培训班、开辟宣传栏等途径，广泛宣传逐级信访的意义目的，较好地解决了各级干部和广大群众的思想认识，形成了比较一致的看法，既保证了试点工作的成功，同时也初步营造了推行逐级信访制度的环境。

二、进行双向引导，夯实推行逐级信访制度的思想基础。逐级信访能否行得通、落的实，制度的确立还只是事情的一半。为了真正实现逐级信访，层层负责的目的，全县上下主要从两个方面同时引导，我们把这两个方面的引导分别称之为“引水进渠”和“修渠通水”。一是引导广大群众特别是一些长期信访的群众彻底克服“官越大越清”“位越显越灵”和“写信不如上访，小阅不如大阅，人少不如人多”等错误的信访心理和模糊观念，教育群众懂得党是人民群众利益的忠实代表，各级干部不论职务高低都是人民的公仆和各级党政机关都是为人民服务的场所的道理，鼓励他们放下包袱，按程序、依理、依法、依纪讲真话、讲实话、讲心里话，沟通思想，理顺情绪，达到所有信访的目的。二是引导各级干部特别是基层信访调解干部彻底克服“庙小神不灵”和“讨个公道惹人嫌”的糊涂观念，切实转变过去接待上访群众工作中存在的一些“推”“哄”“挡”“转”的做法，教育各级干部牢固树立对上级机关负责同为人民群众负责相一致的观点，强化干人民事，当“百姓官”和为官一任，不仅要造福一方，而且还要保一方平安的意识，不断提高做好群众来信来访工作的自觉性。通过两方面的引导，广大群众就地信访，相信依靠基层党政组织和基层干部释疑、解难、排忧、维权的观念更加牢固，各级干部重视信访工作、层层为群众负责、维护大局稳定的责任感明显增强。

三、加强队伍建设，努力提高信访工作人员的素质。实行逐级信访制度之后，我们主要抓了两方面的工作。首先是健全信访机构和网络。县上先后共调整充实乡镇和县直部门信访领导小组80个，专兼职信访人员812名，行政村信访民调组织227个，确定信访调解员1456名。目前，一个级级有信访机构，层层有工作人员，上下贯通、左右相连的信访工作网络初步形成并已开展工作，仅去年一年，县、乡、村和各企业共制止越级上访98起102人（次）。其次是开展业务培训。去年我们分四个层次培训了基层信访人员。一是利用召开全县农村工作会议的机会，拿出多半天的时间召集乡镇党委书记参加，举办了信访工作的基本知识讲座；二是利用县委党校举办的农村支部书记培训班，由县委、县政府信访室的负责同志讲课辅导，培训村级信访调解骨干；三是利用党务、纪检、文秘人员学习班，主要讲解学习了信访知识、逐级上访制度、处理信访案件的程序等内容，培训了信访业务主办人员。四是利用县直企业党组织负责人、政工干部学习班，就企业信访工作和强化企业职工思想政治工作进行专题“讲座”，解决了企业信访工作长期以来的空白问题。在县上抓培训工作的基础上，基层党政组织也充分利用各种会议，党团员、村干部冬（夏）训、农村致富奔小康教育等机会培训了各自的信访工作人员。全县乡、村两级共举办信访培训班198场（次），接受培训的信访人员达1600多名。

四、实行目标管理，层层落实抓信访促稳定的领导责任。人民群众的来信来访，绝大多数体现着群众对党和政府的拥护、信赖和期望，能否积极地为他们排忧解难，事关人心向背。为了保证群众通过逐级上访，就地、就近、及时地解决问题，达到上访的目的，我们从三个方面建立了目标责任制。一是在坚持信访接待日制度的过程中，对当班领导所接信访案件一包到底的责任制。凡县、乡领导在各自的接待日所受理的案件，均为接待领导分门别类抓督办，抓落实，抓回复。二是对各级信访部门其工作人员的岗位目标责任制，根据信访数量，确定查结回复数量和办案时限进行积分考核，全面引入制约机制，推动信访工作。三是对县、乡分管领导办理本级信访案件实行目标管理责任制。今年，县委、县政府分别与16个乡镇、58个县直部门的分管领导签订了责任书，与本人年度奖金挂钩，纳入政绩考评。通过这些制约机制和激励机制的引入，大大调动各级党政干部做好基层信访工作的自觉性。今年以来，各乡镇、各部门的主要领导亲自上阵，分片、分责任区包干，深入基层，调查了解，积极防范，集中查处，较好地解决了一些实际问题，有效地消除了潜在的越级上访隐患。特别是对以往一些要求过高或无理取闹、常年越级上访户，县、乡、村联合起来采取防调结合，以防为主的原则，同他们进行座谈对话，政策攻心，并依理、依法、依纪解决和回复他们提出的问题，收到了较好的效果。全县原有的28名老越级上访户，全部息诉罢访，全县的信访总量较去年同期减少、下降了26.9%。

（作者：马文科，原中共灵台县委副书记。该文1995年8月被《平凉报》选登。）

对做好新时期信访工作的深层次思考

杨俊虎

信访工作是党和政府联系群众的桥梁和纽带，是体察社情民意的窗口，是党的群众工作和政治工作。在改革、开放、建立社会主义市场经济体制的形势下，对党的信访工作进行深层次的研究探讨，对于建立大信访格局，进一步密切党群关系，调动各方面积极性，促进经济发展有着非常重要的意义。

一、自觉做好党的信访工作，是党和人民政府性质决定的。做好人民群众来信来访工作，是党和人民政府的必然工作，是一级党组织、是一级人民政府、是党员、是干部就必须自觉地做好人民群众来信来访工作，密切党群关系。努力做好人民群众的来信来访工作，是老一辈无产阶级革命家、领导者的一贯思想。毛泽东同志曾经指出，每个党员干部都要“全心全意为人民服务，一刻也不脱离群众”，“我们的同志不论到什么地方，都要和群众搞好关系，要关心群众，帮助他们解决困难”。邓小平同志也反复告诫我们：“要注意倾听群众的呼声，只要切实关心群众生活，同群众打成一片，任何困难都能克服。”江泽民同志要求我们：“信访工作是我们党和政府发扬民主、体察民情、联系群众的重要渠道。各级党委和政府要切实加强对信访工作的领导，使其在加强社会主义民主与法制建设、密切党和政府与人民群众关系中发挥更大的作用。”这些都充分反映出无产阶级领袖人物对密切党群关系、搞好来信来访工作的高度重视和一贯要求。搞好人民群众的来信来访工作，为老百姓办事情、谋利益，是党的性质和宗旨决定的。党章规定，中国共产党是中国各族人民利益的忠实代表，要求每个共产党员都要全心全意地为人民服务，要始终保持与人民群众密切的关系，一切为了人民群众，一切依靠人民群众，为了人民的利益要不惜牺牲个人的一切，为共产主义奋斗终生。这就决定了党员干部加强党同人民群众的联系，搞好人民群众来信来访工作不是那一个人强加的工作，而是党的性质所决定的。是共产党组织、是党员，就要实践自己的诺言，为人民服务，帮助群众排忧解难，是社会主义国家政权性质决定的。我们的政权是人民的政权，我们的政府是人民的政府，我们的干部是人民的公仆，就要维护广大人民群众的根本利益，把人民的事情办好。所以我们各级政府、国家干部都要履行职责，为人民群众办实事、办好事，树立人民政府、国家公务员的良好形象。

二、发展是硬道理，发展是解决人民群众中一切困难矛盾和问题的重要基础。经济发展缓慢，是人民群众来信来访量上升的深层次根源。根据近五年灵台县受理的人民来信来访的18960件（次）的内容分析，除批评建议类95件（次）外，其他申诉类3886件（次），检举揭发类2086件（次），求决类12893件（次）中，80%的都反映出改革、发展中的一些“热点”“难点”矛盾和问题，这些反映基本都涉及到干部职工工资不能按时发放、离退休干部医药费落实不实、亏损企业拖欠或减发职工工资、干部职工住房困难、下岗职工就业难、农民负担过重等问题，无不牵扯到一个“钱”字，这些问题解决不了，必然造成上访量增加，重信重访和越级上访量上升，党群干群矛盾尖锐。唯有发展才是解决这些矛盾、问题的重要措施。只有经济发展了，经济实力增强了，我们才能为老百姓办更多的事情，一些突出的问题也就迎刃而解了。因此，我们要认真贯彻党的基本路线，坚持发展是硬道理的思想，立足当地实际，理清发展思路，持之以恒抓好落实，强国富民，建设精神文明，杜绝一些问题的发生。

三、增强政策法制观念，是降低信访量、解决重信重访、越级上访的治本措施。从近年的来信来访进行分析，出现的信访除经济原因外，还有相当一部分是我们的一些干部政策观念淡薄，执行政策水平低；一些干部法制观念不强，不依法办事；一些群众不懂法，不守法，所以酿成了一些不应出现的矛盾和冲突，把一些很小的纠纷发展成了大问题，甚至出现了一些人命关天的大事，在社会上和群众中造成了极其恶劣的影响。因此，我们要按照依法治省、治区、治县的思路，加强“三五”普法教育，提高全民族的政策法制观念。一是要懂法。目前各地正在加强依法治省、治区、治县的工作，在这些活动中要加大政策和法制的宣传力度，使干部群众明白目前农村的主要政策是什么，什么是违法，什么是犯罪，哪些事能办，哪些事不能办，以提高干部群众的法制意识。二是要正确执法。各级干部都要按照党的政策、国家法律办事，依法行政，这样才能预防信访，减少违纪违法，使我们的工作走法制轨道。三是要守法。凡公民，不论党员、党的干部，还是普通群众，都要执行党的政策，遵守国家法律，做执行法律的模范。也只有这样，才能真正做到懂法、执法、守法，防止和减少一些不应该出现的问题。

四、各级协调配合，齐抓共管，是做好信访工作的重要一环。信访问题包罗万象，涉及社会的方方面面，可谓社会、政治、经济矛盾的综合反映。这就决定了信访工作必须全党负责，各方配合，齐抓共管。因此，一要建立健全信访工作网络。各级都要建立信访工作组织，努力做到信访工作有人管，有人干。二要一级对一级负责。村上对乡、乡上对县、县上对区、地区对省上负责，哪里出了问题，就由哪一级解决，涉及到哪一级，都不得推、拖、靠、扯皮，切实做到小事不出村，大事不出乡。三要各方协调配合。对于情况复杂，难度大的重要信访问题，要协调有关单位参与，集中优势，攻克难关，不能单打一。四是明确职责，严格考核。近几年各地推行签订责任书的办法，是一个有效的办法，要大力推广，年终进行严格考核，完成责任目标的，要按照责任书进行奖罚兑现，以保证信访工作各项任务的完成。

五、加强队伍建设，努力提高各级干部的整体素质，是做好信访工作的必然要求。信访工作是全党和各行业每个部门的共同工作任务。同时，信访工作又是一项综合性、政策性很强的工作，涉及政治、经济、文化、民族宗教、婚姻家庭、刑事民事、工资福利、劳动就业等等，加上信访对象结构的复杂性，利益的直接性，矛盾突出，处理困难，这就要求我们必须努力提高各级干部，特别是信访干部的素质。毛泽东同志曾经说过“政治路线确定之后，干部就是决定的因素”。所以我们要建设一支高素质、高质量的干部队伍。我们的各级干部，要认真学习邓小平理论，用邓小平理论指导信访工作实践；要学习党的路线、方针、政策，提高执行党的政策的水平；要学习法律法规，增强依法办事的能力；要学习社会、政治、经济等方方面面的知识，成为多学博识的“杂家”，以应付社会各行各业反映的各类问题；要学习社会心理学，以应付社会各个阶层、不同性格的来访者；要学习思想政治工作方法，善于做人的工作，以化解矛盾，理顺情绪；要通过学习实践，研究新时期信访工作规律，掌握不同的时期，不同来信来访者的规律和心态，采取各种措施，预防问题的发生，恰当的处理各类问题，不断提高处理信访的水平，化解消极因素，把信访群众的积极性调动到发展经济上来，以促进地方社会、政治、经济的全面发展。

(作者：杨俊虎，原中共灵台县委副书记。该文1998年10月先后被《平凉报》《省委办公厅工作》刊登。)

牢固树立“四种思维” 努力实现“四个转变”
——对新形势下基层信访工作的实践与思考

刘 凯

信访工作是构建和谐社会、夯实执政基础的重要举措，是坚持以人为本、执政为民的深刻体现。正如习近平总书记曾经所说：“信访工作的首义，在于时刻把自己看成人民中的一员，把心贴近人民。在新形势下，各级领导必须放下架子，打掉官气，主动上门，把信访工作做到基层，把党的关怀和政府的济助送进普通群众的家庭”，习近平总书记的重要论述为我们做好基层信访工作提供了遵循、指明了方向。近年来，我们经过积极的探索和实践，深刻地体会到，要做好基层信访工作，赢得人民群众的信赖和支持，必须牢固树立“四种思维”，努力实现“四个转变”：

要牢固树立治本思维，实现信访工作由“注重盯人”向

"注重盯事"转变。群众之所以上访，其目的主要是希望自己反映的问题能被上级组织和领导特别是"一把手"重视，这是老百姓一种朴素的"青天"心理，对此我们要正确对待，绝不能不闻不管、不理不睬。近年来，随着交通、通讯条件的不断改善，老百姓花几元或者几十元就可以到县里、市里上访，如果认为市里、县里解决不了问题，甚至要到省里、中央上访。过去，每逢上级有重大活动或者上级领导来基层检查调研，基层党委、政府都要对重点信访人员稳控作出安排，存在先稳住信访人员，等敏感时期过了再说的错误思想。实践证明，这样的盯人既盯不了、也盯不好，只能治标、不能治本，只能稳得一时、不能稳住一世，稳住了人员却失去了人心。对此，我们必须推动信访工作由注重"盯人"向注重"盯事"转变，本着"事要解决"的原则，对于群众信访反映的各类问题，应该解决而且有条件解决的要马上解决；暂时解决不了的要解释清楚，待时机成熟抓紧解决；对反映问题不符合政策法规的，要耐心细致地做好解释说服工作，防止把简单问题复杂化、个体问题群体化、个案问题普遍化。同时，还必须注意尺度问题，绝大多数群众的信访诉求是合情合理的，但也有极个别上访人存在无理取闹的问题，甚至个别信访问题背后还有别有用心的人操控。在处理此类问题上必须依法治访、依法办事，绝不能突破法律政策界限，不能为求得一时一事的解决引起上访人的错觉，助长过高或无理要求。对经多次教育无效、反复上市赴省进京缠访闹访的，要及时收集固定证据，坚决依法处理。

要牢固树立超前思维，实现信访工作由"事后处理"向"事前防范"转变。到县里工作以来，我接到不少群众的来信来访包括网络留言，从某种意义上讲，群众反映的绝大多数问题确实算不上什么大问题，对于乡镇、部门领导干部来说基本是举手之劳，有些上访问题如果基层干部工作做到位了就能避免或者是在初始状态就能够解决的问题，但最终却摆在了我的面前。究其原因，主要是一些乡镇和部门对群众信访问题重视不够，一方面，对一些极易引发矛盾纠纷和群众信访问题的事情不能敏锐把握，没有做深入、扎实、细致的群众工作，导致群众不认可或者有情绪引发上访；另一方面，一些基层干部对群众反映的能在职责范围内解决的问题，不是想办法去解决，而是推脱、敷衍，非要等领导过问之后才去想办法去解决，这也是导致群众信奉不闹不解决、小闹小解决、大闹大解决的原因所在。所以，要做好基层的信访工作，必须坚持抓早、抓小、抓了，把工作重心从事后处理转移到事前防范上来，认真开展矛盾纠纷排查化解，既要突出排查的广度，把触角延伸到村社、到企业、到社区、到家庭，要充分借鉴和运用好这次双联行动“大走访”这一载体，不留盲点死角，逐村、逐人进行走访，把群众反映的问题解决好、处理好；又要突出排查的深度，善于透过表面看实质、透过现象看趋势，对排查中认为有可能发生矛盾纠纷或者信访的问题，要善于分析研究，制定工作措施，及时协调解决。对于排查出的各类问题，认真梳理，一件一件地研究解决，做到“四定三包”（定包案领导、定责任单位、定责任人、定办结时限和包调处、包化解、包息诉罢访），确保把问题解决在基层、化解在萌芽状态。

要牢固树立宗旨思维，实现信访工作由“坐等上访”向“主动下访”转变。干部主动下访，可以“原生态”地了解群众的呼声和社情民意，既为科学决策提供重要依据，也能及时处置大大小小的矛盾和问题。如果一味的坐等上访，既不利于与上访群众取得共鸣，有时还会出现不同领导干部对同一上访事项的答复不一致，致使信访问题久拖不决，上访人在经济、精神上会产生多重压力，心理承受力会变得十分脆弱、敏感，甚至还会产生比较强烈的偏执、逆反等心理问题，对党和政府失去信任。所以说，坐等“等”来的是党和群众的隔阂，走下去“走”来的是党和群众的血肉联系。干部主动下访，说到底就是一个如何用群众工作统揽新形势下信访工作的问题。作为基层党员领导干部，要把做信访工作作为了解社情民意的“必修课”、培养锻炼干部的“大学校”、检验民心向背的“大考场”，多深入基层、多接触群众，多做接底气、顺民心的工作，倾听群众意见，了解群众呼声，解决他们的难肠事，只有这样，群众才能信任我们，有什么话愿意跟我们说，有什么事愿意找我们解决，久而久之，矛盾问题也就少了，信访工作也就好做了。

要牢固树立系统思维，实现信访工作由“就事论事”向“系统解决”转变。影响当前社会和谐稳定的矛盾纠纷主要是群体矛盾，对这些矛盾的处理，可能牵一发而动全身，如果就事论事解决某一群体而不“瞻前顾后”其他群体，有可能“按下葫芦浮起瓢”，造成群体之间相互攀比，产生新的矛盾和问题。在这方面，我们是有教训的。比如，在泾渗二级公路建设、县城西城区开发、煤炭资源勘探开发涉及到征地拆迁补偿问题上，由于工作之初，我们对情况考虑不够、应对不足，致使三者之间补偿标准不一，引发了许多信访问题。汲取以上教训，我们通过深入调研，明确提出对于煤田勘探过程中青苗赔偿、地上附着物折价补偿以及西城区征用土地地面建筑物补偿要与其他补偿标准相衔接，极大地减少了矛盾纠纷，因拆迁补偿而引发群众信访量明显降低。还有，比如“医闹”的问题，对于这类问题，不能用就事论事或者息事宁人的方法去解决，如果一味地用“钱”解决，长此以往，就会引起群众“误解”，要区别不同情况，分清主次责任，依法依规处理。因此，解决基层信访问题，要牢固树立系统思维，在坚持不突破政策底线、不引发攀比和连锁反应的原则下，对于同类问题通盘考虑、系统解决，真正让每一起信访问题的处理结果都能经得起法律、政策和历史的检验。

（作者：刘凯，中共灵台县委书记。该文2016年9月被《甘肃信访》杂志选登。）

浅谈建立群众逐级上访制度的必要性和可行性

王仁贵　巩志刚

当前，由于社会主义市场经济体制正在逐步建立，处在新老体制交替的时期，旧的体制没有完全得到改变，新的体制正在逐步建立，国家的政治、经济和社会生活各方面都发生了深刻的变化，与这些变化相适应，信访工作也面临着许多新情况，新问题，呈现出新的特点。信访工作怎样更好地适应新形势，围绕改革，服务大局，打破旧框框，开拓新局面，努力构建社会主义市场经济体制下信访工作的新模式，建立群众逐级上访制度是一个好方法。

一、实行逐级上访制度，是信访工作适应市场经济的逐步建立，服从和服务于党的中心工作的需要

在长期的革命实践中，信访工作对密切党群关系，促进社会稳定和经济发展做出了其他部门所无可替代的作用，同时自身也得到了长足发展。但是，随着改革的深化，现阶段信访工作也逐渐出现了一些不适应新形势发展的问题，尤其是越级上访的无序状态，给传统的信访形式和过去的信访制度提出了挑

战，突出的表现在以下几个方面：一是领导不力。有的领导对党的群众路线的重要性认识不足，有的领导片面地认为经济工作抓好了，就等于群众工作做好了，有的领导对群众具体的要求不重视，有的领导官僚主义作风严重，没有把群众信访问题摆到议事日程上来，忽略了做群众思想政治工作，激化了矛盾，不关心群众疾苦，不了解群众的意见和问题，出了问题手足无措，只报喜不报忧，还推卸责任，严重地损害了党在人民群众中的形象，造成小问题闹成大矛盾，恶化了干群关系。二是基层工作不力。主要是对信访这个涉及面广、政策性强的群众政治工作，虽往往有分管领导但工作不到位，说起来重要，做起来次要，出了事情找“信访”，没有事情忘“信访”；对分级归口，就地解决信访问题的原则抓的不力，抓的不实，基层处理信访问题责任不到位，更不能做到严密掌握信访信息，做好超前工作，造成了将问题推到上边，让上边拿政策，让上边解决，给上边加大了工作量，上访人的问题久拖不决，费时、费力。三是缺乏全局观念。一些部门和单位在新政策出台前缺乏周密细致的调查研究，或从本位主义出发，办事情只顾自身的经济利益，而不考虑对全局和他人的影响，引起群众不满情绪，造成了大局不稳定的局面。四是少数干部为政不廉，腐败问题滋生蔓延，不正之风严重，导致了大批群众的无序集体上访，部分海外反华势力、敌对分子、反动宗教势力乘机挑起事端，利用群众法律意识淡薄的弱点，制造混乱，严重影响了大局稳定和社会经济的持续发展。五是信访部门力量薄弱。由于各方面因素的影响，信访部门，特别是基层信访部门，队伍不稳定，素质明显下降，文明接待水平不高，工作方法简单，给处理来信来访带来很多困难。这些与市场经济建设不适应的表现，影响了社会稳定，妨碍了经济建设快速、高效的发展，因此尽快实现信访工作法制化、规范化、大力推行逐级上访制度，是信访工作主动适应市场经济建设、服从和服务于党的中心工作，对于群众反映的问题，能够层层把关，各负其责，就地、就近、省时、有序、有效地解决是客观必要性决定的。

二、推行逐级上访制度是信访工作改革的需要

新时期信访工作内部改革的关键是要解放思想，转变观念，改变传统的思维模式和工作方法，强化改革开放意识、商品意识和参与服务意识，使信访工作和党的中心工作合拍共振，使信访工作更好地适应新形势对传统的信访模式和过去曾经有效的信访制度提出的新的挑战。群众逐级上访制度的实行正是这种客观形势的要求和信访工作自身发展的需要，具有重要的现实意义和深远的历史意义。（一）有利于加强党对信访工作的领导，促进党的建设。通过建立逐级上访制度，可以引起各级党政领导的重视，加强自身的学习，做好群众的思想政治工作，关心群众疾苦，更好地贯彻落实党的群众路线，把做好信访工作摆到议事日程上来，促进党的建设。（二）有利于强化监督约束机制，提高工作效率，充分发挥信访部门的工作职能。逐级上访制度对上访群众和各级干部特别是信访干部提出统一的规范化、程序化的要求，既能使上访群众按就近、省时、有序、有效的原则进行上访活动，以能使各级干部热情接待上访群众，认真负责的处理信访问题的良好局面。（三）有利于正确控制信访流向，引导群众把注意力转到为改革开放和经济建设献计献策上来，通过实行逐级上访，各级各部门可以有效地掌握信访动态，适时调整工作部署，对信访流的自然流向转为有目的、有意识的控制和引导，最大限度集中群众智慧，切实处理群众反映的信访问题，引导群众逐渐摆脱一已利益，局部利益的信访问题，转而为改革开放和全局性的经济建

设献计献策，为加强党风和廉政建设发挥群众监督作用。(四)有利于人民群众更好的从事信访活动，维护信访秩序。可以更有效地畅通人民群众信访活动这一宪法赋予的渠道，进一步明确上访者和接待处理部门二者之间的责任义务，理顺上访关系，减少群众来回奔波，杜绝因官僚主义工作作风造成的恶性上访事件发生。同时，通过规范化、程序化的处理信访问题，可以对少数人滥用信访权利，借信访泄私愤，蓄意闹事的现象进行约束和打击。（五）有利于推动信访工作向规范化、制度化、法制化迈进。从目前的信访现状来看，县级信访部门孤军作战，信访查处效果的杯水车薪与信访对象结构的日益复杂、利益直接、内容交叉、形势趋变、矛盾突出、处理困难形成很大反差。实行逐级上访制度，可以促使基层各信访部门与各级党政部门互相配合，齐抓共管，健全组织，形成各级信访组织网络，改变信访部门孤军作战的局面，是信访工作起步改革的第一步，为将信访工作逐步引向法制化奠定了基础。(六)有利于稳定政治大局，保证社会主义市场经济建设的顺利进行。通过建立逐级上访制度，理顺各方面的情绪，听取包括港、澳、台、海外华人、外国资本家等外商在内的一切有利于社会主义市场经济建设正确的意见，使各种人民内部矛盾处理在超前之中，防止国内外各种敌对势力、反动势力、反动宗教组织，利用群众集体上访、越级上访、制造混乱，维护社会安定，祖国统一，为改革、开放、发展经济创造有利、宽松的国内、国外环境。

三、推行逐级上访制度被实践证明是切实可行的

我们现在引导的群众逐级上访，是对群众的负责态度，是要把群众上访纳入一定的工作程序，不是压制群众上访的态度，也体现了我们各级党政机关能够层层把关，各负其责，使

得群众提出的一些意见，能够及时妥善地加以处理。实践证明，实行群众逐级上访制度正是达到这一目的最好途径。逐级上访制度在全国范围内分别开展试点以来，各地都取得了良好的效果。灵台县从一九九四年开始试行逐级上访制度，通过三年多的实践，取得了喜人的成绩。一是各级各部门查办信访案件的效率比以前有了大幅度提高。全县共解决查处各类纠纷案件756起，正确处理上访老户28个，分别教育引导1152名群众逐级上访。使80%的上访问题在基层得到了解决，87.5%的县直单位和75%的乡镇实现了“四无”目标，越级上访下降了60%，1996年无一起集体上访事件发生，全县信访总量和1995年同期相比下降了34%。二是各级领导对信访工作重视程度增加。各级各部门领导都能从全党全国工作大局的高度，看待信访工作的重要性，找准工作位置，积极主动地做群众工作，做理顺情绪工作，做化解矛盾的工作，千方百计为信访部门排忧解难，出主意，想办法，齐抓共管搞信访。三是增强了监督约束机制。县、乡、村层层签订了信访责任书，把信访工作纳入综合治理的轨道，定期考核，奖优罚劣，增强了乡、村第一道防线处理信访问题的责任心、自觉性，使群众信访问题都能就近、及时得到解决，使“分级负责，归口办理”的原则真正落到了实处。四是信访基础工作得到加强。通过试点，层层网络健全，制度完善，人员齐备，成为搞好信访工作的坚实基础。五是上访群众法制观念进一步增强。在实践中，各级各部门通过发生在身边的信访问题的规范化处理，大力开展了逐级上访制度的宣传，使95%的群众不但了解、理解了逐级上访制度，而且能够自觉地按照这一制度进行上访活动，减少了盲目性、随意性，推动了信访工作法制化的进程，理顺了各种不利情绪，保证了社会的安定，在今年遭受特大旱灾的情况下，全县人心稳定，经济稳定增长。

（作者：王仁贵，原灵台县信访局局长。巩志刚，原灵台县信访局副科级信访员。摘自《发展中的灵台信访工作》一书。）

做好信访工作　营造“三个环境”

牛国平

省委、省政府提出营造“投资环境、建设环境和干事创业环境”，不仅是实施西部大开发，加强党风、政风建设的需要，也是顺应民心，集中民智，充分调动广大干部群众干事创业的积极性，加速我县经济超常规、跨越式、快发展的迫切需要。要营造好“三个环境”，稳定的社会环境是基础和保证。信访工作的重要任务，就是维护社会稳定，促进经济发展。如何在营造“三个环境”中充分发挥信访工作的职能作用，更好地为社会稳定和经济建设服务，是摆在各级党政领导和信访干部面前的一个十分紧迫而又重要的任务。

一、充分认识信访工作现状，增强营造“三个环境”的责任感。信访工作是实践群众路线和我们党全心全意为人民服务宗旨的一个重要体现，是党和政府发扬民主，体察民情，联系群众的重要渠道，是建设有中国特色社会主义民主政治的重要途径，是各级党委政府的一项重要工作。做好信访工作，可以帮助我们领导机关和领导干部更多地了解实际情况，及时纠正工作中的失误，尽快解决一些群众遇到的困难和问题。信访工作在理顺情绪，化解矛盾，凝聚人心，促进稳定中发挥重要作用。因此，信访工作事关党在人民群众中的形象，事关改革、发展、稳定的大局。

近年来，在各级党政领导的大力支持下，我县信访工作在化解人民内部矛盾，维护社会稳定，促进经济发展的过程中发挥了重要作用。我县的信访量在全区一直保持稳中有降的良好局面，多年来未发生一起集体越级访地、访省、访京事件，多次受到省、地的表彰奖励。但是近一两年，由于改革的不断深化，利益结构的不断调整，各类深层次的矛盾不断显露，群众信访反映的内容和形式发生许多变化，社会稳定面临着许多新情况、新问题。从我县信访统计资料来看，群众信访反映的内容主要有以下几个方面：一是涉及群众政治、经济、生活等切身利益问题大幅度上升。二是反映和揭发举报内容增幅较快，主要反映基层少数干部违法违纪，粗暴行政，打骂群众，装粮折物，以权牟私，处事不公等问题。三是求决类信访问题仍居首位，占总数的66.7%，主要集中反映生产生活困难、农民负担过重、农村群众庄基批划困难、村级财务管理混乱、退耕还林补助粮款不能足额发放到户到人、企业离退休人员工资不能按时发放、小城镇建设拆迁安置及社会治安等问题。四是涉法信访疑难问题较多。从信访表现形式上看，越级上访和越级信件、集体上访、突发性信访事件时有发生，特别是一些上访老户和难缠户的出现，使信访难度和对抗性加大。这些问题曾一度影响了全县工作的正常开展，致使投资环境、建设环境和干事创业环境极不宽松，这不仅不利于全县的社会政治稳定，而且对我县的经济发展也带来了一定的负面影响。因此，全面研究探索信访工作中出现的各种矛盾和问题，发挥好信访工作的职能作用，为群众排危解难，为各级党和政府搞好服务，以实际行动营造“三个环境”，是信访工作光荣而艰巨的任务。

二、充分发挥信访工作的职能作用，是营造“三个环境”的重要保证。科学分析和正确认识当前信访工作面临的形势，认真研究，寻找对策，切实加强对信访工作的领导，充分发挥信访工作的职能作用，努力使信访工作更好地为营造“三个环境”服务。一要发挥参谋助手作用。信访工作要准确把握全县的工作中心和工作重点，充分利用其接触群众多，接触层面广，及时了解各个层次的实际情况，不失时机地把群众提出的意见和建议提供给领导，确保决策的准确性和正确性，使政策的制定和执行，决策的贯彻和落实，更加符合最广大人民的意愿。二要发挥协调服务作用。信访工作在开展政策和法律咨询服务，引导群众依法依规办事的同时，要注意把群众信访反映的分属不同系统，许多无口可归和多口难归的信访问题及时予以协调，使问题达到快速、便捷的解决，更好地上为领导分忧，下为百姓解难，发挥好党和政府联系群众的“桥梁”和“纽带”作用。三要发挥拓宽信访渠道的作用。信访部门在人民群众的来信来访中，可以多方面，多角度，主动地捕捉普遍性、苗头性、倾向性的信息，发挥其早、快、灵、准的优势，为县委、县政府提供各类有价值的信访信息，更好地拓宽信访渠道。四要发挥群众监督作用。通过信访渠道可以最直接、最真实地了解群众对干部的工作作风、工作态度和工作效益的反映，对于加强干部作风建设，纠正工作运行中出现的问题，推动工作发挥着重要作用。五要发挥维护社会稳定的作用。群众来信来访反映的问题，其实质是人民内部矛盾，这些问题如不及时处理，就会使矛盾激化，就会影响社会稳定。通过信访部门能够使这些矛盾和问题得到及时解决，具有“一步到位”的快捷效果，从而能够化解矛盾，保持社会稳定。

三、加大信访问题的处理力度，是营造“三个环境”的重要手段。在营造“三个环境”中，各级领导和信访部门要认真处理好广大人民群众的来信来访，着力解决群众信访反映的各类问题，充分调动广大人民群众营造“三个环境”的积极性，就必须对群众来信来访认真分析，分类归纳，对症下药，处理起来才能得心应手，才能使信访工作成为推动营造“三个环境”的真正动力。

群众来信来访的形式归纳起来有以下几种：即初信初访、重信重访、集体访和群体访、越级信访、上访老户和无理上访这六种信访形式，是一个由简单到复杂，由个访到群访，由合法到违法的发展演变过程。如果我们对这六种信访表现形式在初期形成阶段工作不到位，就很可能向后一种形式演化，使问题和矛盾变得更加复杂化，处理起来难度就会加大。因此，在处理每一种信访问题时，要首先准确把握其表现形式，要在最初表现形式下采取相应的措施和办法，使问题及时得到化解和处理。这样才能不使问题复杂化。根据近几年信访工作的实践，要加大信访问题处理力度，必须坚持“六要六做到”。

一要对初信初访问题，做到处理一步到位不轻视。对于群众的初信初访，我们的各级领导决不能认为群众反映的问题和每天要干的工作相比，可谓小事一桩，不放在心上，事后工作一忙，丢在脑后，无暇过问，更谈不上处理解决。殊不知，许多重信重访、集体访、越级访等大多是与当地领导对群众的初信初访重视不够，处理不到位形成的。因此，各级党政机关和领导干部要高度重视初信初访问题，在对待初信初访时，做到一次来访，一封来信，处理一步到位。

二要对重信重访问题，做到深查细究不反复。许多群众在初信初访后，不见要求处理问题机关的任何消息，只得又一次进行信访，以引起领导重视，求得问题解决，这就形成了重信重访。如果遇到这种情况，被反映到的机关就要引起警觉，首先弄清信访者的意图和目的，再进行认真分析，提出切实可行的办法，并立即派专人进行深入调查，在深查细究后予以彻底解决，确保问题不再反复。

三要对越级信访问题，做到认真对待不敷衍。群众越级信访行为，是由于有的问题在原当地机关得不到及时处理，有的是认为官越大越管用，机关越高越重视的观念等多种因素造成的。越级信访问题发生后，除特别重大问题由上级机关直接受理外，一般问题上级机关按照“分级负责，归口办理”的原则批转当地进行处理解决。下级机关遇到这种情况后，要抱着高度负责的态度，立即进行妥善处理。如果是批转的越级信件，应在认真调查的基础上处理解决，问题解决后，要向上级机关报告结果，请求上级机关批示结案。

四要对集体访和群体访问题，做到及时化解不拖延。对集体访和群体访事件，各级领导不能等闲视之，必须态度明确，讲究方法，坚持原则，处置有力，即要防止激化矛盾，又要平息事态。在处理过程中，要沉着冷静，要抓住主要问题和重点对象，主管领导应亲临现场，组织有关部门负责人和群众对话，根据法律政策规定，要明确表态，做好疏导工作，从快从速平息事态。这样才能达到解决问题，避免事态扩大的目的。

五要对上访老户问题，做到多下功夫不急躁。信访老户问题是信访工作中的难点，它的形成大多是由历史原因造成的，缺乏现成的政策，法律依据，而信访者大多年龄偏高，固执己见，上访时间长、频率高。因此，处理上访老户问题，要从感情上接近、生活上关心、政策上照顾，必须要摸清上访者的人生阅历，经过的重大事项，反映的主要问题，特定历史条件下形成问题的原因及现实状况。只有对这些问题经过认真调查，弄清楚以后，才能对症下药，对其反映的问题在政策法律允许的前提下尽可能的予以从快解决。

六要对无理信访问题，做到依法治访不手软。无理信访者反映的问题，大多数既无事实依据，又无法律政策规定，是信访者从个人的观点和愿望出发，要求组织按照他本人的意愿满足其提出的要求，达到希望的目的。其目的具有反复性、不定性和偏高性，多数属于无理闹事，若不能满足要求，就可能出现缠访领导，缠闹机关，甚至装疯卖傻，进行要挟。对这类无理上访问题，我们首先还是要以“攻心为上”，反复做来访者的思想转化工作，并着力解决其实际困难和问题。在经过多方努力而不见效的情况下，应按照国务院《信访条例》和《治安管理处罚条例》等有关法律规定，进行有理有节，依法处理，决不能听之任之，任其发展，以免造成不良影响，依法维护正常的信访秩序和机关的工作秩序。

（作者：牛国平，时任灵台县信访办副主任。该文2002年被平凉地委机关刊物《发展与研究》刊登。）

第五章　工作经验及先进事迹

第一节　工作经验

基层信访工作应“搞好三个服务、做到三个结合”

李铁成

古人云“不以善小而不为”。群众来信来访与改革开放，推进四化建设的壮举相比，虽不那么显赫，但它往往是社情民意的索引，是振聋发聩的信息。做好群众来信来访工作不仅可以帮助我们及时权衡得失，校正决策，积累观念，端正领导行为，而且可以促进国家长治久安和整个社会的稳定发展。近年来的实践使我们认识到，基层信访工作，要搞好三个服务，做到三个结合。

一、信访工作必须为政局的稳定服务。保持政局的稳定是执政党任何时候都不可忽视的头等大事。政局稳定的前提是人心的稳定。因为，历史的经验反复证明“水能载舟，亦能覆舟”。要稳定人心，重视搞好信访工作则是不可缺少的一个重要方面。1988年后季，我们陆续收到不少群众来信，对农村政策产生疑虑，对生活日用品短缺、救济粮款发放不及时很有意见，有的还流露出一些不满情绪，一度思想比较混乱。经过分析认为，群众的这些意见和不满多数是对党的政策不理解，对国家的困难了解甚少所致，同时也暴露出我们工作中一手硬一手软，放松了思想教育等问题。于是，我们按照地委的安排，立即采取措施，在加强工作尽可能解决问题的同时，提前抽组县乡两级干部500多人，深入农村，在全县范围内开展了广泛深入的形势政策教育，采取对话谈心的形式，解决群众的疑问，讲解国家的政策和困难，从而消除了不满，稳定了人心。去年春季，“两乱”初起，我们又采纳有关人士的反映和建议，安排分管领导带领有关部门的负责同志分赴重点乡村、学校、企业调查研究，掌握动向，有针对性地开展谈心、说服、教育和疏导工作，帮助解决急需解决的实际困难，把工作做到了前边。在此基础上，我们先后召开常委会和常委扩大会，总结经验教训，探讨新时期思想政治工作的新路子，表彰了一批信访工作先进单位和个人，统一了思想认识，强化了思想政治工作。随后，我们又召集有关部门和乡镇协商研究，彻底解决了三个上访老户的问题，消除了社会不安定因素。由于超前安排，做到防患于未然，在去年“两乱”期间，全县人民遇乱不乱，保证了正常的生产、生活和工作秩序、经济建设取得了近年来的最佳成绩。这与我们把稳定政局作为信访工作的出发点，可能有着密切的关系。

二、信访工作必须为民主决策服务。重视搞好信访工作，很有利于广开言路，捕捉信息，发现问题，为民主决策和科学决策服务。例如，1987年我们在全县推行地膜玉米覆盖这项旱农耕作新技术时，由于缺乏经验只按劳力和大秋面积多少分配了任务。在实践过程中，有的人民代表和群众来信反映南部山区劳力少，任务大，难以完成覆盖任务。对此，我们立即研究调减了有关乡镇的任务，纠正了工作指导上的“一刀切”受到了群众的欢迎。又如，我县包产到户后，南部山区五乡镇的经济发展与塬区形成明显“级差”，人口大量外迁，近六万亩耕地荒芜，群众负担偏重。但由于各种原因问题长期没有解决，当地人民纷纷投书来访，强烈要求县委、县政府解决山区群众的困难。从这些来信来访中不仅看到了山区群众的特殊困难，而且认识到人口占全县19.4%、耕地占30.5%的山区已经成为全县经济发展的主要制约因素。基于这种认识，去年八月我们带领有关人员用半月时间，深入南部九个乡镇、30多个偏僻村庄走访调查，了解山区的过去和现状，与基层干部一起探讨开发建设南部山区的出路，找到了问题的症结所在，提出了开发方案，制定了政策措施。在召集各方面人士座谈讨论时，许多同志感慨地说：“县委这个决心早该下了，这个决策顺应民心，符合灵台实际。”有关这个问题的来信中，有龙门乡一名职工要求停薪留职，解决贷款，兴办农牧场，立志开发山区。看了这封来信，我们认为这是一个很好的苗头，应积极支持他为山区建设开路，并责成有关部门考查论证，协调解决农贷2.6万元。经过一年的努力，他雇请民工承包弃耕地400多亩，种粮养畜，共产粮4500公斤，纯收入1.7万元，归还贷款6000元。今年，总收入可达到3.9万元，实现净利润2.7万元。从他的身上，周围群众看到了开发建设山区的光明前景。目前，开发南部山区已引起省、地的重视。全县已有266户外乡人在南部山区扯吊庄，加上当地群众增种，已初步开发利用弃耕地3.2万亩，为进一步搞好综合开发打下了基础。

三、信访工作必须为经济建设服务。要保证经济建设持续、稳定、协调地发展并非易事，但只要随时注意倾听群众呼声，及时解决出现的困难和问题，行使正确的指导，也是可以办到的。例如，全县十年来造林绿化事业发展较快，林木普遍成材，随之而来的是乱砍滥伐有所抬头，到一九八八年底有成风之势，群众纷纷来信反映，有的还责问我们管不管林木，灵台今后还要不要绿化。对此，我们多次研究，制定措施，直至县人大作出相应决议，政府制定护林布告，严格采伐审批制度，加强林业派出所力量，层层建立林木管护军令状等经济、行政、法律三个手段并用，到一九九〇年五月全县基本制止了乱砍滥伐歪风的蔓延，避免了林业生产上的重大失误。再如，农村实行联产承包责任制带来了生产力的大解放，但近年来也出现一些亟待解决的新问题，基层组织和群众对一些人不兑现承包合同，对土地掠夺经营、集体财务管理混乱，“统”的功能弱化，产前、产中、产后服务跟不上，计划生育政策不落实，土地管理不严，一些农转非户不交承包地等意见很大，反映此类问题的上访人员和信件逐年增多。从去年后季开始，我们在调查研究和试点的基础上，组织专门力量，集中四个多月时间，在全县普遍开展了土地有偿承包，解决了农村长期积累的主要问题，消除了主要矛盾，理顺了群众情绪，使今年的农业生产出现了新的发展势头。

四、信访工作要与思想政治工作结合。信访工作在很大程度上是做人的工作，要搞好就必须伴随耐心细致的思想政治工作，即帮助群众解决实际问题，又宣传党的路线、方针和政策。为达到这个要求，我们从去年开始建立了回复制度，对来信来访者提出的问题无论能否解决，都以口头或复函形式，按政策给予答复，做到了事事有交代，件件有着落。这样，既宣传了党的政策，又避免了大量的重信重访。去年，在县乡领导班子换届期间，部分乡镇干部给县上领导写信，有的还多次找我们要求调动工作。从这些同志提出的要求来看，有些确有实际困难，但一个倾向性的问题是山区想往塬区调，基层想回县城来。面对问题，我们常委一班人首先统一思想，以大局为重，从工作出发，坚持原则，不随便开“口子”，并明确宣布：换届期间各级领导班子都要保持相对稳定，不作大的变动，要求各级干部尽职尽责，把主要精力放在党和人民的事业上，不能因换届影响工作。同时，县委分管组织工作的领导带领组织人事部门的负责同志逐乡逐人促膝谈心，征求意见，开导疏通，解决困难，做细致的思想政治工作。对能干而不愿干的多鼓励，对确有困难或不胜任工作的提出调整意见。县委、人大、政府、政协、人武部五大家主要领导也都主动出面做工作，从而沟通了思想，稳定了工作情绪。由于我们把思想工作做在了前面，整个换届中不仅没有引起波动，而且促进了各项工作的健康发展。

五、信访工作要与加强廉政建设结合。群众来信来访是各级干部能否廉洁奉公、勤政为民的“检查站”，是廉政建设和党风建设的“晴雨表”。我县的实际情况说明，这两年群众来信反映最强烈、意见最多的几类问题中，招工转干的占5.8%，公房分配占6.37%，农用紧缺物资供应占23.3%，宅基地批划占5.39%，农转非户口批报占8.33%，干部职工超生方面的占6.37%，以权谋私以及请吃请喝、收礼的占18.13%，其他占26.31%。据此，我们提出了防范于前、惩戒在后的原则，一方面健全和制定各项制度和保持廉洁的具体规定，防止和遏制了不正之风的滋生和蔓延，一方面把群众反映的问题作为廉政建设的重点，凡基本有事实的一律调查核实，依据情节严肃处理，一九八七年七月夏粮入库前，部分群众反映所在乡政府、粮管所的干部职工侵占群众利益，用返销粮指标顶了自家的订购任务。经调查发现，问题不仅属实，而且带有普遍性。为了刹住歪风，严肃纪律，我们责成有关部门组织联合调查组，用半月时间，查出全县8个乡镇、7个粮管所的64名党员、干部和职工以权侵占返销粮3.5万多斤，有54人经过批评教育主动退回了返销粮，对4名党员干部和6名职工除责令其退回粮食外，还分别给予了党纪、政纪处分，这一问题的及时查处不仅教育鼓舞了群众，而且挽救了一批干部。一九八八年后季招工中，不少来信反映一些报考人员有的找人替考，有的不符合条件单位出具假证明等，根据群众反映的情况，我们采取招考条件、考试成绩、初选及录取名单全部公开，“三榜定案”的办法，检举出了不符合条件的报考者9名，取消了报考资格，并处理了责任者，对类似这些问题的查处，进一步增强了党政机关决策办事的透明度，有效地促进了廉政建设。

六、信访工作要与改进工作结合。人民群众来信来访从某种意义上讲，体现了他们对我们党和政府的信任。对群众反映的问题是闭目塞听，束之高阁，还是畅开言路，真做实干，确实事关人向背。去年八月份，县委、县政府同时收到一封署名“小民”的来信，反映临近秋播化肥没有着落，并埋怨说：“国家要粮理直气壮，为农供肥吝啬迟缓。”当时化肥正在调运之中，我们一方面通过广播向群众反复解释，一方面召开专门会议研究，决定由一名县长负责专抓这项工作，加快了化肥调供速度。到小麦播种前，全县粮油挂钩化肥全部兑现，保证了农民秋播急需。事后，我们跟踪访问了来信人所在乡村供肥情况，群众对政府及时调供化肥，保证了适时下种表示满意。我来灵台四年，每年经手的人民来信来访大约二百件以上，其指责严厉、措辞尖刻的有两件。第一封是某高校灵台籍学生写来的，他批评我们县城卫生差，市容乱，车站附近没有食堂和厕所，利民便民服务工作跟不上。他说：我作为一个灵台人对这种状况感到脸红，你们为什么不下决心往好里搞呢？信一针见血地指出我们有许多工作落于人后，甚至许多落后的方面没有被认识到。我看了这封信后深感不安，立即加按语推荐印发县直各单位各部门，并召集有关部门现场办公，逐条解决信中指出的问题。嗣后，县直机关利用节假日及时组织干部义务拉砂，垫平了环城公路，给车站附近新建了食堂、厕所，增设了食品医药摊店，改变了县城脏、乱、差的面貌，方便了旅客群众。时隔半年后，当这位学生得知我不仅向各级组织和广大干部推荐了这封信，而且县城面貌改变，亲自登门致谢。第二封信是一九八八年十二月，本县民革成员梁原乡中学教师周某同志写来的，对诸如出售公房、均衡干部住房，加强土地管理，强化税收征管，压缩非生产性开支等，提出了自己的意见和建议，不仅切中了要害，而且反映了群众的共同呼声。对这些问题经过一段调查考虑之后，我便复信致谢，并批转有关部门认真研究，提出了具体的改进办法，至去年信中反映的问题不同程度得到了解决。通过解决这些实际问题，广大干部群众看到了我们倾听群众意见，为民办事的诚心，就更乐意向我们说心里话。过去这种挖苦讽刺、提无理要求的来信来访大大减少；坦诚、真挚的反映问题，提意见建议的逐年增多。与此同时，各级组织和广大干部的威信开始提高，全县上下令行禁止，互相理解，团结共事的气氛更加浓厚。

（作者：李铁成，原中共灵台县委书记。该文系1992年10月份全省信访工作会议经验交流材料。）

立足稳定抓信访　抓好信访促经济

中共灵台县委　灵台县人民政府

（一九九八年九月七日）

党的十三届六中全会以后，特别是近年来，我们紧紧围绕“改革、发展、稳定”这一主题，在集中精力抓好经济建设的同时，始终坚持把信访工作作为维护社会稳定，密切党群、干群关系，促进全县经济发展的大事，不断加强领导，改进作风，强化责任，夯实基础，加大力度，狠抓落实，取得了明显成效。目前，全县信访工作初步形成了网络制度健全、上下渠道畅通、运作程序规范、层层齐抓共管的良好局面。

近五年，全县共受理群众来信来访18960件（次）其中县信访室受理491件（次），立案113件，来信来访领导阅批率、一次结服率、立案案件结案率、信访老户终止率、各种案件按期办结率均达到100%。同1990件相比，全县信访总量下降了55.4%，重信重访下降了50%，越级上访下降了28.6%，无理上访下降了64.8%，无来信来访的乡镇上升了12.6%，建设性来信来访上升了12.9%。全县连续九年无赴京、赴省、赴地集体上访，先后多次被省、地评为信访工作先进集体，县信访室主任王仁贵同志1995年被中办、国办树立为全国信访系统先进工作者，1996年被地委、行署和县委、县政府分别授予全区、全县“十佳文明公仆”，1997年又被省政府树立为全省“十佳公务员”。信访工作的加强，进一步密切了党群干群关系，维护了全县社会政治稳定，保证和促进了改革开放和经济建设的顺利进行。我们的主要做法是“六抓六促六到位”。

一、抓领导，促工作职责到位

实践使我们深刻地认识到，抓任何工作，干任何事情，能否真正取得实效，关键在认识，在领导，在领导职责是否到位。特别是作为被人们普遍认为最费神、最难搞、处于党群干群矛盾尖锐点上的基层信访工作更是如此。对此，历届县委、县政府始终坚持“信访工作无小事”的信条，树立了“抓经济不抓稳定不行，抓稳定不抓信访工作不行”的思想，把信访工作作为倾听群众呼声、为民排忧解难、了解社情民意、接受群众监督、密切党群干群关系、实现对经济工作有效领导的重要信息渠道和工作手段，列入各级党委、政府的重要议事日程和各级领导的职责范围，坚持领导抓、抓领导，促落实，求实效，推动全县信访工作不断上台阶、上水平。

一是明确了工作思路。为了使全县信访工作更好地适应改革、发展和稳定的大局，在两个文明建设中发挥更为有效的作用，我们在调查研究的基础上，结合县情实际，总结提出：信访工作必须坚持群众观点，必须与思想政治工作结合，与加强党风廉政建设结合，与改进工作方法结合，必须为维护稳定服务，为民主决策服务，为经济建设服务，即必须做到“一个坚持，三个结合、三个服务”，从而使全县上下抓信访工作的思路进一步清晰。

二是纳入了全县重点工作计划。从1990年起，历届县委、县政府都坚持把信访工作放在与经济工作同等重要的位置，每年都要纳入全县整体工作计划，真正做到了与经济工作同部署、同安排、同研究、同检查、同考核。今年在制定全县“98”计划、《党建工作手册》和党建工作计划表时，共列入重点和突破性信访工作六项，常规性工作二十四项，并且项项有目标，有要求。年初召开的三干会、党代会和政治工作会都有信访工作内容。

三是全面落实了领导责任制。要求信访工作由各级、各部门、各单位一把手负总责、亲自抓，分管领导具体抓，其他领导配合抓，并把信访工作的好坏作为考核各级、各部门领导干部政绩的重要内容之一，逐级签订了责任书，实行目标管理，使全县信访工作级级有人抓，层层有人管，形成了一级对一级负责，上下齐抓共管的局面。

四是建立健全了检查考核机制。县上坚持每年召开一次全县信访工作会议，结合工作总结和部署安排，考核兑现责任书。对责任书完成好、考核优秀和良好的乡镇班子进行奖励，对责任书完成较差、考核达不到目标要求的乡镇和部门通报批评或出示黄牌警告；每半年开展一次全县信访工作大检查，督促指导并通报评比信访工作落实情况；每季度召开一次信访工作领导小组会，对群众来信来访进行综合分析，研究解决一些相互扯皮的老大难问题。

五是建立并坚持了领导批阅来信、接待来访、亲自处理信访案件制度。县上坚持把每月的初一、十一、二十一定为群众来信来访接待日，由县委常委和政府各县长轮流值班，亲自接待群众来信来访，进行现场办公，解决反映的具体问题。五年来，仅县委、县政府领导接待和受理来信来访442件（次），其中县委书记、县长亲自受理354件（次）。历任县委书记李铁成、陈全福、何兴荣同志都十分重视信访工作。现任书记张立新同志对信访工作更是高看一层，来灵台仅两年时间，就亲自受理来信来访126件（次），凡群众写给他的信，他都及时做出详细认真的批示，并经常过问，协调处理解决一些具体问题。对落实难度较大的问题，及时召开有关会议研究协调，当场拍板定案，并责成有关部门，限期落实，回复结果。对一些关系群众生产生活的重大问题，常常亲自出马，下访实情，慎重解决。县长杨成堂同志对信访工作更是常抓不懈，来灵台不到一年时间，就受理群众来信来访43件（次），并通过信访渠道为群众解决了一些危难，办了一些实事。在书记、县长的带动下，县委、县政府分管领导坚持以身作则，发挥表率作用，抓信访工作做到了“五个亲自”：即牵涉面大的问题，亲自处理；顶拖不办的问题，亲自处理；疑难问题，亲自处理；影响大的问题，亲自处理；资金困难的问题，亲自处理。与此同时，各乡镇、各部门也都建立了“一把手”亲自抓信访、班子定期研究信访工作的制度，主要领导及分管领导坚持经常深入基层、深入实际，了解社情民意，倾听群众呼声，协调解决各类矛盾和问题，把不稳定因素消灭在萌芽状态，把矛盾化解在基层。

二、抓法制，促依法治访到位

为了正确引导群众依法依规反映问题，提供建议，教育干部正确受理群众来信来访，我们以落实《信访条例》为重点，突出抓了依法治访工作。

一是加强对《信访条例》等信访法规的宣传学习，提高干部群众依法上访、依法受访的自觉性。全国《信访条例》颁布实施以后，我们及时翻印2000册，发到各乡村和部门，并印刷张贴《甘肃省人民群众逐级上访暂行办法》《平凉地区人民群众逐级上访接待处理实施细则》各2000多张。同时，录制信访专题片6盘，在县广播电台、电视台进行反复宣传，引导群众正确行使自己的民主权利。各乡镇、各部门也充分利用一切宣传阵地和宣传媒介，组织开展了各种形式的专题宣传。共发放宣传材料2801份，张贴大小标语1357条，广播宣讲201次，办板报96期，专栏184期，集日现场咨询180场（次）。经过广泛宣传教育，广大群众的信访法制意识明显增强，依照《条例》履行义务和维护自身合法权益的自觉性不断提高，遇事找法、逐级反映已逐渐成为群众的自觉行动。各级领导干部和信访部门依法处理信访问题的水平也有了很大提高。

二是积极探索依法治访工作的新途径。为了使信访工作和法制工作紧密结合，提高依法治访水平。我们要求，凡设法律事务所的乡镇，信访室与法律事务所合署办公，没有法律事务所的乡镇，由信访、组织、司法、民政、土管、计生、青年、妇女干事组成联合办公室，依法处理信访问题。从而保证了信访工作在基层合规合法地开展。

三是抓典型，促落实。根据《条例》的贯彻情况，及时总结推广了邵寨乡依法治访的先进典型经验，下发了《邵寨乡群众逐级上访试点经验》材料，要求各乡镇学习借鉴。对造成越级上访的乡镇和单位，及时通报批评，并采取下发《越级上访通知单》的办法，限期处理并上报结果。同时完善和修订了一系列规范信访程序的规章制度，要求并坚持级级填写《群众逐级上访处理意见卡》，推动依法治访工作顺利开展。随着依法治访工作的加强，全县各级信访渠道更加畅通，出现了“三无四降两上升”的良好局面。全县目前无上访老户，无积案，无集体访地访省；与1990年相比，信访总量下降，重信重访下降，越级上访下降，要求解决个人问题的来信来访下降；从全局利益出发出主意、想办法、提建议的来信来访上升，案件办结率上升。涌现了“四无”乡镇13个，行政村196个，县直部门62个，科级事业单位9个，分别占总数的81%、86%、96.8%和80%。

三、抓基层，促基础工作到位

基层是信访问题的矛盾集中点，也是信访工作第一道防线。因此，我们始终把工作的着力点放在基层，以网络建设为突破口，狠抓各项基础工作，从而保证了全县信访工作“小事不出村，一般事不出乡，大事不出县”。

首先，建立健全了信访网络，形成层层有人抓的工作格局。全县16个乡镇全部成立了信访工作领导小组，下设信访办公室。县委发文任命了信访办公室主任，组织部、劳动人事局通知了信访干事；对227个村的信访民调委员会每年进行一次调整、充实和整顿，1456个合作社，社社确定了信调员；县直部门成立信访领导小组64个，确定分管领导64名，兼职信访干部58名；部分企事业单位也调整充实了信访组织。实现了领导、机构、人员、制度、工作、信息“六落实”，形成了以县委、县政府信访办为中心，上接地区，下连乡村，横联部门、企事业单位，相互联系，上下贯通，反应迅速的信访工作网络。

其次，完善规章制度，规范信访工作程序。针对长期以来群众上访的“无序性”、基层信访工作的“不定性”、处理信访问题的“随意性”和领导认识的“起伏性”，我们结合贯彻《信访条例》，通过探索和总结，共制定了三方面十三项工作制度，即：《信访工作制度》《信访工作任务》《群众逐级上访制度》《信访工作例会制度》《领导包干承办信访制度》《分管领导及信访领导小组成员职责》《信访干部职责》《信访档案专项记载管理制度》《村规民约》《信访调解委员会工作规则》《信访民调工作任务》《村民逐级上访制度》《灵台县基层信访工作暂行办法》。各乡村党政组织还结合本地实际制定了相应的信访规则，做到了督促有依据，考核有尺度，检查有指标，评比有标准。

第三，强化培训，努力提高信访工作人员的业务素质。一是“借台唱戏”。每年利用全县举办的党务、纪检、文秘人员学习班，对乡镇党委副书记和文书讲解信访知识、接待办法和处理来信来访案件程序等。二是以会代训。利用县、乡党校举办农村党员干部培训班和召开其他会议之机，举办信访工作基础知识讲座。三是通过信访部门检查督促、巡回指导办案的办法，帮助提高基层信访干部的办案能力。四是定期不定期地召开信访干部会议，组织学习文件，传达会议精神，总结交流经验。全县各级仅去年一年，就举办各类信访、调解、治保培训班286场(次)，参与培训人员过13156名，从而使全县信访干部整体素质有了较大提高，有力地推动了全县信访工作的健康发展。

四、抓案件，促查处落实到位

我们始终坚持把认真查处各类信访案件和协调处理好每一个信访问题作为密切党群干群关系，树立党和政府在群众中良好形象的关键措施和信访工作的核心任务来抓。近五年时间共受理群众各类来信来访491件（次），协调查处率达到了67%以上，连续多年在全区处于较好位次。

一是高度重视，认真对待并协调查处每一个信访问题。对群众的来信来访，不论是大事还是小事，是公事还是私事，是合理的还是不合理的，我们都要求信访部门详细登记，认真查办，当时能够答复的，决不推到第二天，一时解决不了的，限时给予答复，并及时通报结果。对领导批办的信访案件，普遍实行回复制度。尤其是对群众反映的生产生活问题，只要要求合理，都要想方设法，及时圆满落实，使群众感到满意。不合理的，也要说明原因。对枉状告人的，及时批评教育，维护了信访工作的公正性和严肃性。做到了有信必查，来访必接，事事有结果，件件有着落。

二是突出难点，妥善解决老上访户问题。老上访户所反映的问题一般都比较棘手，好多问题都是久拖难决和决而难果，尽管数量不多，但影响较大，只有把这些问题查办好，才能从根本上减少重复上访和越级上访。为此，我们对全县信访老户进行了调查摸底，根据问题难易程度，逐一排队，采取召开有县委、县政府领导亲自参与的各种联席会、协调会和与上访户个别谈话等办法，坚持感情投入、思想教育与解决问题相结合，一户一户地“啃硬骨头”，打“攻坚战”，灵活变通，妥善处理。经过上上下下的不懈努力，最终使梁某某、王某等八个上访难缠户的问题全部得到解决，八个人全部停诉息访。

三是超前工作，及时化解集体上访。一方面，充分发挥基层信访网络的监控作用，对群众集体上访的苗头性问题，坚持早发现，早分析，做到人动我知，超前防范，把矛盾消除化解在萌芽状态。另一方面，对已经发生的群众集体上访，由领导亲自出面，作解释，做思想政治工作，稳定情绪，并当场召开会议研究，果断处理，做到领导到场、政策到位、工作到家，把问题解决在基层，把上访群众稳定在当地，防止事态扩大和越级上访。1995年4月，县石沟煤矿因矿井1125水平以下的资源枯竭，服务年限到位，而创办的后续项目又无着落，下马工期将近，职工担心企业下马后就业安置问题落实不好，怕找不到生活出路，人心很不稳定，部分职工情绪激动，想法偏激，选派代表来县上访，并缠闹矿长，要求立即解决返乡费、医疗费、伤残人员安置费偏低等问题，一起集体上访发生在即。县上获得此情后，立即组织四大家领导深入矿区，调查了解，做政治思想工作，并及时召开了联席会议，依据有关政策规定，很快拿出了处理意见：由石沟煤矿筹资96.6万元，解决236名职工待遇偏低等问题。从而使这一起苗头性集体上访问题及时得到化解，维护了正常的撤矿秩序。这一问题的解决使我们进一步认识到，解决群众集体上访必须胆大心细，心诚意切，既要相信群众，理解群众，又要按政策规定行事，依据具体事实灵活处理，只有这样，才能减少集体上访。

四是关心群众疾苦，倾听群众呼声，认真解决事关群众切身利益的具体困难和问题。自1996年以来，全县通过信访渠道共为群众解决具体困难186件，协调落实各种资金达26万元；解决处理群众反映的重大“热点”问题89个。1997年，中台、梁原两乡镇部分回族群众写信反映回民地区有关经济发展、科技教育、支柱产业等方面的问题，我们及时调查研究，并以县委名义制定下发了《关于鼓励支持少数民族地区发展经济的若干政策规定》，对推动少数民族地区经济发展起到了较好的作用。

五、抓保障，促投入支持到位

信访部门是县委、县政府抓全县信访工作的职能部门，信访工作听人诉苦，替人挨骂，虽然劳神费力，但关系重大；信访干部为群众解难，为领导分忧，工作光荣而艰苦。因此，县委、县政府对信访部门和信访干部总是高看一眼，厚爱一分。除在工作上支持、政治上培养、生活上关心外，在县财政十分困难的情况下，突出加强了投入上的支持，为信访部门创造了较为宽松的工作环境，使信访部门的同志有职、有权、有钱，较好地保证了信访工作的顺利开展。近年来，我们先后给县信访室安装了程控电话；划拨专款3万元，维修了办公设施，批准创办了《灵台信访工作简报》；落实了工作人员每月40元岗位津贴；解决信访宣传经费15000元。凡信访室用车，“两办”都及时给予落实。同时，县委、县政府还授予信访室交办权、督办权、协调权、通报权、追究责任提名权等十一项职权。为了提高信访部门的工作效能，在信访干部的选配方面，我们坚持从严要求，坚持标准，认真培养筛选。明确要求，信访干部既要年富力强，又要有较高的政策水平、较高的文化素质、较强的工作责任心，较丰富的群众工作经验。按以上要求为信访部门选配了一名副主任、一名副科级信访员和一名文书。现有的四名工作人员，大专和高中文化程度的各2名，30岁以下的2名，50岁以下的2名，文化程度和年龄结构基本合理，从而使信访办的力量得到了进一步加强，有力地促进了全县信访工作顺利开展。

六、抓信息，促服务功能到位

向领导及领导机关提供高质量的信访信息服务是新形势和任务向信访工作提出的新要求。对此，我们十分重视，中办、国办、信访局《信访信息工作暂行办法》下发后，县委、县政府及时把信息纳入了信访工作责任考核范围，并由县委、县政府信访办负责，建立了县乡信访信息网络，制定了信访信息逐级报告、联系、通报、保密、检查制度，全县共建立乡镇信访信息联系点16个，县直部门信访信息联系点32个，聘任专兼职信息员48名，从而保证了信访信息工作的正常运转。自信息工作开展以来，全县各级通过信息渠道向县委和县政府提供了大量反映信访重点、难点、热点问题和群众意见、建议、要求的信息，为领导了解情况、科学决策和指导工作提供了较好的服务。1996年以来，全县共搜集整理编发信访信息256条，其中地、县采用178条，上报量和采用率均在全区处于较好位次。县信访室精心筛选加工编印《灵台信访简报》《信访情况反映》86期，精选呈阅要信摘登296件，综合分析28篇，专题报告76篇，实现了数量和质量的双增长。对群众反映上来的好建议、好做法、好经验，县委、县政府总是虚心听取，合理地积极采纳推广。一名“整村推进”干部从基层一线就乡镇烤烟生产、经销向县委、县政府写信提了几点建议。县委、县政府主要领导非常重视，及时带领有关部门负责人深入12个乡镇24个村600多个农户进行现场查访座谈，实地勘查分析论证，最后研究制定了四条种植及管理措施，以《灵台工作简报》印发各乡镇，推动了全县烤烟生产的健康发展。一名民主人士给县委主要领导来信，就土地管理、增收节支、计划生育、住房改革诸方面的问题提了一些建设性的意见，县委领导及时会同有关部门交换了意见，对合理性建议责成有关部门限期落实。民主人士见自己的建议发挥了效应，感慨地说“共产党和民主党派真诚相见，肝胆相照，国将大兴也”。县委、县政府对信访信息的重视，激发了群众进言献策的积极性，群众更乐意说心里话，昔日来信来访中枉状告人、无理要求者减少了50%，建设性的意见增长了40%。

（作者：杨成堂，原灵台县人民政府县长。本文系1998年9月“全省基层信访工作会议”典型经验交流材料。）

做好新时期群众工作的探索与体会

刘　凯

近年来，在市委、市政府的正确领导和市信访局的精心指导下，我县把信访工作摆在突出重要的位置，立足于事要解决，认真落实属地管理、分级负责的要求和领导包案、带案下访等一系列行之有效的制度措施，促进了全县信访形势持续稳定。特别是基于对新时期网络问政规律的认识，坚持把门户网站群众留言这一送上门的群众工作作为创新社会管理、维护社会和谐稳定的有力抓手，靠实责任，健全机制，强化督办，务求实效，及时有效解决了一批事关群众切利益的突出问题，得到广大人民群众的普遍认同和好评。我们的主要做法是：

一、畅通表达渠道，推行“一站式”办理。2011年灵台门户网站改版升级时，在首页醒目位置创建了“政民互动”版块，细化设置了“书记信箱”“县长信箱”以及乡镇、部门信箱，做到了网络信箱“全覆盖”。对书记、县长信箱留言，依据留言性质和内容，经主要领导批示后，及时转有关乡镇和部门办理；对乡镇和部门信箱留言，明确要求主要负责同志亲自查阅、亲自办理、亲自回复，“一站式”服务。县信息办依据《灵台县网民留言办理办法》，按天对网站后台各类信箱留言进行清理转办，县委办、政府办按月进行通报，有效防止了留而不办、推诿扯皮等现象发生，充分体现了行政首问责任制的要求和常规信访工作属地管理、分级负责的原则，避免了群众网上跑冤枉路。近三年，全县累计受理群众留言2119件，占全县信访总数的五成以上，其中书记、县长信箱1128件，共办结回复2006件，办结率94.7%。

二、立足事要解决，落实“四不放过”要求。把事要解决作为办理群众留言的根本出发点，坚持有问必答、有求必应，严格过程管理，严把办理质量，切实做到了四不放过，即群众反映的问题调查事实不清楚的不放过、证据不足的不放过、处理意见不落实的不放过、群众对反馈意见有异议的不放过。具体工作中，对于留言反映事项单一、责任明确的，由相关乡镇和部门主动认领、一包到底；对于情况复杂、需多家单位联合办理的事项，建立牵头承办制度，分工协作抓好落实；对于一些情况复杂、办理难度大的事项，由县委、县政府领导牵头办理。特别是县委、县政府主要领导对留言办理工作高度重视，亲自批办、亲自审查或起草回复意见，确保了群众反映的问题事事有结果、件件有着落，有效提升了留言平台的公信力。前一阶段，我们组织对近三年群众留言的规律作了研究分析，总体呈正抛物线状分布。究其原因，平台创建之初，群众不了解、不认识，留言数量较少；一段时间下来，群众看到通过留言可以解决问题，逐渐接受和认可了这一平台，一些即时发生特别是久拖不决的问题集中反映，留言数量剧增；随着网民反映各类问题的有效解决，留言数量开始稳定下降。这一点，也与近几年信访发生规律相吻合，像今年上半年，来县到市集体访和赴省进京非正常访同比分别下降了14%和42.8%，信访形势呈现出“三下降一好转”的良好态势。

三、规范办理流程，健全三项制度。着眼于提升留言办理工作实效，从关键环节入手，有针对性地健全完善了三项制度机制，即：规范化的管理机制。早在2012年，我们就制定出台了《灵台县网民留言办理办法》，今年5月份全市网民留言办理工作会议之后，依据市上要求，我们及时对办法作了修订，明确了留言收集、整理、呈批、交办、督办、复核、回复等环节工作流程和具体要求，并完善了限时办结、台账管理、逐级反馈、检查通报等制度，促使留言办理工作走上了制度化、规范化轨道。常态化的督办机制。县上将群众留言办理纳入党委目标责任书和综合经济责任目标考核范畴，并加大考核权重；县委办、政府办坚持做到重点工作督查必有群众留言办理内容，不定期选取部分有代表性的留言作现场督办，并建立了定期通报制度，有力地促进了工作落实。公开化的监督机制。牢固树立直面问题的勇气，除个别涉及个人隐私的留言外，其余群众留言办理结果及网民评论全部公开发布，自觉接受社会监督评判；县电视台《十分关注》栏目围绕群众关注度高、具有典型性和代表性的部分留言选题，制作播放专题片3期，既推动了留言反映问题的有效解决，又鞭策和促进了各项工作。

三年多时间的探索与实践，我们深深地感到，办理群众留言不仅是化解矛盾纠纷、维护社会和谐稳定的现实需要，而且通过网络媒体的放大效应，也改变了“点对点”的传统信访工作模式，在教育引导群众、发现社会生活热点、疏导公众情绪、宣传普及政策、密切党群干群关系方面发挥着重要作用。可以说，办理群众留言不仅是信访工作的有效手段，也为做好新时期群众工作提供了有益探索。

—— 办理群众留言有利于教育引导群众，吸纳发展建议，更好地促进经济建设。拿苹果产业发展来说，由于宣传引导不到位、资金和技术投入跟不上，加上之前“三起三落”的教训，一直以来，有不少群众通过网络留言对发展果产业提出质疑。结合外出考察、下乡调研和思考，县上主要领导亲自撰写了一篇4000多字的回复意见，着重就发展果产业的优势条件、市场前景、对比效益等进行分析说理，在群众中引起强烈反响，成功地把讨论热点由“该不该发展”引导到“怎么样发展”上来，大家纷纷留言或者跟帖对果产业发展出谋划策。我们遵循从群众中来、到群众中去的根本工作方法，及时制定实施了资金投入、技术队伍建设、挂果前农民增收等保障措施，对促进果产业健康发展起到了积极作用。我们深深地体会到，办理群众留言，就是要让群众对政府工作发言，把群众声音贯穿到工作落实的全过程，推动形成谋划发展思路向人民群众问计、查找发展中的问题听人民群众意见、改进发展措施向人民群众请教、落实发展任务靠人民群众努力、衡量发展成效由人民群众评判的好风气。

——办理群众留言有利于发现社会生活热点，着力保障和改善民生。临时代课教师问题时间跨度长、牵扯人数多、解决难度大，备受社会各界关注，也是留言平台上的热点话题。2011—2013年间，此类留言多达37条。针对这一问题，我们先后两次为临时代课教师提高工资标准，并在深入调研、广泛听取代课教师意见的基础上，从增加工资、招考录用、退职退养、养老保险等方面入手，制定出台了“一揽子”解决方案，得到了临时代课教师群体以及社会各界的欢迎和认同。我们深深地体会到，办理群众留言，可以通过零距离、无障碍的方式，进一步畅通群众诉求表达渠道，有效探寻和发现社会生活热点，把保障和改善民生的各项工作做得更实、办得更好。

——办理群众留言有利于疏导公共情绪，正确引导社会舆论。去年12月4日，一辆载有5人的外省籍小轿车因车速过快坠入达溪河中，接到群众电话报警后，县上主要领导、分管领导第一时间赶赴现场指挥抢险救援，但虽经全力施救，5名乘员均因落水时间过长，抢救无效而死亡。事后，在一些别有用心的人指使下，死者家属多次赴县政府缠访闹访，特别是死者一位远在北京的侄子置客观事实于不顾，在县长信箱留言，对政府的施救行动横加指责，在社会上造成了不良影响。对此，我们迅速在网上作出回应，客观还原了接警处警、应急救援、医疗救治、善后处理等情况，给广大人民群众交了底，接受社会舆论评判。这份留言当时点击高达8231次，跟帖69条，是县长信箱最“热”的。在主动作为、积极回应之下，广大群众对事情的起因、经过、结果以及谁是谁非有了全面了解和准确判断，纷纷表示，政府在事故处理上组织有序、措施得力，是尽职尽责的，这成功化解了一起网络危机，就连留言者本人也留言致歉。我们深深地体会到，办理群众留言，通过官方媒体发出主流声音，可以有效破除网络传播中的“偏激共振”和“谣言法则”，以更加及时的回应群众关切，正确引导社会舆论。

——办理群众留言有利于将政策宣传普及引向深入，最大限度凝聚民心民力。这些年，党的“三农”政策力度不断加大、种类不断增多，咨询惠农政策实施的范围、程序、条件等事项的群众留言不在少数。对于这些留言，我们也通过查阅政策条文、咨询主管部门等方式一一作出回复。正是由于群众的留言事事有结果、件件有着落，大家普遍认为，群众留言平台值得信赖。我们深深地体会到，办理群众留言，事实就是一个联系群众、宣传群众、组织群众、服务群众、团结群众的过程，可以进一步增进群众感情，凝聚民心民力，密切党群干群关系，最大限度地为中心工作凝聚力量。

虽然我们在畅通信访渠道、办理群众留言方面做了一些初步的探索和实践，促使全县信访工作取得了一定成效，但与市委、市政府的要求相比，与兄弟县区的经验做法相比，与人民群众的期盼和愿望相比，还存在一些留言办理质量不高、办理时效性不强等问题。下一步工作中，我们将以这次现场观摩会议为契机，认真学习领会市上领导的重要讲话精神，虚心借鉴兄弟县区的好经验、好做法，进一步加强组织领导，创新方式方法，再加落实力度，再鼓工作干劲，着力推动群众留言办理工作再上新台阶，努力为全县经济社会转型跨越、科学发展提供更加稳定和谐的社会环境。

（作者：刘凯，时任中共灵台县委副书记、灵台县人民政府县长。该文系2014年8月全市信访形势通报会暨庄浪现场观摩会议上经验交流材料，先后被《甘肃信访》《人民信访》选登。）

坚持“四抓”求突破　开创工作新局面

——灵台县信访工作创新发展侧记

牛国平

近年来，灵台县紧紧抓住中央、省、市加强新时期信访工作难得的政策机遇，坚持以群众工作为统揽，不断积极探索创新，全面加强了信访部门和信访干部队伍建设，在健全制度、强化队伍、经费保障、优化环境等方面取得了显著成效，开创了全县信访工作的新局面。

一、抓培养强素质，信访干部队伍建设迈出新步伐

人是事业发展的关键因素，建设一支素质优良、作风务实、勤奋肯干的信访干部队伍是做好信访工作的关键。近年来，灵台县坚持把信访干部队伍建设作为做好新形势下的信访工作的关键措施，常抓不懈，取得了显著成效。一是加强充实县信访局的干部队伍建设。针对近年来全县改革发展中新情况新问题的不断增多，信访任务越来越繁重的实际，县委、县政

府着眼长远，立足当前，多渠道为信访部门增加人员编制，调配工作人员。新增编制4名，编制人数由以前的6名现达到了10名，局机关先后通过公开招考调入有基层工作经历的信访干部4名，从“三支一扶”的高校毕业生中选调了2名优秀大学生到信访部门锻炼。目前，县信访局工作人员已由前三年的6人增加至现在的12人。信访干部队伍的加强，为做好新时期信访工作提供了可靠的组织保障和力量支持。二是推行“双向交流”，全面锻造信访干部综合能力。县上每年通过公开招考的方式，选拔了有基层工作经历的优秀干部到信访部门工作，提拔了优秀信访干部到乡镇、部门担任领导职务。近年来，先后给信访局选调干部6名，有5名信访干部选拔、推荐到乡镇、市直部门工作。选派了2名信访干部驻村开展“双联”工作，熟悉基层农村工作，进行群众工作锻炼。通过“双向交流”制度的实施，有力地打造了一支政治坚定、业务精通、作风优良的信访干部队伍。三是落实了相关政策待遇，积极激发了信访干部工作热情。面对信访工作面大量多，信访干部工作辛苦的现状，县委、县政府从各个方面体现对信访干部的关爱，优先落实相关政策待遇，在工作上大力支持，生活上关心照顾。每年组织信访干部到外地考察学习，开阔眼界，增长见识。组织信访干部集体体检、落实了信访干部年休假、加班补贴等政策；在每年的全县工作表彰大会上都有信访干部被表彰奖励，有效地调动激发了信访干部工作热情。

二、抓投入强基础，信访部门建设取得新发展

近年来，在县委、县政府的重视支持下，全面优化县信访局工作环境。一是加强了信访部门的硬件建设。在新建的行政中心为信访部门建设了信访接待大厅，落实了宽敞的办公地点，彻底解决了以往办公、接访混为一谈的杂乱局面，做到了

办公、接访各有场所，各司其职。二是狠抓了对信访部门的经费投入。县委、县政府对信访部门高看一眼，在财力紧张的情况下，克服困难，全力保障信访部门的工作经费。一方面提高了信访部门的人员经费，把信访部门和纪检、政法部门一样对待，人均公务费由原来的3000元提高到1.25万元；另一个方面足额列入专项经费，每年由县财政预算列支信访疑难专项资金23万元，劝返经费5万元，确保了信访工作正常运转和信访疑难问题的及时化解。通过以上措施，使县信访局的预算经费由原来的每年6万元提高到40多万元，彻底扭转了以往信访部门经费严重不足的局面，工作经费有了可靠的保障。三是配备必要的办公设备。为县信访局配备了工作用车、电脑、打印机、办公桌椅、书柜等设施，做到了人手一台电脑，一个办公室一台打印机，有效提高了工作效率。四是优化美化工作环境。给每个办公室购买了花卉，优化美化了办公环境，为信访干部提供了一个宽敞明亮、文明整洁的工作环境，为来访群众提供了一个温馨舒适的“来访之家”。

三、抓制度拓新路，工作机制创新实现了新跨越

创新是发展的不竭动力。近年来，灵台县在用群众工作统揽信访工作上做了积极的探索。一是修订完善了网上信访、领导干部接访下访、涉访群众性事件工作预案、矛盾纠纷排查调处、社会稳定风险评估机制、建立健全了基层信访网络和信访信息报送等10多项制度，进一步完善了工作机制，规范了信访工作，把用群众工作统揽信访工作具体化、制度化。二是进一步拓宽了群众利益表达渠道，在全县各级各部门推行了网上信访、QQ视频接访、信访代理、信访热线等便民措施，设立了各级一把手的“领导信箱”，向社会公开各级领导的办公电话和手机号码，开通了电话、网上信访的快车道，进一步拓宽了

群众利益诉求表达渠道。构建信、访、网、电“四位一体”信访工作平台，为群众反映问题，提出意见提供便利。三是推行“向人民承诺，请人民评议”活动，每年初由信访部门的主要负责人在县电视台向全县人民承诺信访事项办理情况，年终自觉接受“两代表一委员”和全县人民监督和评议。

四、抓宣传促规范，信访秩序有了新变化

灵台县坚持宣传引导与依法处置并重的指导原则。一是积极利用电视台、政务公开栏、法律进村社、进社区等方式，广泛开展《信访条例》等信访法规的宣传，教育引导广大群众以理性合法的方式，表达合理合规的利益诉求，大多数群众能够依法、逐级、有序进行信访活动。二是畅通和拓宽了信访渠道，建立健全了县乡村信访网络，为群众信访提供便利。三是依法处置违法行为，维护正常的信访秩序。对一些极个别执意缠访、闹访、违法人员坚持依法处置，有力地维护了正常的信访工作秩序和机关的工作秩序，信访秩序有了显著的变化。

（作者：牛国平，灵台县信访局局长。该文2013年7月被《甘肃省信访联席会议办公室简报》第8期选编。）

以有为创先争优　尽全力为民服务

——灵台县信访局党支部创先争优工作纪实

牛国平

在全国信访系统创先争优活动开展以来，按照上级信访部门的总体要求，灵台县信访局党支部及时安排部署，周密组织实施，力求在“创”字上做文章，“争”字上下功夫，“先”字上见行动，“优”字上求实效，取得了一定的成效。

一、加强组织领导，精心安排部署，在“创”字上做文章

一是县信访局党支部及时成立了“创先争优·能力建设活动”领导小组和工作机构，制定了实施意见和行事历，对创先争优活动进行了全面的动员部署，确保了活动有条不紊开展。二是在开展“创先争优”活动中，局党支部要求局全体干部职工要在全县整体工作中、县委机关各项活动中和本职工作中创一流业绩，取得一流成绩。三是在全县开展评选信访工作先进集体和先进个人活动，调动和激发基层党政组织、广大信访工作者干事创业的积极性和主动性，开创了县信访局在年度信访工作表彰奖励先进工作者的先河。四是局党支部及时向县委、县政府建议落实了信访干部岗位津贴，对全体干部职工进行了全面体检，把关心爱护信访干部落到了实处。

二、立足本职工作，紧扣信访业务，在“争”字上下功夫

一是加强基层基础工作，力争在排查化解上下功夫。局党支部指导完善了县、乡、村、社四级矛盾纠纷排查化解网络，专题安排对突出的一些重点领域、重点群体和热点难点问题进行排查，提高矛盾纠纷的排查化解质量和效果，使一大批矛盾纠纷得到了及时有效化解。二是突出领导干部接访，力争在信访积案化解上下功夫。局党支部紧紧抓住贯彻落实全省用群众工作统揽信访工作的难得机遇，建议县委、县政府研究下发了《关于进一步加强领导干部接访下访等有关工作的通知》，县委、县政府主要领导亲自接待信访群众，听取群众诉求，解决了一大批难案、积案，带动了县乡两级领导干部接访、下访群众，有力地推动了积案化解工作的顺利开展，取得了显著的成效。三是突出岗位练兵，力争在提高工作能力上下功夫。在局机关干部职工中开展活动竞赛、业务比赛、办案快赛、难案结赛和督办强赛等竞赛活动，使活动紧扣业务，紧扣本职，紧扣

信访工作，把创先争优活动融入县委机关各项活动中，融入到接待群众、办理案件、处理难案和案件督查督办等各项工作之中，把干部锻炼成为特别能吃苦，特别能奉献，特别能战斗的行家里手，全面提高了信访干部的“五种能力”。

三、创新工作方法，践行为民宗旨，在“先”字上见行动

一是在创先争优演讲活动中创先。按照局党支部的制定的实施意见，局机关开展了创先争优演讲活动，先后有7名选手参加全县的演讲比赛，并取得了比较好的成绩。二是在信访工作体制创新中创先。积极探索用群众工作统揽信访工作新途径，充分发挥各级各部门的职能作用，探索出率先在信访量大的乡镇整合综治、司法、调解、工青妇等工作力量，建立解决问题、化解矛盾的群众工作站，使大量的信访问题在基层及时受理、及时解决。三是在活化接访方式上创先。充分发挥现代化的视频设备，探索出通过QQ视频接访群众，降低信访成本，为老百姓提供方便，提高信访工作的质量和效率。四是在群众反映诉求的渠道创新中创先。充分发挥县长信箱、县长专线等“便民、快捷、高效”的优势，积极开展了“专线心贴心、服务面对面、解决线对线”活动，积极践行为民便民宗旨，全力解决群众急、难、险、重的信访诉求。

四、不断锐意进取，更加奋发有为，在“优”字上求实效

创建活动开展以来，灵台县信访工作呈现出勃勃生机，各级领导对信访工作的重视程度提高到一个崭新阶段，对信访部门的支持和信访干部的关心与日俱增。县信访局不负众望，以有为争有位，围绕中心，服务大局，做出了卓有成效的成绩。局党支部被县委机关党总支评为优秀党支部；在县委党委部门责任书考核、县政府部门责任书考核和全县维护社会稳定责任书考核中评为一等奖；局党支部书记被县委表彰为优秀党务工

作者；一名副局长被县直机关工委表彰为优秀共产党员；两名干部被县委机关总支评为年度先进工作者；有三名干部在县委机关14个部门中开展的辩论演讲比赛中名列前三名，获得三等奖；在市对县信访目标责任书考核中连续五年名列前茅；在信访问题处理和积案化解工作中成效显著，群众在县委大院燃放鞭炮，给信访局送来了“心系百姓”的锦旗，受到机关干部和广大群众的一致好评。今后，我们要不断锐意进取，继续发挥先进典型的示范带动作用，把学习全国全省全市的先进典型、信访系统的先进典型和全县的先进典型结合起来，进一步形成比学赶超的浓厚氛围，加快建设“工作一流、群众满意”的信访部门的步伐，不断在工作中出成绩、上水平，为党的十八大的胜利召开做出新的业绩！

［作者：牛国平，灵台县信访局局长。该文2012年12月被《全面推动科学发展观文集》（言实出版社）选登。］

从上访村到小康村的变迁

——记灵台县新集乡新集村

焦升武

新集村是灵台县南部山区纯山区村，全村4个生产合作社，85个农户，589口人，耕地面积6800亩。这里，高寒阴湿，土地瘠薄，交通不便，信息闭塞，人口体质普遍低下。就是这样一个条件相当艰苦的地方，1996年在广大干部群众齐心协力、苦干实干、奋力拼搏下，取得了工农业总产值170万元，粮食总产量134万斤，人均纯收入达到1050元，创造了历史最高水平，一年甩掉了贫困村的帽子，为向小康村迈进打下了坚实的基础。在取得这样巨大成绩的背后，还有一个凝聚着信访人员辛勤汗水的动人故事。

1995年8月，正当全县人民在战胜严重自然灾害，夺得夏粮丰收之后，积极交售农业税和定购任务之中，而新集乡新集村却因交售定购任务而发生了一起集体上访事件。其原因是：1984年6月26日和1984年8月14日，新集村和新集乡政府分别与百里林场第一工区（以后更名为灵台县国营新集林场）签订了内容基本相同的协议，商定以行政划拨的形式将新集村的东庄、西庄、北沟三个合作社的羊毛山、生地沟、羊家山、均家湾、兴隆山和黄家坪的2020亩土地划归百里林场第一工区使用，同时由百里林场第一工区承担全部公粮任务15150斤的代金。百里林场及更名后的新集林场均按年度交清了因使用新集村土地而承担的公粮代金任务。1995年因按照规定，公粮任务不但要交代金，而且还要交粮，如不交粮，就要找小麦收购价和市场价的差价。当年中等小麦的收购价是每斤0.49元，而市场小麦价上涨到每斤1.05元左右，这样小麦市场价和定购价就出现差价0.56元，15150斤公粮任务共计差价款8484元，对这个差价，新集乡政府要求新集村农户承担，新集村农户则以协议上并未规定他们应该承担这笔差价的条款，且他们未种地、不应当承担任何粮税任务，拒绝交纳。致使1995年的这项任务无法完成，通过村、社干部做工作，一部分群众勉强交纳了差价款，而另一部分群众坚决不交，而且同村社干部的矛盾越闹越大，个别人还采取过激行为，认为这是不合理负担，有30多户群众自愿筹款，选派5名代表到县集体上访，随时都有事态扩大的可能。

面对这样一个牵扯群众切身利益而且政策性很强的问题，县信访办的主要领导协同有关方面负责人，亲自前往新集乡新集村，和乡上领导一起给群众做工作，他们层层召开村、社干部会，党团员会、群众代表会、群众大会，采取走访群众讲政策和算账对比的方法，耐心细致地进行做工作，算了两笔账，一是“负担账”。七十年代，新集乡全乡每年要给国家贡献商品粮257万斤，人均贡献507斤，而1995年全乡定购任务才是39.1万斤，人均113斤，占人均产粮4021斤的2.8%，比全县人均产粮负担9.5%低70.6%。所以，贡献不是大了而是小了，群众负担不是重了而是轻了。二是“合理账”。1991年以前新集全乡负担农业税及定购任务115万斤；1991年以后，因该乡农转牧，县上将该乡75.9万斤定购任务分解到塬区8个乡镇群众负担，这本来都是不合理的，但塬区群众能从大局出发，没有任何怨言予以承担，表现出了高尚的共产主义风格。通过这两笔账的比算，群众彻底心服口服了，原来还准备继续上访的群众表示不再上访了，还诚恳地说：这几年，县上对我们山区群众各方面给予了照顾和支持，出台了很多优惠政策，我们再不完成应承担的定购任务，就对不起各级政府，我们要从大局着想，要在发展支持产业和区域经济上做文章，不能在上缴国家粮税任务上斤斤计较，否则就会路越走越窄，日子越过越穷。通过耐心细致的思想工作，群众思想认识问题解决了，当年定购任务差价款，几天就完成了，而且创造了1996年意想不到的奇迹。

1996年，全村工农业总产值达到170万元，比1995年119万元，增长42.8%；粮食总产量达到134万斤，比1995年104万斤增长28.8%；人均纯收入达到1050元，比1995年850元增长23.5%；支柱产业（畜牧业）收入达到134万元，比1995年96万元增长39.5%。1996年不但经济指标实现了新的突破，而且其他各项工作走在了全乡的前头，通过年终考核验收，取得了综合指标及造林、改土、地膜覆盖、道路建设五个第一，并且村风、民风、社会风气明显好转，全年没有发生一起治安案件和刑事案件，被县上命名为“社会治安模范村”和“村民自治模范村”光荣称号。全村出现“三多三少”的喜人局面：遇到问题越级上访、找领导的少了，一切按程序办事的多了；打架斗殴、小偷小摸的少了，争做好人好事的多了；不务正业、闲游闲逛、打麻将玩赌的少了，学习科学文化、参与各种技术培训的多了。

1996年，全村共购置小四轮拖拉机、农用车等各种农业机械25台（件），买回电视机、收音录音机46台。原来带头上访的贫困户车永忠，去年发展大家畜8头，养羊100多只，产粮12000多斤，经济收入过万元；村民车建忠去年购买了一辆三轮车，农忙务庄稼，农闲跑运输，全年收入达到8000多元，像这样的典型户还有不少。

新集变了，新集的山在变、水在变、新集的人在变，关键是新集村人的思想境界和精神面貌发生了根本的变化。

（作者：焦升武，原灵台县信访办副主任。该文摘自《发展中的灵台信访》。）

小信箱里的大信访

——灵台县开通信访工作快车道

李　涛

近年来，灵台县委、县政府把网络信访作为拓宽信访渠道、创新工作机制的有力抓手，开通了一条“快捷信访、高效服务”的信访工作快车道，受到了全县群众的普遍好评。

一是领导重视，工作责任靠得实。灵台县多次召开常委、常务会议对信访工作进行安排部署，制定了《信访信息报送制度》《网上信访工作制度》《网民留言办理工作实施办法》等8个规范性文件，进一步明确了工作流程，靠实了工作责任。成立了信访工作信息化建设领导小组，对受理的网络信访事项，实行“一把手负总责、定分管领导、定承办人员、定办案期限”的“一责三定”模式，从制度上保证了网络信访工作的有序开展。对一些重大信访事项，实行“挂号”“销号”制度，列出清单，逐案“挂号”交办，逐件“销号”落实，确保网络信访问题件件有着落，事事有回音。截止2013年底，全县各级各部门共受理网络信访1476件，网上即时答复893件，转办交办583件，办结580件，落实涉访资金187.9万元。

二是多措并举，办理工作机制活。为进一步提高网络信访的办理效率和公信力，灵台县确定了专职信访信息员，开通了信访专线电话，对网络信访信息进行登记并建立台账，对受理的信访事项进行专项督查并将结果以县“两办”文件予以通报。各责任单位对交办的信访事项，采取电话联系、预约接访、上门走访、当面协调和现场办理等多种方式，积极主动同留言网友沟通联系，共同研究办理方式和解决途径，力求使每条留言都能得到满意的答复。对一些事关灵台改革发展的重要留言和建议，县委书记、县长亲自回复并进行致谢。通过不断健全网络信访的运行机制和工作模式，逐渐形成了一条“信访–转办–答复–罢访”全程网络化、信息化的快速通道，打造了信息化时代信访工作新模式。

三是注重实效，办理工作成效好。坚持把“实事求是、尽职尽责、分类督办、务求实效”作为办理网络信访的基本原则，把解决实际问题作为办理信访事项的出发点和落脚点，特别是对事关群众切身合法利益的合法信访事项优先办理，在一些涉及民生的热点难点问题办理上有了新突破。通过利用网络信访，及时扭转了县城西扩土地征用、西街市场拆迁等特大集体访引起的不良舆论导向，有效化解了“7.21”洪涝灾害整体搬迁、法院家属楼供暖等舆论关切和群众关注的热点难点信访问题26件。引导一些缠访、闹访的信访人进行网络信访，从而将上访人的无理要求公布于众，有关责任部门依据相关政策规定认真及时答复，接受广大网民的监督和评议，部分信访人迫于舆论压力，中止了缠访、闹访行为。通过这种方式，既纠正了个别信访人的不良行为，又规范了信访秩序，实现了标本兼治的双重功效。

（作者：李涛，灵台县信访局干部。该文被《甘肃省信访联席会议办公室简报》2014年1月第2期编发。）

求真务实抓信访　多措并举促和谐

——灵台县开创信访工作新局面

李　涛

灵台县位于陇东黄土高原南缘，东南与陕西省长武、麟游等县接壤，西北与平凉市崇信、泾川两县毗邻，总流域面积2038平方公里。全县辖5镇8乡1个街道办事处、184个行政村、4个居民委员会、1429个村民小组，总人口23.21万人。近年来，全县信访工作在省、市信访部门的精心指导下，在县委、县政府的正确领导和大力支持下，认真贯彻落实中央和省、市信访工作会议精神，以群众工作为统揽，以构建富裕文明和谐秀美灵台为主线，把信访工作作为维护社会稳定和保障经济发展的有力抓手，在组织领导上统筹兼顾，在体制机制上开拓创新，在案件办理上攻坚克难，在队伍建设上全面强化，通过“四抓”实现了“四个突破”，开创了信访工作新局面。

一、抓组织领导，在落实责任上实现新突破

一是加强组织领导。县委、县政府把信访工作作为服务全局的重点工作来抓，坚持按季度召开信访联席会议，通报案件办理情况，分析工作形势，集中交办信访案件；党政主要领导带头接访、下访，包案化解信访问题，充分发挥了引领带动作用。二是实行目标管理。紧紧围绕全县重点工作，细化量化信访工作目标任务，修订完善考核办法，与乡镇、部门签订了信访工作目标管理责任书，把信访工作责任制与全年工作考核相结合，与领导干部的政绩考核、职级晋升、评优选优挂钩，严肃了工作制度，落实了目标管理。三是落实领导责任。以落实领导责任推动工作任务落实，建立了党政“一把手”负总责、分管领导亲自抓、其他领导“一岗双责”的责任体系，形成了一级抓一级，层层抓落实的信访工作格局。

二、抓事要解决，在案件化解上实现新突破

对群众关注的热点难点信访问题和舆论关注的重点信访案件，形成了分“四步走”的调处化解工作模式，做到接访严肃、办理严格、答复严谨，确保办结的案件不留后遗症。一是找准问题症结，厘清工作职责。对受理的疑难复杂信访问题，县上分管领导及时组织召开信访联席会议，共同剖析问题产生的根源，充分听取各部门的意见和建议，切实找准问题的症结，厘清各有关单位的职责。二是明确责任主体，靠实工作责任。针对信访问题找出的原因，就地划分工作任务，明确责任主体，特别是对一些重大疑难信访问题，要求责任单位主要负责人当场进行表态，会后及时向各相关部门下发会议纪要，真正靠实了工作责任。三是强化督查督办，推动问题化解。对交办的案件，按照会议纪要确定的事项和时限，制定信访问题化解工作行事历，实行销号管理，县委办、政府办、信访联席会议严格实行周督查、月通报制度，做到环环相扣，有序推进，确保了信访问题的化解进度。四是部门协作配合，确保工作实效。县委、县政府分管领导全程跟踪协调，责任单位密切配合、相互监督，综合运用法律、政策、经济等多种手段，攻坚克难，全力化解信访疑难问题。近三年来，累计化解邵寨镇刘某长达16年的救助补偿信访问题、独店镇何某近10年的土地补偿信访问题等各类信访问题162件，落实涉访资金870余万元。

三、抓机制创新，在工作方法上实现新突破

一是开通网络信访快车道。充分利用县政府门户网站，建立政民互动平台，县委、县政府主要领导把“书记信箱”“县长信箱”作为收集民意的便捷途径，亲自回复群众网络信访留言，将重点信访问题通过网页链接，及时转办交办有关责任单位信箱，限期办结上报；在全县教育系统率先开展网络信访工作试点，建立信访工作QQ群，确定专人维护管理，广大师生通过QQ群和QQ视频反映问题和诉求，相关业务科室的工作人员在线解释答复，实现了信访问题“一站式受理、一条龙服务、一揽子解决”。据不完全统计，近三年来，灵台县政府门户网站共受理交办各类信访案件273件，网络信访工作的开展，大幅度地减少了群众走访，节约了信访成本，提高了办事效率，规范了信访秩序。二是创新社会管理模式。为切实加强信访问题源头治理，组织开展了“和谐五星”创评活动，村与村、户与户之间进行有问题的比化解、没问题的比素质，让群众自己树典型、学先进、促和谐，争做构建和谐的模范村民。通过民主测评定星级，将星级等次与惠民政策落实挂钩，问题少、口碑好、星级高的农户优先享受惠民政策，村民自治的良性机制逐步形成。三是依法推进信访制度改革。在充分调研的基础上，进一步明确了政法各部门受理涉法涉诉信访问题职责，在接访场所绘制张贴了信访问题分流办理示意图，方便了信访群众；推行了律师参与信访工作制度，在特殊疑难信访问题的初访环节，协调律师参与接待，坚决将涉法涉诉信访问题予以分流，有效遏制了诉访不分、责任不清的问题。通过引导乡镇部门和社会力量共同发挥作用，使人民调解、行政调解、司法调解相结合，形成了党政主导、条块结合、齐抓共管的大调解格局。

四、抓工作保障，在队伍建设上实现新突破

一是不断加强基层信访工作力量。为中台镇、什字镇等4个大镇和县城区街道办配备专职信访干部3名，其他8个乡镇和县直各大口部门各配备专职信访干部2名，市驻灵单位及其他部门各配备专职信访干部1名，确保了信访工作有人抓，信访业务有人办。二是干部教育培训制度化。组织人事部门和县委党校每年都把信访干部的教育培训列入干部培训计划，通过在职学习、举办培训班、集中开展理论研讨等多种形式，强化了对信访干部的业务培训，切实提高了信访干部做好群众工作的能力。近年来，累计举办信访干部培训班和理论研讨班10期，培训专兼职信访干部1200余人次。三是信访工作宣传力度进一步加大。建立了信访宣传激励机制，鼓励广大信访干部积极向各大媒体刊物投稿，加强对信访工作的宣传力度。近年来，全县信访干部先后在国家“科学发展观”论坛、《甘肃信访》《平凉日报》、甘肃法制网等报刊网站发表宣传稿件50余篇，该县网络信访工作和干部队伍建设的成功经验被甘肃省信访联席会议办公室以工作简报的形式转发全省学习交流。四是各种保障全面落实。县委、县政府不断加大对信访工作的资金投入，每年把信访部门的办公经费和业务经费同纪检、政法部门同等对待，按每人每年1.25万元的标准落实办公经费；按全县人口每人每年1元的标准预算列支疑难信访专项资金；落实了信访干部岗位津贴和年休假、体检制度，促进了信访工作的良性发展。

多年来，全县各级领导干部真抓实干，开拓创新，切实解决了一大批影响经济社会发展的信访突出问题，有效消除了影响社会稳定的不利因素，全县信访形势持续向好发展，工作成效也得到了中央信访工作督导组和省市领导的充分肯定，在全市信访工作目标管理责任书考核中连续多年位居前列。

[作者：李涛，灵台县信访局干部。该文2014年8月入选《全国学习党的群众路线教育实践活动优秀论文集》（国家行政学院出版社）。]

搭建网上平台　拓宽联系渠道

——灵台县着力构建网上信访大格局

杨俊锋

近年来，灵台县把受理网上信访作为进一步加强党和政府与广大群众的联系、密切党群关系的重要措施，通过互联网平台，广泛收集民意、倾听民声、了解民情、解决民困，着力打造阳光信访，有效推动信访制度改革，使网上信访逐渐成为全县城乡广大群众参政议政、反映问题的重要渠道。

一、主要做法

（一）领导重视带头抓。依托灵台县门户网站，推出了灵台县网络问政平台“政民互动”版块，设置了“对书记说”“对县长说”“对部门说”“网民评论”等栏目，做到了网上信访全覆盖。县委、县政府主要领导坚持阅批群众来信，浏览网民留言，对那些当时就能答复的问题，直接署名答复；对需要调查核实的问题，批示交由相关部门限期办理；对需要协调处理的问题，亲自协调职能部门妥善处理。领导批示、办理过程和处理结果全部在“书记信箱”“县长信箱”栏目中进行公示，信访群众可直接查询，也可供广大网民监督和提出意见。

近三年来，县委、政府共受理群众网上留言2626条，其中县委、县政府主要领导答复、批转905条，占网站留言的34.5%，至7月底已办结2517条，办结率95.9%。在县委、政府领导的带动下，全县13个乡镇、65各部门全部开通了“书记镇长”信箱和“局长”信箱，积极受理职能范围内的网民投诉和信访事项。

（二）拓宽渠道建平台。全县各级各部门不断创新方式方法，积极构建多层次网络投诉及信访工作平台，切实提高便民服务水平。一是继续加强灵台县门户网站政民互动“对书记说”“对县长说”及乡镇部门领导信箱建设，认真回复群众提出的信访问题；二是由网信办负责，对人民网、新华网等各类媒体中涉及的留言，主动认领，按职能交由相关部门办理，做到及时发现，及时办理、及时回应；三是在县门户网站建立信访工作板块，信访电子邮箱，宣传信访法规，指导群众合法理性表达诉求；四是充分利用甘肃省网上信访信息系统，实现乡镇部门办信接访互联互通，信息共享，建成了标准化的信访接待大厅，配备了相应的查询终端、监控、对讲、视频输出等电子设备，为信访群众提供现场查询窗口。

（三）完善制度促规范。近几年来，县委、县政府先后研究制定了《灵台县网民留言办理办法》《关于进一步加强网站留言办理工作的通知》等一系列制度和规范性文件，严格办理时限和程序。各职能部门在受理群众咨询、投诉后，一般咨询类留言要求职能部门3天内上报结果，需要职能部门调查的留言要求7天内上报结果；对信访信息系统受理的信访事项，由信访部门梳理、分类、审核，按“属地管理、分级负责，谁主管、谁负责”的原则转交职能部门办理，做到了“信息网上录入”“流程网上管理”“工作网上督查”“绩效网上评价”的信访工作新模式。2015年1月份以来，全县信息系统办理网上信访事项360件，全部给信访人进行了书面答复，网上信访工作步入了制度化、规范化轨道。

（四）强化督办抓落实。为了加强对网上信访工作的监督，进一步促进信访事项有效解决，县委、县政府从四个方面来加强督查督办。一是职能部门督办。由县委办、政府办、信访局定期抽组人员深入乡镇部门实地督查，将网上信访及时受理率率、按期办结率、群众满意率等纳入督查考核评内容，对问题突出的乡镇部门每月定期通报，每季度进行排名，全年进行考核。二是舆论媒体督办。在灵台县电视台《十分关注》栏目平台上设置专题节目，由电视台记者对网民反映的一些与老百姓生活密切相关的热点难点问题进行跟踪报道，让普通老百姓能通过大众化媒介了解网上反映问题的处理进展情况，使信访事项在社会舆论的支持和监督下，依法按政策得到解决。三是网民共同督办。职能部门对网民提出的信访事项作出答复后，群众可以对处理结果进行评议，可以选择“满意”“基本满意”“不满意”等选项来对工作情况进行评价，确保了问题化解。

二、工作成效

网上信访萌芽之初，灵台县就先行先试，目前已初步形成了一整套规范有效的操作程序，取得了明显的社会效果。

首先，方便了信访群众。通过近两年网上信访工作的逐步推进，全县上下树立了“让数据多跑路，群众少跑腿”意识，把信访工作嵌入互联网，带来的不仅是快捷便利，更是全程的阳光透明。依托互联网搭建起集投诉、办理、查询、跟踪、监督、评价等于一体的网上信访平台，群众到县信访量大幅减少，网上信访日益成为群众乐于接受的信访形式，群众有问题可以足不出户，通过网络直接向有关领导、部门反映，减少了舟车劳顿，节约了信访成本。

其次，化解了社会矛盾。由于网上信访随时便捷，一些苗头性、倾向性的问题能够被早发现、早化解，从而有效地促进了全县社会大局的和谐稳定。从近年群众留言数量看，总体呈正抛物线状分布，原因是平台创建之初，群众不了解、不认识，留言数量较少；一段时间下来，群众看到通过留言可以解决问题，逐渐接受和认可了这一平台，一些即时发生特别是久拖不决的问题集中反映，留言数量增加，随着网民反映的各类问题的有效解决，留言数量开始下降。

第三，密切了党群关系。县委、县政府主要领导亲自批示答复网民留言，赢得了社会各界的广泛好评，树立了党委、政府亲民、爱民的良好形象。个别群众通过网络留言对发展果产业提出质疑，县上主要领导结合外出考察、下乡调研和思考，亲自撰写了4000多字的回复意见，就发展果产业的优势条件、市场前景、对比效益等进行分析说理，赢得了群众理解和支持，大家纷纷留言对果产业发展出谋划策。

办理群众网上信访留言，其实就是一个联系群众、宣传群众、服务群众、团结群众的过程，可以进一步增进与群众感情，密切党群干群关系，最大限度地凝聚民心民力。

（作者：杨俊锋，灵台县信访局副局长。该文2016年12月被《甘肃信访》杂志第5期选登。）

殚精竭虑解民忧　不待扬鞭自奋蹄

——全省信访工作先进集体推荐材料

李　涛

党的十八大以来，灵台县信访局在县委、县政府的正确领导下，紧扣全县经济社会发展大局，坚决贯彻依法治国的新理念，以维护社会稳定为目标，深化信访制度改革，狠抓信访案件办理，全力化解社会矛盾，构筑了平安灵台建设维稳工作新屏障；不断夯实基层基础，切实加强信访干部队伍建设，树立了新时期信访干部勤政为民、敢于担当的新形象；积极创新信访工作方式方法，努力完善信访工作体制机制，谱写了开拓创新、锐意进取的信访工作新篇章。

一、把握“总方向”，全面深化信访改革

信访制度改革是新形势下信访工作的重大举措，我们坚持以信访制度改革为主线，紧紧把握信访改革总方向，努力开创信访工作新局面。一是全面加强组织领导。深入解读中央、省市关于信访制度改革的文件精神，紧密结合县情实际，及时汇报县委、县政府领导成立了灵台县信访制度改革工作领导小组，制定了信访制度改革工作实施方案，组织召开了动员大会，通过全面加强组织领导，为全县信访制度改革工作提供了强有力的组织保障。二是大力开展网上信访。我们把网上信访作为信访制度改革的重要抓手，充分利用互联网等媒体，着力将网上信访打造成各级党政干部接地气、转作风、密切联系群众的主阵地。先后在县政府门户网站推出“对书记说”“对县长说”和“网民评论”等政民互动版块；在教育、卫生系统率先开通了“部门信访工作QQ群”；依托全省信访信息系统，为全县13个乡镇和45个县直大口部门“一把手”申领信访信息系统账号，开通信访信息手机短信提醒功能，实现了“大信访格局”和“大信息时代”的有机融合。三是严格落实诉访分离。在畅通信访渠道、受理信访问题的同时，我们加强对信访问题的认领受理工作，确保信访问题事事有人管，件件有着落。开展信访制度改革以来，我们及时讨论制定了《灵台县涉法涉诉信访问题分流处理办法》，在各级党政信访场所张贴涉法涉诉信访问题分流示意图；严格按照诉访分离有关要求，对一些涉法涉诉信访问题，坚决转交同级政法有关部门依法办理；同时，在一些重大涉法涉诉信访事件的初始阶段，严格落实律师参与信访工作制度，向当事人提供法律援助，积极导入司法程序处理。自2013年以来，县信访局共计依法分流涉法涉诉信访问题169件，协调落实司法援助91人，协助有关部门化解涉法涉诉信访问题65件。四是积极宣传逐级走访。我们先后采取在县电视台《十分关注》栏目举办专题讲座、印制发放《信访漫话》口袋书、开展现场宣传活动、在乡村公路张贴横幅等有效措施，积极向群众宣传信访制度改革和依法逐级走访的有关知识，共计举办专题培训班3期，开展宣传活动9场次，张贴横幅120条，发放宣传材料28000份。在大力开展宣传引导的同时，不断完善初信初访办理机制，努力提高初信初访受理率和办结率，对责任单位受理的越级信访事项，坚决转回事有关责任单位办理，有力地推动了依法逐级走访制度的贯彻落实。

二、搭建“连心桥”，着力化解信访问题

及时就地解决信访问题是信访工作的核心，我们始终坚持把化解信访问题作为信访工作的出发点和落脚点，全力维护群众的合法权益，切实化解了一大批影响制约经济发展和社会稳定的信访难题。一是深入开展领导干部包案。县委、县政府历来高度重视信访工作，把领导干部包案作为推进信访案件办理的重要抓手，保证了领导包案工作常态化。县信访局按季度对重点信访案件进行摸排梳理，汇报衔接县委、人大、政府、政协“四大家”领导包案化解处理，县信访工作联席会议全程跟踪督办，确保所有案件按期办结、及时答复。近5年来，全县各级领导干部共包案化解征地拆迁、困难救助等各类疑难复杂信访问题406件，惠及涉访群众1800余人。二是强化信访专项资金运用。我们始终把信访专项资金作为化解特殊疑难信访问题的有力杠杆，严把专项资金的“申请、审批、拨付、核查”关口，近三年来落实中央省市县专项资金共计240余万元，妥善化解了80年代乡镇畜牧站临时聘用人员、县粮食系统因公伤残职工武某养老保险等一些历史遗留问题16件；化解了县法院家属楼排污不畅、西城区拆迁等责任不清、对象特殊的信访问题9件；化解了邵寨镇干槐树村刘某特殊困难救助、什字镇青岗铺村任某“三跨三分离”等赴京非访问题11件，有力地保障了社会和谐稳定。三是加强信访案件督查督办。县信访局把督查作为推进工作落实的有效助推器，对上级转办交办和本级受理摸排的信访事项，逐案建立台账，明确工作责任和办案期限，及时转交责任单位办理；对交办的信访案件，协调县委办、政府办联合开展政务督查，及时跟踪督办；在严格落实信访工作“五项制度”和“三项建议权”提升督查工作力度的同时，对一些因工作不到位、组织不得力，造成信访案件久拖不决的责任单位，信访局干部深入乡镇、驻村进社现场督查督办；通过促进信访督查督办工作制度化、规范化，切实提高了全县信访案件的按期办结率。四是落实重点案件回访制度。我们把群众的口碑作为检验信访工作的唯一标准。对各级党政部门办结的信访案件，及时组织开展回访工作。对一些信访问题化解后信访人仍然存在生产生活等方方面面困难和问题化解后仍存在倒流和重访隐患的信访事项，实行包案回访，综合运用社会帮扶、民政救助等有效措施，切实解决好信访人生产生活困难；全面开展心理疏导、法律咨询等有效途径，促进信访人思想转化，引导其尽快回归正常生活。通过“手把手，心连心”的开展工作，一心一意为群众措办实事，搭建起了信访干部和信访群众的连心桥。

三、严守“减压阀”，加强社会矛盾化解

信访是社会矛盾的重要表现形式，减少社会矛盾是信访工作的根本责任，我们始终把源头治理作为信访工作治本的关键。一是抓实信访源头预防。为了根本上预防和减少信访问题，有效遏制信访源头，我们以党的群众路线教育实践活动为载体，将信访问题隐患摸排化解作为“双联”行动的重要工作内容，充分利用干部全面进村入户的有利契机，实行拉网式的社会矛盾大排查活动，对邻里纠纷、私人恩怨、民间债务、生活困难、鳏寡孤独等一切有可能引发信访问题的隐患，做到排查不留死角，登记不留尾巴。二是全力化解社会矛盾。严格按照“大事不出村，小事不出社，矛盾不上交”和“谁排查，谁负责，谁化解”的工作原则，对排查的一般性信访问题争取及时就地化解处理；对排查出的疑难信访问题，县信访局统筹协调处理；特别是对我县复退军人、企业改制、临时代课教师等疑难信访问题，县信访工作联席会议牵头抓总，各有关职能部门协调联动，通过争取筹措资金、增加就业岗位、实行劳务输出等多种有效措施，为失业人员办理养老保险，化解经济生活困难，彻底解决了他们的后顾之忧。三是全面推进依法治访。法治是促进社会公平的最有效手段，依法治访更是信访制度改革的重要内容。针对一些“信访不信法”、以上访借机敛财和无理上访、缠访闹访的违法信访行为，我们下硬手依法进行打击处理。自2013年以来，全县共计依法处理什字镇丁某伤亡家属医闹、达溪河治理工程白某意外死亡家属闹访、独店镇姚景项目区征地补偿闹访等违法信访事项19起，依法处置信访违法行为人49人，有效的维护了正常的信访秩序。

四、紧盯“晴雨表”，切实当好参谋助手

信访形势是观测社会稳定的“晴雨表”，发挥参谋助手作用是信访工作重要职责，我们始终紧盯“晴雨表”，积极为全县经济社会改革发展建言献策。一是定期开展信访数据分析。为了准确把握信访形势，及时收集信访数据，发挥信访数据的观测作用。我们坚持每天向县上“两办”报送信访信息，定期对全县的信访数据进行统计汇总，紧密结合平时工作中掌握的实际情况，及时分析信访形势，每季度对全县信访形势进行综合分析，指出存在的问题，提出改进的意见，及时向县委、县政府提供可靠的决策依据。二是落实社会稳定风险评估。我们变被动为主动，把社会稳定风险评估变成信访部门主动参与政府工作的新常态。在全县所有重大项目启动和重要政策落实前期，开展职能部门提案、信访部门全程参与的社会稳定风险评估机制，特别是对一些社会影响大、群众关注度高的热点问题，明确了“先聚焦稳定风险评估，再启动项目工作流程”的原则，通过全面落实各项保障措施，确保了全县各类重大项目的顺利实施。三是综合加强信访舆情研判。信访工作是了解和收集社情民意的重要途径，县委、县政府主要领导带头，亲力亲为，亲自回复网民信访留言，查看网络舆情动态。县委主要领导就群众对果产业发展的疑问做了4000余字的调研答复，为建成全县50万亩优质果品基地穿针引线；就邵寨镇雷家河客车坠河事件在线与回答网民提问，为引导社会舆论扬帆转舵。近三年来，县信访局共计分析整理信访舆情169条、开展社会风险评估261件次、编写信访信息和季度分析395期，向县委、县政府提供出有利于全县经济社会发展的合理化建议17条。

五、打造“主力军”，努力加强队伍建设

过硬信访干部队伍是做好信访工作的基石，我们始终把干部队伍建设作为做好信访工作的根本。一是增加经费保障。我们先后争取按照全县人口每人每年人均1元的标准落实信访专项资金23万元；落实律师参与信访工作经费2万元；落实劝返工作经费5万元；把信访部门参照政法部门对待，落实人均办公经费4000元；通过不断增加经费保障，确保了信访各项工作的顺利开展。二是增加人员编制。为了改变解决信访工作力量薄弱、信访干部单打独斗的被动局面。自2013年以来，我们积极向组织人事部门争取，为县政府信访接待室增加编制2名，向组织部门推荐提拔干部2名，目前县信访局专职信访干部达到13人。同时，向13个县镇和45个县直部门配备专兼职信访干部58人，为信访工作提供了有力的人员保障。三是加强硬件建设。县委、县政府高度重视信访工作，投资建成了85平方米的信访接待大厅；我们积极筹措资金10万元，安装了LED大屏、自主查询终端、360度全方位视频监控等现代化设备，配套了机场椅、饮水机、对讲系统等便民化服务设施，实现了信访接待场所的信息化、数字化。通过设置隔段式接访窗口，配备信访联系会议室，适时开展有关部门联合接访和律师参与信访，随时召开信访联席会议，实现了信访问题“一站式受理，一揽子解决，一条龙服务”。四是开展干部培训。我们把培训作为提高知识能力和业务水平的有效手段。近年来，先后举办全县信访干部培训班12期，培训专兼职信访干部800余人；共计选派12名干部赴省市参与培训，选派1名干部赴台湾参与公民诉求网络化学习交流，拓宽了信访干部视野，提升群众工作能力，极大地鼓舞了干部工作积极性。同时，我们把党风廉政教育贯彻工作始终，严格要求信访干部牢记党性原则，坚守纪律约束，保持作风建设警钟长鸣，打造出了一支忠诚团结、精益求精、务实清廉的信访干部队伍。

但愿苍生俱饱暖，不辞劳作出山林。灵台县信访局全体干部不忘初心，砥砺前行，在群众工作第一线上呕心沥血，无私奉献，全心全意维护群众的合法权益，全心全意地保障社会的和谐发展，用心血和汗水铸就了信访工作新业绩，用勤劳和智慧开创了信访工作新局面，工作受到各级领导干部的充分肯定和全县人民群众的一致好评。近年来，县信访局先后有8名干部受到市县表彰奖励，在全市信访工作目标责任书考核中连续3年名列第一。

（作者：李涛，灵台县信访局副局长。）

第二节　先进事迹

县委书记的信访情怀（选登）

——记中共灵台县委书记何兴荣

李怀荣

如何对待信访工作，可谓是党政领导政治素养、工作作风、领导艺术的集中体现。被群众冠之为“何青天”之称的中共灵台县委书记何兴荣，把坚持亲自处理来信来访，关心人民疾苦，作为自己联系群众通晓民事的好途径。他情注信访，笃意为民做表率，使灵台——这块古文化发祥地的信访工作走上了制度化、系列化、规范化的轨道。

抓信访要弓弦紧绷

“全县各级党政领导，要从讲政治、讲正气、讲学习的高度去认识和加强信访工作，建立健全信访工作责任制，主要领导要亲自抓，实时实地做到领导在一线指挥，信访人员在一线工作，问题在一线解决，差距经验在一线总结；要深入贯彻落实全国第四次、全省第七次及地区信访工作会议精神，进一步加大《信访条例》的宣传力度，引导上访群众逐步走上依法上访的轨道，维护正常上访秩序；我们是党的干部、人民的公仆，对群众反映的问题，应当满腔热枕地帮助解决，如果我们不关心群众的疾苦和痛痒，怎么对得起党和人民……”上述是何兴荣在1995年6月12日灵台县举行县委委员会议，专题研究信访工作时一段动情的恳谈，也是他“听党的话，热爱人民，做人求实，理事求廉，‘当官’求淡的一个写照。

夏日灵台，高温逼人。1994年秋，何兴荣肩负重担调任灵台县县长，刚到这个拥有22万人口，辖管着16个乡（镇）的县，工作千头万绪。他在“驾驭全局，抓宏观，抓大事”的过程中，怀着对党和人民事业的强烈责任性和紧迫感，不停歇地深入了解情况，为科学决策寻找依据。

在抓全县信访工作上，他走的第一步棋是理思路，定制度，健全全县信访工作体系。

数年来，灵台县各级干部最头痛的事是来信来访，最棘手的事是上访老户的缠访。

何兴荣同志一上任，新老上访者一下子挤了过来。联名告状者有之，反映揭发问题者有之，喊冤叫屈，迫切要求落实政策者亦有之，短短半年，他就直接接待处理群众来信来访131件（次）。

虽则他事必躬亲，对症下药，解了一些燃眉之急，但信访量、重信重访率、越级上访率也未因此而降。整个肌体——全县信访工作，如何引起各层重视，如何迅速扭转这种状况，工作之余，夜深人静，引起了他的深思。在他看来，群众来信来访与改革开放，推进四化建设的壮举相比，虽不那么显赫，但它毕竟是社情民意的索引，振聋发聩的信息，校正决策的依据。他反复告诫基层和身边工作人员，要用以心换心的态度真诚地对待群众来信来访，尽力帮他们解决难题。言传身教的举措，雷厉风行的作风，潜移默化地把信访工作列入了各级党政机关的议事日程。嗣后，他带领有关部门负责人入乡村，去厂矿，下县直单位，进上访户家门和他们促膝常谈，融化深情，探讨处在党的政策与基层工作结合部上的县级党委，如何正确做好全县的信访工作。经过反复的调查研究，他大胆地提出了信访工作必须遵循“坚持一个观点，做到三个结合，搞好四个服务”的基本思路，即信访工作必须坚持群众观点，做到与思想政治工作结合，与加强廉政建设结合，与改进工作方法结合；为经济建设服务，为社会政治稳定服务，为民主决策服务，为人民服务。为使各级党政组织对群众来信来访工作做到思想上有位置，组织上有保证，工作上有措施，他倡导制定了全县来信来访接待，县委常委，政府县长定期接待，领导分工负责，分级归口管理，包案承包处理意见落实等制度，下发了《灵台县党政机关信访工作暂行办法》，进一步明确了各级党政组织处理信访问题的任务、范围和要求。同时，县上确定由一名副书记和一名副县长主抓信访工作，并给县委、县政府信访室配备了4名专职信访干部。其中，科级干部2名，信访员2名。全县16个乡镇全部成立了5-7人的信访领导小组，227个行政村，村村建立了信访民调小组。乡村两级组建信访工作人员841名，县直部门、企事业单位专兼职信访工作人员36名。从而，在全县初步形成了一个级级有机构，层层有人抓，上下贯通，左右相连的信访工作网络。全县信访工作开始出现了上有人管，下有人抓，层层都为人民群众负责的可喜局面。

广纳群言　取信于民

1995年12月，一位民主人士给他来信，就土地管理、增收节支、计划生育、住房改革诸方面的问题，提了一些建设性的意见，他看后对有益的立即责成有关部门限期落实。嗣后，又多次亲自督查落实，这位民主人士见自己的建议发挥了效应，感慨地说："共产党和民主党派真诚相见，肝胆相照，国将大兴也。"各族、各界人士看到各级党政机关和领导干部善于采纳群言，积极为民办事的诚心之后，更乐意说心里话，昔日来信来访中嘲弄、控苦、讥讽、无理要求者减少了，坦诚、真挚、建设性的意见建议增多了。全县出现了历史上少有的两降两增的喜人局面，即来信来访量下降了，1996年比1995年下降18.6%，围绕个人小圈子的来信来访下降了；无来信来访的乡镇增多了，由1994年的3个乡增加到1996年的13个乡。积极为全县诸项事业振兴、发展献计献策的多了，1996年比1995年上升了87.3%。

群众的事决不能耽搁

何兴荣同志常说："我是人民的儿子，就应该时刻把人民的冷暖记在心上。""为民解愁，民始得安，才可休养生息，富民富县。""群众来信来访的大事小事，是对党委、政府的信任，如果将他们拒之门外，岂不冷了他们的心。群众写给我们的信，是有了难处才写的，寄出后，无时不在等待答复，盼望结果。事关民心向背，决不能耽搁。"他是这样说的，也是这样做的。

1996年8月21日，北沟乡罗家庄村南头社村民郭兴红给何书记来信反映，本社10余户社员审批的庄基，因各种因素迟迟落实不了，近半百口人仍栖身破窑洞中，且危及安全。接到来信后，他带领县信访办、土管局的同志利用星期天对来信反映的问题进行了调查。北沟乡政府1990年曾给该社审批庄基14处，1993年已在庄基规划区内划修4处，因第一排已划满；欲在规划区内第二排划址，却遭到第一排住户阻挡及地兑不通等原因，致使郭文科等10户社员审批的庄基地迟迟难以落实，目前只好仍在破窑洞中安身，生产、生活困难是小，确实事关安全。原规划区内第二排地内已于1994年埋设了通讯电缆，看来划庄基也不可能。面对此况，何书记与乡村干部及群众代表，现场进行座谈，并当即给3户社员划了庄基，其他户年内落实，从而使这件事关群众安危的信访问题，及时得以解决。

可贵的“五不”精神

灵台县委、政府和信访办公室的同志们都说，何兴荣书记对信访工作最值得令人敬服的是他的“五不”精神。即：凡是要面见他的群众从不阻拦怠慢；凡是他自己接到或信访室呈报的信件，从不拖延；凡是县上书记、县长的接待日，他从不迟到；凡是他着手处理的信访问题，都要处理结果，从不敷衍；凡是重大、热点问题的查处，他都从不推诿，都指挥在第一线。为确保这“五不”落到实处，他备有专用的群众来信来访登记簿。不管工作多忙，不管在家里，在办公室，还是在上下班的路途上，只要有群众上访于他，他都出面接待。“让问题早一天解决，让来信来访人早一天满意”，这是何兴荣同志对全县16个乡镇、64个县直机关、227个村委会和信访部门提出的要求，也是他自己几年来处理群众来信来访所恪守的信条。

1995年2月10日，县石沟煤矿因矿井1125水平以下的资源全部划归崇信县煤矿，致使石沟煤矿资源枯竭，服务年限到位，无再生能力，造成政策性下马。面临下马期将近，创办的后续项目无着落，部分干部、职工思想情绪普遍动荡不定，担心就业、安置等问题是否会落实，一些农民合同工情绪激烈，行为偏激。236名职工，举荐史向东等5人为代表来到县信访办，后来发展到30多人住在煤矿宾馆集体上访时间长达近两月，跑来跑去。十月份，刚到任的何兴荣同志，问清情况后，第一，立即组成了一个调解小组进驻煤矿调查处理；第二，安排劳动人事部门寻找依据；第三，召开专题会议研究。尽快解决了这件事，使236名职工脸上绽开了笑颜。

一幅横匾寄深情

憨厚朴实的西北人是善于记人恩德、传人恩德的，你为他做了一件好事，他能记一辈子。

灵台北沟乡水晶村小学12岁的小学生曹玉龙写信给何兴荣，其父患多种疾病，姐又双目失明，一家3口人现居一破窑洞，家里无大牲畜，生活十分困难，本人有失学可能。何书记看了这封信后，即刻批示信访办和北沟乡研究予以解决。很快，500元钱，200斤救济粮送到了曹玉龙家里。其父曹拴玉热泪盈眶，激动万分，为了感谢党的恩情，第二天他领着儿子曹玉龙从65公里外赶到了县委，给何兴荣同志送了一幅匾，上书“感谢县委领导的深情关怀”。

1996年5月6日，何兴荣同志到梁原乡下去检查工作时，一位老人反映该乡粮管所将混装有从外地购进的议价小麦14751斤供给全乡16个村、1525户群众，内有小石子、小土块、细砂子等。他听后，当即召开专题会议，安排查处工作。当群众拿到乡政府、县粮食局逐户上门送来的2%的损失赔偿。听到当事人冯某的深刻检查，看到县上对其的处罚免职决定，奔走相告“还是党好、政府好”。一封封赞扬何兴荣“全心全意为人民，关心爱护群众，维护群众利益，无私无畏的人民公仆”的信寄到了他的手里。

灵台来了个“何青天”

灵台县在蛇蜕龙变。

何兴荣同志以恢宏的气魄，大刀阔斧，营筑起灵台县两大文明建设的总体目标、经济工作主要指标、振兴全县的十件事，规划了八个具体工程（塑造形象工程、素质提高工程、精神温饱工程、文明创建工程、环境美化工程、硬件建设工程、社会净化工程、民心实施工程），率先从自身做起，带头端正全县党风、民风。县级领导成员都严格按照县委制定的《进一步改进机关作风，带头端正党风》《实现党风根本好转的规划》《全县各级党组织抓党风的政治责任制》《灵台县县级干部廉洁自律十条标准》、“六坚持”“六带头”的具体要求办事，身体力行，自觉维护党纪，带头端正党风。县委常委没有人超标准住房或违法建私房，没有人为自己或子女在招工、招干、提级、升学上拉关系走后门，没有人违纪“农转非”，没有人接受或馈赠“红包”，没有人用公款请客送礼。县委、人大、政府、政协、纪委的领导干部，没有人以权谋私和出现其他违纪问题。县委主要领导同志在招工、计划生育、住房分配、“农转非”等群众普遍关心的热点问题上，坚持按政策原则办事。20多名县级领导成员，都能一致抵制、纠正“说情”“走后门”、行贿等歪风邪气，并按照各自分管的部门和行业，分工负责抓落实。县委每年对全县党风检查评比两次，表扬好的，批评差的，以促进好转。同时，严肃查处各类违纪案件，坚决纠正不正之风。对党内各种违纪案件，发现一起，查处一起。一是坚持原则，敢于碰硬。对于既有问题、态度又不端正或顶着干的人，不畏难、不轻率，认真查清问题，予以严肃处理。二是领导负责，层层包干。副科级以上党员干部的违纪案件，由县纪委负责查处，一般党员干部的违纪案件由组织、人事部门查处。情节严重、涉及面广的重大案件，由县委领导同志挂帅，组织专门班子查处。三是认真贯彻“事实清楚、证据确凿、定性准确、手续完备、处理恰当”二十字处理违纪事件方针。1996年以来，全县共查处批复的40起违法违纪案件，做到了实事求是，稳妥慎重，效果良好。

在纠正不正之风方面，注重各方配合，抓重点，重实效，一纠到底。各级党政组织和有关职能部门紧密配合，齐抓共管，有效地刹住了一些比较突出的歪风邪气，系列规范了庞杂的整体工程。像灵台县一些老年人说的，何兴荣书记执政三年，灵台县全县收回干部、职工借欠公款161241.51元，全县收回偷漏税款和能源交通基金232800元，全县没收乱涨物价款52750元，全县处罚经营伪造失效药品31566元，有效地打击了邪气，匡扶了正气，党群关系改善，县风、乡风、村风、社风、民风从根本上好转。

灵台县自然与社会的变迁，党风民风的好转，倾注着何兴荣同志的心血，来自他深刻认识灵台的新思路，潜心竭力治理灵台的新方法，纳良谏，消腐恶，伸正义，政廉洁，事躬亲的严谨行动，使灵台的达溪河三年不污不浊，水清如碧，难怪灵台县一位老先生赞道：“灵台来了个‘何青天’，为民分忧又解难。赤城昭天兴大业，民心倾佐旧貌变。”

（作者：李怀荣，原平凉行署信访处信访科长。）

坚实的脚印（节选）

——县委副书记马文科抓信访工作的“五个亲自”

李怀荣

灵台县拥有22万人口，16个乡镇，227个行政村，1456个农村合作社，64个县直部门，一大批厂矿企业，个体私营企业，人多，事多，信访量大，集体上访多，信访工作曾一度排徊于低谷。马文科副书记分管信访工作后，把维护灵台县社会稳定，支持企业改革，为经济建设服务作为自己的准则，纵向抓乡、村信访组织延伸，横向抓县直部门工作面的扩展，把信访工作延伸到户，形成在基层解决问题的合力，从根本上减少了信访发案率。同时，从提高干部素质，抓基层入手，健全全县信访网络，完善目标管理责任，并定期听取信访工作汇报，多次专题研究部署信访工作。多年来，一直坚持亲自预约接待群众来访，亲自阅批群众来信，亲自参与调查督办重大疑难信访案件，亲自疏而有导、关心支持信访工作。据统计，1996年他接待来访36人次，阅批群众来信56件，参与研究信访案件12起。果断、雷厉风行的作风，扎实、事必躬亲的方法，使灵台县信访量减少，政治安定，社会稳定。

几年来，他始终坚持调查研究，实事求是，在抓信访工作上做到了“五个亲自”。

牵涉面大的问题，亲自处理

马文科同志在述职报告中有这样一段话：“我深知身上的担子很重，为了不辜负党和人民的培养和期望，始终把事业看得重于一切，一心一意扑在工作上，不敢有丝毫懈怠。我对自己总是要求求真务实，工作兢兢业业，尽心尽力，一个星期干满7天，力求多干一些，干好一些。平时多深入基层，深入实际，亲自处理群众来信来访，多接触一些基层干部和群众，了解真实情况，抓好督促落实。要求自己坚持全心全意为人民服务的宗旨，工作上坚持高标准，作风上保持艰苦奋斗，廉洁上身体力行，不搞特权。”这字里行间，朴实无华，他让人们从中看到一个公仆的情怀，一颗纯真的心，看到了党的希望、事业的希望、人民的希望。

1994年6月，马文科同志看到县信访办送来“县经营管理站职工王某，1986年参加工作以来，不守纪律，脱岗、旷工，经常和职工打架，尤为严重的是几次殴打他人，造成严重后果，被公安局以‘威胁他人安全’处以行政拘留25天，该王多次赴省、地、县上访的送批件后，立即批示县信访办牵头，劳动人事局、农牧局、政法委配合，尽快查处，将处理情况告我”。调查组经过严密的社会调查和取证，证实王某反映的几个问题，虽事出有因，但查而失实。对此，王某又提出一些无理要求。马文科同志听完信访办的汇报后，抱着对每一个人高度认真负责的精神，又3次召开联席会议，采取“回头看”的办法，重新听其申诉，重新阅卷，重新调查。当结论与初调一致时，他又亲自找王某，循循善诱地讲法规，言利害，明是非，进行严厉地批评教育，使王某在事实面前理屈词穷，深感对不起各级领导，决心终止上访，重新做人。

顶拖不办的问题，亲自处理

“什么叫政治？从根本上说，政治问题主要是对人民群众的态度问题，同人民群众的关系问题”。马文科同志始终把江总书记这一谆谆忠言变为自己的行动。

陕西省永寿县底角沟乡沿路村村民彭某，系原独店乡大户彭村大户彭社人，全家1958年以“远耕队”迁往陕西。现在老两口又想回原籍独店乡居住。为此，多次找王社长要求迁户，因塬区耕地面积人均仅1.2亩，王社长未同意，彭某想不通，就用诬告社长的手段，达到其入户的目的。马书记得知此事后严厉地批评了彭某的行为，并把信访办、独店乡政府的负责同志找来，对他们说：“他的户籍原在独店，50年代响应党的号召迁往外地，可他毕竟把青春献给了独店。如今他俩老了，且家境又十分贫寒，我们从人道主义上也应给他们入户，再说，落叶归根乃古来有之，请你们尽快帮他解决这一难题。”他坦诚的一席话，乡上负责同志思想通了，可村社干部咋做工作也不行，认为该彭告了他们的状，属无理取闹，硬是顶住不办。马书记闻讯后，亲自到村社召集干部会议，他说：“反映问题是宪法赋予人民群众的民主权利。作为一个党员干部，要做到襟怀坦白，有则改之，无则加勉。我们共产党人，是血雨腥风中锤炼出来的，是能经得住任何风浪考验的，不要别人搞点错误的人身攻击就想不开，这是千万要不得的，也是不可取的。”诚恳的语言，动情的话句，终于解开了村干部心里的疙瘩。尔后，马书记又召集群众大会澄清了事实，干部心悦诚服，纷纷表示理解。

当彭某办理完入户手续时，他激动不已，逢人便说他至死不忘组织，不忘马书记的深情厚谊！

疑难问题，亲自处理

在马书记的眼里，不关心群众疾苦的官，绝不是好官。他常说：“上级把我们放到这个位置上，就是让我们给群众办事的。否则，要我们这些干部做什么？”

他言而有行。1996年8月，中台镇城关村村民杜学甫找他，言及其原籍该村城内生产队，1977年组织将城内生产队撤销，将他全家迁至本村苟家庙合作社居住。该社条件差，且自己与个别群众关系紧张，1979年自行搬回城内老庄基居住做生意。眼下生意萧条，全家11口人在城内又无户口，多方不便，请求马书记解决。听了来者的陈述，马文科请来县信访办和中台镇政府负责人，要他们尽快弄清真相，予以处理。

经查处，情况与来访者所述一致。鉴于11口人长达18年无户口，孩子上学、婚姻问题及生活诸方面的困难，他多方协调，问题终于得到了圆满解决。1996年9月初，当杜学甫全家11口人的户口迁入镇良种场时，全家热泪盈眶，齐声感谢党，感谢马书记，使他们这个过了18年游民生涯的家，有了户口。

影响大的问题，亲自处理

在处理影响大的信访问题上，马文科同志的那份深挚，那份理解，足以让拥有相当人生经验积累的中老年人为之叹服；其深刻、坦诚、稳妥、扎实细致，足以使年轻人钦敬。陕西省长武县马寨乡长灵村农民梁明达，其父梁国辅，原在灵台县工作，解放后在东关小学任校长等职。由于历史上参加过三青团、国民党，曾任三清团分队长、区队长，中统特务组织防奸委员会组长，国民党灵台县党部执委等。1958年3月22日被结论为反革命分子，行政撤职，留机关控制使用，月工资降为六级51元。1959年4月泾川县委（泾灵崇三县合一），给予开除公职处理，交社会监督劳动。1981年肯定了1958年的结论及定性处理，撤销1959年开除公职的决定，将开除公职定为一次性退职安置处理。为此，梁明达1986年以来，先后到省、地、县上访申诉，认为组织对其父处理不当，因此株连自己丧失前途，目前生活无着落，要求重新复查落实，给本人解决工作等。县委进一步复查后认为梁国辅历史问题属实，1981年复查处理是正确的，鉴于梁明达家庭困难，于是作为特殊情况变通处理，从1986年7月1日起由县教育局每月发给梁明达供养费21元。处理后梁明达不服，继续上访，县上又将供养费调整到45元，该梁还不满足。为此，马文科同志4次召集组织、人事、信访、教育等部门负责人会议，协商研究解决，作为特殊情况进行了处理。从1995年1月起，生活供养费由原来每月45元增加到90元，由县教育局逐月发给。县委组织部、信访办联合以灵组发【95】3号文件通知本人，梁明达终于签名同意此处意见，不再上访，长达11年的问题终于画上了句号。1995年4月梁明达病逝后，马文科又协调县教育局，民政局出资2500元，妥善解决了后事。他善始善终，一丝不苟的工作作风受到群众的好评。

资金困难的问题，亲自处理

到灵台，每一个专兼职信访干部都能向你娓娓道出马文科同志许多关心支持信访工作的故事。

分管全县信访工作以来，为了充分发挥信访机构的作用，他主持召开了县委扩大会议，并下发了《关于信访工作实行目标管理和追究责任制度的暂行规定》；为了充实信访队伍，他提议从组织部、乡镇选拔一些素质好，具有一定经验的同志到信访办工作。

1994年以来，为了解决信访办经费不足，他千方百计想方设法为县信访办争取资金，给信访办粉刷装修了办公室、接待室、职工宿舍，购置了沙发、靠椅、茶具、水壶等，还安装电话1部；并印制下发了《信访条例》《甘肃省人民群众逐级上访暂行办法》《平凉地区人民群众逐级上访接待处理暂行实施细则》《信访工作法规汇编》等宣传资料5000册；录制信访电视专题片1部；给县级干部印制下发了《人民群众来信来访登记簿》；制作了“县委、县政府领导接待日值班牌”，创办了《灵台信访简报》，协调县委办公室落实信访用车。

工作之余，他经常到信访办走一走，看一看，问一问，并对一些领导同志讲“做信访工作很辛苦，我们不能让干工作的人受委屈，各级领导都要关心支持信访干部的工作”。

他率先垂范，关心重视支持信访工作的行动，重视群众呼声，倾听群众意见，维护群众利益，实实在在抓落实的工作作风，有力地促进了全县信访工作的开展。

在马文科同志的重视和推动下：

1993年以来，县委、县政府把信访工作纳入政府工作目标管理，每年初和各级领导签订责任书，实行目标考核，年终奖惩。

去年以来，县委、县政府及两个办公室向全县印发有关信访工作方面的文件10多份，召开全县信访工作会议2次。

今年，县委、县政府继续把信访工作列入社会治安综合治理的一项重要内容，实行越级上访、集体上访一票否决权和追究责任制。

马文科同志来灵台四年，灵台的信访工作向前迈了三大步：

1994年取得了“三无”（无上访老户、无积案、无集体访地访省）、“二降”（越级上访下降、重复上访下降）、“一提高”（结案办结率提高）的良好效果。1995年推行了信访工作“领导落实，机构落实，人员落实，制度落实，工作落实”，使全县信访总量下降了56.3%，8个乡无一人来信来访。

1996年，全县16个乡镇中13个乡镇无一人来信来访，综合考核名列全区第一。

近年来，灵台县的信访量逐年减少，并趋向正常，98%的信访问题在基层得到了妥善解决，有力地保证了全县的政治安定，社会稳定，经济发展繁荣。人们说：这里面多半是马文科的汗水和心血。

（作者：李怀荣，原平凉行署信访处信访科长。）

润物细无声

——记灵台县信访局局长王仁贵

蒲振刚

初次见面，是在初夏的一天下午。清癯的面庞、朴素的衣着，让人很难把他同亲手解决了一起起棘手事联系起来。然而，就是他，在信访部门的12个年间，忠于职守，秉持公正，扶危济困，化解矛盾，以他无怨无悔的工作赢得了人民群众的赞誉。他，就是灵台县信访局局长王仁贵。

1993年10月，已在县委组织部工作10年的王仁贵被调往县信访办。当时，一些亲朋好友都不理解：从组织部出来咋不找个好单位，整天跟那些哭天抹泪的人打交道，能干出个啥名堂？可王仁贵却认为，信访工作是沟通党群、干群关系的重要桥梁，群众正是出于对党和政府的信任才来上访，如果对他们的冤屈事都不理睬，就愧对人民政府的称号。于是，在上任伊始，他就暗暗地下定决心，一定要通过自己的工作化解矛盾，树立党和政府在群众中间的崇高威信。

信访接待涉及社会生活各个方面，是一项政策性很强的工作。为此，王仁贵给自己订了个学习计划：每天晚上坚持自学两小时。就这样，在最初的3年里，他挤时间精读了一批政治理论书籍，自学了《刑法》《民事诉讼法》《土地法》等法律法规和有关政策、信访知识，写下了数十万字的读书笔记。正是由于他的勤奋学习和刻苦钻研，每逢遇到信访问题时，无论是经济纠纷、民事纠纷，还是群众反映的难事，他都能依据政策和法律迅速作出判断，给上访者一个合情合理的答复。

事关群众利益的问题经常萦绕在王仁贵的心头。1994年，上良乡蒋家沟村的一名妇女因计划生育手术造成右腿肌肉萎缩。在多次反映无效的情况下，她和丈夫到县政府上访。当时，王仁贵正患病住院，得知此事后马上要求出院了解事情原委。医生和家人都劝他挂完液体再去。他说："事情解决不了，我躺在医院里也会憋出病来。"他提前出院后，多次到有关部门协商，将各种情况及时进行汇总分析，最终给这对夫妇解决了医疗费并补助2.3万元，终于使这一久拖不决的问题得到解决。

1996年8月，某制种企业给百里等乡镇供应的种子质量不好，造成大面积粮食减产，群众纷纷来信来访，要求补偿经济损失。接到县领导的批示后，王仁贵立即带领有关人员，进村社、访农户、查实情，一去就是10多天。为了调查取证，他翻山越岭40多里，竟在大山中迷失了方向，天黑后只好拔些干草，在羊肠小道上睡了一觉。就这样，他连续奔波30多个村寨，走访了130多家农户，终于为遭受损失的群众补偿6.1万元，保护了农民的利益。

几年前，县石沟煤矿因资源枯竭即将下马，后续项目一时又无着落，面临失去工作的职工们情绪激动，酝酿集体上访。王仁贵闻讯后及时赶到百里外的矿区，连续召开各类会议，在耐心做好职工思想工作的同时，会同矿上反复磋商，筹措了96万元，依据有关政策妥善解决了下岗职工的待遇问题，化解了一起大规模的群体上访事件。

正是凭着对党的事业的忠贞和对人民群众的挚爱，王仁贵年复一年地坚守在信访岗位上，用一颗滚烫的赤子之心、爱民之情，愈合了一个个滴血的伤口，挽救了一出出绝望的危局。尤其令人感动的是，王仁贵不仅按政策耐心细致地接待上访者，而且遇上特殊情况时，他还从自己并不宽裕的工资中慷慨解囊，对残疾人、特困户和下岗职工予以资助。

寒来暑往，唠叨家常的炕头灶房，促膝谈心的田间地头，信访接待工作就是这样繁琐。然而，王仁贵却从来没有懈怠和厌倦。

12年来，他亲自接待来访1350人次，处理来信1165件，查办各类信访案件886件，调解民事纠纷287件，解决涉及群众生产生活的问题323件，落实各类资金196万元，使无数上访者的烦心事得到了圆满的解决。

王仁贵为百姓解决了无数的困难，却从未利用职权谋过一次私利，他的妻子至今仍是一个农民；儿女读书期间，一家三代五口人就靠着他每月五六百元的工资过日子。至今，他家还欠着两万多元的外债。一些好心人曾对他的境遇表示同情和惋惜。这位年过半百的老局长坦然地说，我是一个农民的儿子，经历过各种艰难困苦的考验，能干到今天这一步已经很不错了！我最大的心愿就是希望群众都过上富裕舒心的日子。多年来，他用朴实无华的奉献，诠释着自己的理想和信念。各级政府对王仁贵的工作给予了很高的评价：1995年，他被评为全国信访系统先进工作者，受到党和国家领导人的接见。近年来，他多次被评为省市县“十佳公仆”“十佳公务员”“信访先进工作者”等光荣称号。

甘肃日报评论员文章：把群众的冷暖记在心上

一位普通的信访干部，多年来坚守在自己的岗位上，悉心倾听群众的反映和呼声，往返于山寨村舍，奔波在田间矿山，通过自己“磨破嘴皮跑烂鞋”的辛勤工作，化解了一个个矛盾，避免了一出出悲剧的发生。事实证明，构建和谐社会需要一大批像王仁贵这样的热心肠。

构建和谐社会不是一句空洞的口号，需要做的工作很复杂、很具体，有些问题处理起来还很棘手。这就要求我们各级信访部门在进行体制和机制创新的同时，牢固树立以人为本的思想，把群众的冷暖安危记在心上，通过畅通信访渠道，更好地密切党和政府与人民群众的血肉联系；不断强化工作责任，促进各类问题的妥善解决；加强民主法制建设，维护正常的信访秩序和社会稳定。理顺情绪，化解矛盾需要一大批信访干部付出艰辛的劳动，上访群众从他们的形象，他们的态度和工作效率方面感知党和政府的关怀。因此，只有认真搞好信访工作，才能密切党和群众的关系，调动群众同心同德干事业的积极性。

（作者：蒲振刚，《甘肃日报》社记者。该文2005年6月8日《甘肃日报》头版头条。）

信访战线老黄牛

——记灵台县信访局局长牛国平

李　涛

日月穿梭，光阴似箭，今年已经是牛国平同志从事信访工作第十六个年头了，熟悉他的同志都说他干工作有股“牛劲”，给他起个外号叫老牛。事实上，他就把自己当作一头老黄牛，风雨无阻，任劳任怨，坚持在信访工作第一线上默默耕耘，十六年如一日，用青春和汗水诠释了一名基层信访工作者为党分忧、为民解难的全部内涵。

他是一个克己奉公、爱岗敬业的好干部。

1997年3月，牛国平同志从蒲窝乡政府调到县委信访办公室工作，环境的改变让他信心百倍，以满腔的热情投身信访事业。他说："干信访工作就要耐得住性子，受得了麻烦，不要把群众信访当绊脚石，对信访工作没有一个正确的态度，就不可能干好信访工作。"他认真地接待着每一位来访群众，耐心倾听群众的诉求，他关心群众的疾苦，把群众的实际困难当成自己的事去办，默默地践行着一个信访干部济民困、解民难的工作职责。有一天下午5点多快下班了，一个姓白的农村妇女赴县委上访，牛国平同志接待了她，她一进门便撕心裂肺地哭，一句话也不说。看着眼前的一幕，他便估摸这位妇女肯定有极大地委屈，他一边倒水，一边递纸巾，等这位妇女慢慢地平静下来后，才弄清了事情的真相，原来白某的丈夫两年前因为意外事故导致下身瘫痪，白某一个人苦苦支撑着整个家庭，两个孩子要念书，年过七旬的老母亲卧床不起，因丈夫治病家庭负债累累，目前丈夫生命危在旦夕，重重的压力让白某不堪重负，几乎崩溃。了解到这些情况后，他及时向县委领导专题汇报，县上领导高度重视，连夜召开了信访工作专题协调会，决定通过大病救助、合作医疗报销和残疾人优惠贷款等途径解决白某的燃眉之急。第二天天蒙蒙亮，他驱车赶往数十里之外的百里乡白某家里查阅医疗报销资料，后又到县里相关部门办理手续，等救助款送到白某家里已经是晚上九点多了，整整一天，牛国平肚子里没进一粒米……工作十多年来，他始终牢记宗旨，全心全意为人民服务，把信访群众当亲人，把群众的事当家事，坚持在基层一线开展信访工作，共接待信访群众1800余人，协调处理信访问题840余件，累计落实各类涉访资金达

1500多万元。

他是一个团结同志、待人友善的好同事。

和牛国平同志一起工作过的同事都有一个切身的感受，那就是他脾气好，含蓄谦和，为人和蔼可亲。他常说“要做好事，先要做好人”，“慎、容、让”是他处理领导班子和同事之间关系的法宝。在工作中，他谦虚谨慎，从不一意孤行，遇到棘手的信访问题，他总是先听班子成员和负责干部的意见，给别人一个发表自己意见和培养信心的机会，也给自己一个博取众长和统筹兼顾的空间，但凡他亲自参与处理过的信访问题，信访人息诉罢访，参与干部心服口服；面对年轻干部工作出现错误，他从不姑息迁就，就算批评教育也很谨慎，尺度和方法拿捏的恰到好处；在生活中，他温文宽容，从不斤斤计较，为人直爽，关心年轻干部的身心健康和家庭生活。当他得知副局长杨俊锋同志的母亲身患重病，他两次带领干部到医院看望，送去保健品和营养品，期间多次电话嘘寒问暖，年已花甲的杨妈妈语重心长地说：“牛局长这人心肠好，确实是个好领导。”事过多年，杨妈妈每遇见牛局长都念叨：“你是个很有心的局长，我患病时你来看我，我到现在还一直记着呢！”就这样，牛国平同志用他的自我修养感染着每一个同事，用他的人格魅力征服了身边的每一个人，在他的团结带领下，全局干部凝心聚力干工作，一心一意谋发展，他打造了一支锐意进取、团结和谐、精诚合作的信访干部队伍。

他是一个开拓创新、一身正气的好领导。

2007年8月，牛国平同志被组织任命为中共灵台县委办公室副主任、县信访局局长，他把组织对他的认可作为工作的新起点，他不辱使命，不断地重新定位着自己在全县信访工作中的角色。凭借多年的工作经验，他渐渐意识到全县的信访问题仅仅靠县信访局的几名干部孤军奋战是远远不够的，很多信访问题久拖不决，致使群众利益受损。为了改变这种顾此失彼的现状，他通过广泛的学习和搜罗整理，结合县情实际，先后组织起草制定了《灵台县信访工作领导责任制细则》《灵台县信访工作绩效考核和责任追究暂行办法》《关于加强新时期信访工作的意见》等16部制度办法，进一步完善了信访工作机制体制，促进了信访工作制度化、规范化，健全完善了县、乡、村、社四级信访工作网络，为全县13个乡镇、60多个县直部门配备了专兼职信访干部，有效地强化了基层工作基础。通过组织开展信访积案化解、矛盾纠纷排查、信访干部培训、信访法规宣传等一系列有针对性的专项活动，全县信访工作年年迈上新台阶，逐步形成了上下联动、部门协作、齐抓共管的大信访工作格局。他始终把加强信访干部队伍建设作为做好信访工作的关键。近年来，先后为信访局选调干部7名，有5名干部在他的关心培养推荐下被组织提拔重用。他争取落实信访工作经费30余万元，用于单位硬件建设。通过不懈的努力，信访局面貌发生了巨大变化，为民服务水平有了明显提升。牛国平同志干工作毫不马虎，做人他也是坚持原则，一身正气。西屯乡群众孙某曾在医院照顾交通事故中受伤的亲戚数月，后来他到县委上访，要求肇事司机付给他护理误工费10000元。牛国平通过了解和询问得知，按法律规定，肇事司机应该给孙某一定的费用。经协调处理，孙某拿到6000元的经济补偿后非常感动，准备请牛国平吃饭，却被他婉言谢绝："你的事情已经拖得很久，能解决我也很高兴，农民挣几个钱都不容易，不要搞这些没用的，有钱要给家里办些正事儿！"孙某再次被他质朴的话深深感动。事后，为了表达感激之情，孙某携家人在县委院子燃放鞭炮，给信访局送来了"情系百姓"的锦旗。

十六年无怨无悔的信访工作赢得了群众的信任，心血和汗水得到了组织的充分肯定，全县信访工作连续四年考核名列全市第一，信访局党支部多次被县委表彰奖励，他本人多次被县委、县政府表彰为优秀共产党员。

（作者：李涛，灵台县信访局干部。该文2013年2月被《甘肃信访》杂志第1期选登。）

“铁村长”把守信访大闸

李　涛

鹦鹉村是甘肃省灵台县龙门乡一个偏远的村子。村长王怀英今年62岁，是一名老党员，也是乡里的信访民调专员。他天生皮肤黝黑，脸色铁青，乡亲们习惯叫他“铁村长”，他也自称“老铁”。他说话做事确实有一股“打铁”的作风，而且还“铁”的不一般。

开春三月，因为儿子外地出差，“老铁”去县城帮忙照看孙子。他这一走不要紧，关键是村里鸡毛蒜皮的小事却难坏了乡干部。前几天，村口赵家堂兄弟两家又吵架，差点动手，就因赵家老祖宗留下一棵据说是从清朝传下来的老国槐树，这树虽然历经百年风霜，如今依然枝繁叶茂、活力四射，乡亲们都说这树是镇宅之宝。老一辈儿临终前没有嘱托清楚，两家都认定树是自个儿的传家宝，互不相让。这十多天来是摩擦不断，不是今天妯娌姊妹破口大骂，就是明天兄弟二人怒目相向。为调解这事儿，乡上干部小高都快磨破了嘴皮。赵家俩媳妇还连着五六天到乡政府上访，要乡政府主持公道。新到任的王乡长也是头疼不堪，这几百年以前的东西谁能说清楚是谁家的呀？郁闷的直挠头。王乡长思前想后，最后还是打电话给信访民调员“老铁”，“老铁”听完哈哈一笑：“王乡长放心，这事包在我铁老汉身上了……”

两天后“老铁”回村了。第二天一大早就召集了社员会，“老铁”黝黑的脸带着几分严肃，抬着嗓门喊：“今天开会不讨论，也不表态，我铁老汉就宣布一件事，村里这棵老槐树带着福瑞，预示吉祥，福荫我们鹦鹉村几百年，这树是全村人的，是老祖宗留给我们全村人的宝贝！不是谁一家的，要嚷嚷冲我铁老汉来！就这么定了，散会！没等赵家兄弟们愣神，乡亲们一片热烈的掌声，连连叫好……

随后，在“老铁”的主持下，村委会给赵家俩兄弟每家补助了1000元。找来工匠给树围起了水泥护栏，还立了块“国槐碑”，老槐树就此成了村头一块亮丽的风景。初六大清早，乡亲们给树披红挂彩，鸣炮膜拜，祈求神树给全村人带来福顺安康。

烦心事就此了结。事后王乡长得知“老铁”开社员会的前一天夜里和村里几个大家族沟通，取得大多数村民的支持和拥护后直接开会宣布。心里不禁暗暗感叹：“村干部化解信访问题还真有一套!”

这，只是灵台县基层信访工作的一个缩影。

近年来，灵台县委、县政府高度重视信访工作，以“大事不出乡，小事不出村”为目标，促进信访工作关口前移，充分发挥基层党组织和村委会的战斗堡垒作用，充分利用村社干部熟悉村情实际的条件，推行村干部担任信访民调员制度，对出现的信访问题第一时间介入化解，使绝大多数信访问题化解在了基层当地。三年来，村级党组织化解在事发当地的信访问题达1600余件，切实有效地维护了社会和谐稳定，全县信访总量以平均每年同比约7%的幅度递减，实现了全县信访总量持续下降。同时，也涌现出了一批和“老铁”一样的优秀信访民调员，他们积极作为，敢作敢当，用他们的智慧和汗水，扎扎实实地守住了乡村一级的“信访大闸”。他们常说“村干部也是干部，要为党分忧愁，给群众办事儿”。

在基层做信访工作，想到黑黝黝的“老铁”，我就想起来他的一句口头禅：别拿村长不当干部！

（作者：李涛，时任灵台县信访局副主任科员。该文2017年10月被《甘肃信访》杂志第5期选登。）

第六章　典型案例

案例一：

飞来横祸致伤残　部门联动解危难

2011年7月29日这天，紧一阵慢一阵的雨下个不停，下午5点多，县政府接访室的小李给信访局牛局长汇报说政府来了信访群众，因问题特殊，她不知如何对待。局长牛国平听后急忙赶到接访室，看到一位农村妇女推着轮椅上的残疾人站在那里哭泣，详细询问后得知，事情原来是这样的。

回家路上遇横祸

2010年8月29日中午12时左右，在县城打工的百里乡杨新庄村群众杨某，像往常一样骑摩托车回家，谁知一场飞来横祸将要改变他的命运。在途径百里乡石塘村西庄路时，石塘村民曹某在自家门前的路边伐树，中途回家磨锯，路边没有任何提示，赶路回家的杨某正好骑摩托车经过，这时高大的杨树突然倒下，正好砸在杨某的身上。杨某当场昏迷不醒，立即被送往灵台县医院，经诊断为下肢瘫痪。住了一段时间脱离了生命危险，由于家属护理不方便就转回了灵台县皇甫谧中医院住院治疗40多天，落下了终身残疾。以前精明能干的杨某现在只能坐在轮椅上度日。

债台高筑逼轻生

事发当日，当事人曹某只垫付给杨某3000元医疗费后外出不知去向。为了给杨某治病，妻子白某通过变卖耕牛、农机具、粮食等家产筹集费用，先后赴西安、郑州等地治疗，花费了20多万元医疗费，变卖的家当只是杯水车薪，大部分医疗费需要靠借贷亲友来筹集。2011年以来，多个亲戚朋友因孩子上学、结婚、修房等上门催要借款。杨某无法偿还，感觉自己对不住亲友，成了家庭的拖累，失去活下去的勇气和信心，先后两次试图服毒自尽，幸亏家人及时发现后送医院抢救才脱离了生命危险，在万般无奈的情况下，他们冒雨来到了县政府，想依靠组织渡过难关。

部门联动解危难

听了信访人的哭诉，牛局长的心情十分沉重，深深地为信访人的不幸遭遇感到震撼，一种浩然正气油然而生。他动情地向信访人说："你的事我管定了，有党和政府，一定会帮你渡过难关的。"随后，他安排小李将此事整理成《重要信访信息》报县委、县政府，并向县委分管领导进行了专题汇报。县委主要领导对此事高度重视，做了重要批示，分管领导立即召集县信访局、法院、民政局、残联、合管局、百里乡政府等单位负责人对该信访问题进行了专题研究，要求在法律、政策范围内，尽最大努力解决信访人目前的困难和问题。随后，各有关部门积极行动，认真落实会议确定的事项：县法院依法向被告曹某之妻董某告知了相关诉讼事宜，刊登公告，确定了开庭日期，并给予杨某5000元的救助资金；县合管局按照特例对杨某

2010年以来的住院费用（已超过报销年限），按照最高限额报销资金3万元；县残联为杨某申请办理了5万元残疾人贴息贷款；百里乡政府为杨某拨付民政大病救助8000元，生活特困补助500元，并将杨某一家列为低保户，经各部门努力，93500元救助资金已有了着落。随后，县信访局、百里乡政府主要负责人到杨某家中进行了探访，鼓励其要鼓足生活勇气，杨某感激地说："多亏党和政府的关怀照顾，给了他继续生活下去的勇气和信心。"

司法发力维权益

同年9月份，县法院引导杨某依法向人民法院提起民事诉讼。11月7日，灵台县人民法院作出（2011）灵民初字第111号民事判决书，判决书确定由曹某赔偿杨某医疗等费用259575.42元，负担诉讼费2391元。审理过程中，曹某全家外出下落不明，判决生效后，曹某未自觉履行判决确定的义务。2012年3月8日，该案件移送执行庭执行，县法院依法冻结并划拨了曹某银行存款6400元，由于无再可供执行的其他财产，案件执行处于停滞。县法院通过司法救助为杨小龙解决救助资金1万元，并提请县公安局以涉嫌过失致人重伤将曹某通缉归案，县检察院并依法提起公诉，加大对被告曹某民事赔偿的执行力度，促使其履行民事义务。经多方努力，双方当事人达成执行和解协议，由曹某再履行15万元。杨某为曹某出具谅解书，请求法院对曹某从轻判处。最终，灵台县人民法院判处曹某有期徒刑六个月，缓期一年执行。至此，该信访问题经过司法部门共同努力，信访人的权益得到了保护，问题得到了彻底解决。

【工作启示】

一是领导高度重视是处理问题的关键。在处理该信访问题的过程中，县委主要领导高度重视，并多次过问进展情况，分管领导积极督促相关部门落实处理措施，县信访局和百里乡负责人深入信访群众家中进行探访慰问。由于各级领导的重视，使问题通过行政层面得到了及时解决，为以后彻底解决问题提供了可靠保障。

二是部门协作是处理问题的有效措施。在处理该问题过程中，信访部门做到了三个到位：对信访群众接待解释、情绪疏导及时到位；对群众反映的问题汇报协调、督促落实到位。各职能部门积极协作，行政救助与司法调解相互配合，民政救助、大病医保、特困补助、贴息贷款、司法救助等各项措施形成合力，解决了信访人的燃眉之急，促使问题得到妥善解决，体现了党和政府对困难群众的关怀。因此，各部门的协作配合是解决问题的有效途径。

三是依法处理是解决问题的根本。此事是一个十分简单的民事赔偿案件，但由于当事人的出走致使司法途径一时难以落实，在各司法机关的共同协作配合下，历时两年的问题从根本得到了圆满解决，有力的维护了信访人的合法权益，彰显了司法的公平正义，使问题从根本得到圆满解决。

（灵台县信访局　牛国平整理）

案例二：

思想疏导化民怨　合力攻坚解民难

——石沟煤矿农民工安置信访问题得到超前化解

【基本案情】

1995年7月，灵台县石沟煤矿因资源枯竭，服务年限到期，临近下马停产，职工担心安置问题得不到落实，怕今后找不到生活出路，纷纷表示要通过上访途径解决他们的利益诉求。这个曾一度是全县名列前茅的企业，如今却突然要停产关闭，职工一时无法接受这样的事实，尤其企业雇佣的170名农民工更是忧心忡忡，情绪激烈，私底下商量要组织串联一起到县上找领导反映情况，一起集体上访即将发生。得知这一情况后，企业主要负责人不敢怠慢，立刻向县委、政府汇报了这一情况。县委、政府领导高度重视，及时召开会议，决定安排县信访办、劳动人事局、经委、总工会等单位抽调主要负责人组成工作组，深入企业一线开展调研，提出处理意见，并汇报县委、政府商定。

骄阳似火，毒辣辣的太阳炙烤着灵台大地。为了确保调研期间企业正常的生产秩序，工作组一行顾不得中午休息，一路驱车劳顿赶赴百里以外的矿区，一到矿区就立即召开职工会议，稳定工人情绪。刚开始，许多工人有抵触情绪，工作难度大，个别农民工思想偏执、情绪冲动、言辞激烈，把“委屈”和“积怨”统统发泄到工作人员身上。身处这样的境地，工作人员只能忍辱负重，做耐心细致的思想疏导工作，经过动之以情、晓之以理、苦口婆心的劝解疏导，工人们的情绪稳定下来了，表示愿意安心生产，等待组织调查处理。工作组一方面连续召开职工会、代表会征询工人们的意见，一方面深入矿井、班组了解工人们的生活状况和实际困难。经过连续几天工作，共召开职工座谈会8次，深入班组了解情况22次，和200多名职工进行了谈心交心。经了解，工人们共提出了8个方面的问题：1. 解决农民轮换工与合同制工人同工不同酬的问题；2. 给农民轮换工按标准发给一定的返乡费；3. 给职工支付一定数量的医疗补助费；4. 返乡前组织农民工进行职业病检查；5. 补发1975年进矿初期生产队未领取工分的报酬；6. 补发1991至1993年放假12个月期间的工资；7. 工龄10年以上的井下工人享受退休待遇；8.免除农民轮换工中受伤人员返回农村后的义务工。这些问题，有的属于个人利益诉求，有的涉及政策层面。对职工提出的问题，工作组及时向县委、政府进行了专题汇报，得到了县委、政府主要领导的重视，经会议研究，做出了以下处理意见：1.补发农民轮换工工资115039.31元；2.一次性支付农民轮换工返乡费345142.20元；3.每人每年补发60元的医疗费，共计发放90605.18元；4.对农民轮换工进行了体检，支出17000元；5.支付农民轮换工伤残补助费33201.61元；6.补发75年进矿时期工资7980元；7.解决农民轮换工住院费用32000元；8.对四名伤残职工一次性发放安置费156611元；9.对四名退休职工缴纳养老保险金158380.35元。通过各级各部门的协作努力，共为职工支付各类资金95.6万元，问题得到了圆满解决，170名农民轮换工妥善安置后无一人越级上访。

【工作启示】

1. 舆情信息是掌握信访动态的“听诊器”。有效利用舆情信息，可及时发现苗头性、隐患性、倾向性问题，做到下情上知、上情下达，使问题早发现。企业在得知职工有上访倾向时，第一时间上报县委、政府，掌握了工作主动权，避免了越级信访问题的发生。

2. 超前介入是防止事态扩大的“预防针”。源头预防，抓早抓小，主动介入，可使矛盾在一线排查，问题在一线解决。工作组提前介入，积极掌握职工的思想状况、生活情况，对矛盾症结、焦点做到了心中有数，为面对面的思想疏导奠定了基础，为处理意见的落实提供了重要依据。

3. 思想疏导是理顺群众情绪的“理疗仪”。思想疏导是开启心灵的钥匙，也是做好群众工作的基础。工作组连续几天深入矿井、班组了解工人疾苦，倾听职工呼声，和工人们换位思考、推心置腹交谈，把关系理顺了，说话就顺畅了，解决问题也就容易了。

4. 解决问题是赢得民心民力的“定心丸”。解决好群众的利益诉求是做好信访工作的核心，工作组处处考虑职工的切身利益，有政策依据的坚决执行到位，没有政策的汇报县委、政府出台相关政策，职工有困难的，想方设法解决到位。处理方案公布后，职工均表示满意，问题得到了圆满解决。

（灵台县信访局 杨俊锋整理）

案例三：

书记接访解民忧 古稀老人笑开颜

——灵台县县乡道路体制改革信访问题化解始末

体制改革留隐患 退休老人苦难言

70多岁的王怀学老人是灵台县县乡道路养护管理站一名退休职工，一生修桥筑路，功德满满，但在古稀之年他却走上了一条他几十年来未曾铲过一锨土、铺过一粒沙的“路”——上访路。起因是2004年县乡道路管理体制改革，原来由平凉市交通局垂直管理的灵台县县乡道路养护管理站下划给县上，变成了自收自支的事业单位。这一变，一下子打乱了王怀学等11名退休老职工的正常生活。

在岗期间，他们常年从事野外作业，栉风沐雨，有的积劳成疾，到了晚年，一大家子人的生活要靠他们料理，一沓子药费要等他们开销。但由于单位收不抵支，经费捉襟见肘，导致他们的退休费常常不能及时足额发放。找单位时，单位领导也一脸无奈，县道管站养护道路里程本来就不多，加之一些收费项目被取消，单位收入日益减少，在岗职工天天上路，工资都没有保障。这些为灵台县乡道路建设贡献了毕生精力的老人们，也只能默默等待，可是一等就是4年，从2004年到2008年，单位已累计拖欠11名退休职工退休费16万多元。万般无奈之下，2008年7月，王怀学等11名老人集体赴县上访，要求县上协调解决。

书记接访解民忧　古稀老人笑开颜

县信访局接待了王怀学等11名上访老人之后，认为该问题属于体制改革遗留问题，涉及人数多，涉事金额比较大，单靠县道管站肯定解决不了。随将该案件作为当时正在开展的“县委书记大接访”活动重点案件，及时汇报县委，由县委主要领导召集相关部门共同接待并协调处理。

2008年7月29日下午，县委书记苏克俭召集县政府分管领导及交通、人事、社保、财政等部门主要负责人共同接待王怀学等信访群众。接待过程中，苏书记细心听取了信访人的诉求，并询问了他们目前的生活情况，同时现场向交通、人事、社保等部门了解了道管站下划的相关事项。在弄清案件基本情况后，苏书记现场表态，首先对11名老同志为灵台道路建设做出的贡献给予充分肯定，对他们目前的境遇表示歉意；第二，安排由县交通局、人事局、社保局于次日组织人员进驻县道管站，对2004年以来拖欠退休费情况进行全面清理清查；第三，由县财政局、交通局共同筹集资金，在7个工作日内将按政策应发放的退休费全部发放到位。

苏书记和蔼可亲的态度和雷厉风行的工作作风深深的打动了来访的几位老人。他们看到了希望，感受到了县委、县政府领导的关切，他们一次次鼓掌致谢！困扰他们达四年之久的烦心事一朝化解，几位老人开心地笑了。

接访后没过几天，王怀学老人再次来到信访局，他开心得像个孩子一样，说他的退休费发了。他一再向信访局工作人员表示感谢，并反复叮嘱信访局向苏书记转达他们的谢意。

王怀学老人的信访问题得到了圆满化解，这只是灵台县县委书记、县长大接访活动的一个缩影。

为了进一步畅通信访渠道，强化信访工作主要领导责任，切实转变工作作风，就地化解矛盾纠纷，为北京奥运会成功举办、纪念改革开放30周年活动创造良好的社会环境，按照中央和省市信访联席会议的统一部署和要求，2008年7月，县委、县政府部署开展了为期半年的县委书记、县长大接访活动。活动开展以来，共开展大接访16次，其中县委书记、县长亲自接待各3次，其他领导接待10次。共接待来访群众51批153人次，受理群众反映的问题58件，现场办结的53件，责成相关责任单位限期办结5件，受理率、结案率均达100%。县委书记、县长大接访活动集中化解了一批信访积案、难案，有力地带动和促进了全县信访工作。

（灵台县信访局　何为整理）

案例四：

领导重视解民忧　联席会议破难题

——2013年集中化解拖欠农民工工资问题成效显著

【案件情况】

2013年1月中旬，农历新年日益临近，大街上熙熙攘攘，到处洋溢着春节的氛围，人们都忙着置办年货。但与此祥和气氛格格不入的是，赴县信访量却急剧增加，一周之内，赴县委、县政府反映拖欠农民工工资问题的信访群众就达19批171人次，其中集体访10批147人次，主要涉及我县9个乡镇和3个县直部门，欠款金额高达数百万元。典型的是1月23日晚，西屯乡白草坡村徐某等42名农民工雇佣车辆集体到县政府上访，反映西屯乡白草坡村小康屋工程建设拖欠其工资，要求县政府协调解决。辛苦一年，到头来却领不上工资，信访群众个个情绪激动，言辞激烈。

县信访局接访后，及时将问题交办相关乡镇部门，但由于涉事工程有的层层转包、责任不明，有的举债建设、资金不足，有的建设单位监管不力，施工方恶意欠薪。信访局虽然交办了案件，但多数问题短期内得不到解决，眼看着春节就要到了，信访群众个个心急如焚，有的反复多次到县委、县政府上访，要求尽快协调解决问题。

针对这一现状，县信访局及时汇报，县委、县政府主要领导立即召集县上相关部门及责任单位召开专题信访工作联席会议。会上，县上分管领导对发生的19件信访问题，逐一明确了责任单位和包案领导，靠实了工作责任。主要领导严格要求，一是要高度重视，二是要限期办结落实，三是要以此为契机，在全县开展专项整治，进一步规范建筑市场用工行为。

会议召开后，各责任单位都对所属在建项目认真地进行了调查核实，及时督促协调施工方兑付农民工工资及工程款。县住建局、人社局抽组人员组成专项督查组深入西屯乡白草坡村，召集乡村两级、施工方连夜筹集资金86.66万元，及时兑付了拖欠的农民工工资。由于各级重视，措施得力，到春节前，19件信访问题都得到了妥善解决，其中9件涉及农民工工资问题完全兑付；10件工程款问题经协调兑付了部分欠款，其余部分达成了分期还款协议，共兑付资金达160多万元。

【体会启示】

一是联合协调促解决。19件信访问题涉及信访人数多、责任主体杂、牵涉范围广、处置难度大，在这种情况下，召开信访工作联席会议，逐案确定责任主体，靠实工作责任，通过部门联合，多方施策，共同发力，使该信访问题得到了有效化解。

二是完善机制是根本。拖欠农民工工资问题集中出现，突出反映了工程建设中劳动用工方面存在的弊端和漏洞，县委、县政府洞察全局，及时安排部署开展专项整治，切实加强对在建工程项目的日常管理，特别是乡镇小康屋等小工程管理，将保障农民工工资支付纳入政府考核评价指标体系，积极落实农民工工资保证金、农民工工资支付专用账户管理制度，有效地规范了城乡建设工程用工行为，保障了农民工权益。

（灵台县信访局　曹文浩整理）

案例五：

种子不纯引事端　县长批示解疑难

1996年10月，灵台大地处处洋溢着丰收的喜悦。然而，地处灵台川道的中台、百里、新集三个乡镇的农民望着满地参差不齐、结穗不实、黑袍遍布的高粱却眉头紧锁、愁容满面。农民们普遍认为高粱出现这样大面积的不良情况，一定是种子出了问题！

一封封群众来信不断地飞往县上领导的办公桌上。县长张立新看到群众来信后，立即批示县信访办牵头组织调查。县信访办及时召集农牧局、工商局、技术监督局、种子公司等部门负责同志开展调查处理工作。调查组经过走访200多个农户和乡村干部，全面摸清了假种子区域分布、农户数、亩数、减产的成数。通过综合分析认为造成这些区域高粱减产的原因有四：一是县种子公司在年前制种时受特大干旱天气影响，部分制种田因不育系杂株荫蔽，去杂不彻底，造成串粉，致使部分高粱种子存在着纯度不高。二是今年前季旱象严重，雨水不足，大田高粱出苗不齐，长势普遍较差；但后季出穗季节连续阴雨天气，诱发了高粱黑穗病，造成减产。三是由于川道地的客观地域原因，加之高粱灌浆成熟期的阴雨天气，光照不足，造成受粉不良，小穗不实增多。四是山区地力差异大，务作粗放，有些地块麻子和高粱混种，种植密度大，脱肥严重，通风透光差，造成了高粱贪青晚熟，穗小粒秕。

张县长听取汇报后指出："自然因素固然有，但主要因素是种子不纯的问题，种子公司就要主动承担负责任，民以食为天，我们不能让老百姓吃亏！"会后，责令县种子公司就生产管理和销售把关等方面存在的问题向县委、县政府作出书面检查。为了弥补群众损失，消除社会影响，达到警示教育的目的，对县种子公司及有关负责同志进行经济处罚；同时，县委、人大、政府、政协的分管领导奔赴三乡镇分别召开座谈会，通报了事件查处情况，县种子公司也主动公开向群众道歉，给减产农户赔偿经济损失共计6.1万元。此举得到了全县受损农民的一致好评，眉头紧锁的农民脸上又焕发出洋溢的笑容。

【工作启示】

一要领导重视。这件信访问题，涉及全县川区大多数群众的切身利益，由于县政府主要领导的高度重视，及时安排部署，进行认真调查，为解决问题提供了可靠的依据。二要实事求是。调查组深入一线实地调查，进入高粱地亲眼看到了问题种子造成高粱减产的实情，倾听到了群众要求得到经济补偿的迫切心声。三要维护群众利益。群众利益无小事，县长高度重视信访工作，关心群众疾苦，对因种子不纯造成的损失及时向群众进行赔偿，全力维护老百姓的合法利益，自然就赢得了人民群众的口碑。

（灵台县信访局　李丽整理）

案例六：

群众利益无小事　一枝一叶总关情

——西屯乡白草坡群众孙能娃信访问题圆满解决

【基本案情】

2011年2月，春节的洋洋喜气驱散了料峭的寒风，迎来了初春的温暖气息，阳光和煦，万物呈现出勃勃生机。15日下午，县委机关干部刚刚上班，一阵清脆的劈里啪啦的鞭炮声，打破了机关院子里的宁静。一位衣着朴素、白发苍苍的农村妇女，紧紧握着县信访局牛国平局长的手，激动地反复念叨："感谢信访局的领导，感谢县委领导……"老人一边说，一边将一面绣着"情系百姓"四个金灿灿大字的锦旗送到了牛局长的手中……。这一幕还得从信访局成功调处的一起信访案件说起。

2008年8月，西屯乡白草坡村群众任某被陕西省长武县一驾驶小客车的司机撞伤，之后司机将任某送往灵台县人民医院治疗，由于任某长期单身生活，没有其他亲人，住院期间无人照料，县交警队考虑到任某的特殊情况，决定雇人护理，经与肇事司机、任某共同协商，雇佣了任某同村群众孙能娃负责照看任某。任某在灵台县医院共住院115天，期间孙能娃起早贪黑、任劳任怨、悉心照顾。次年1月，灵台县法院对这起交通肇事案件依法进行了审判，判决肇事司机承担护理费6900元，任某领到案款后，未能及时将护理费转交。孙能娃多次向任某索要无果，随后多次到交警队、县法院等单位上访，讨要自己的劳动报酬。县法院、交警队多次进行了协调，但问题一直久拖不决。

2011年春节前，孙能娃在多方求助无门的情况下，来到了县信访局上访，在接访室里，老人说起自己的事觉得十分委屈，情绪非常激动，禁不住潸然泪下。工作人员了解了事情后，安慰老人说："请放心，您反映的问题我们决不会让您老人家失望，一定给你讨回个公道。"工作人员及时将该问题向局领导做了汇报，信访局牛局长当天就向县上分管领导做了汇报，按照县上分管领导批示，及时安排工作人员就有关情况进行了进一步调查核实，并组织召开了由县法院、交警队、西屯乡等单位参加的信访联席会议，对该问题进行了专题研究。问题虽然简单明了，但情况却特殊复杂。交警队从人道主义出发，出面联系孙能娃照顾任某，但没有支付护理费的义务，孙能娃和任某法制观念比较淡薄，思想认识存在偏差，认为人是交警队出面联系的，应由交警队支付报酬。任某单身生活多年，没有固定收入来源，家里一贫如洗，生活极度困难，出院后还需继续服用药物，花销较大，领取的案款所剩无几，如果再向任某索要这笔钱，这将使任某的生活雪上加霜，给其生活上造成极大的压力。为了切实维护群众的合法权益，经过多方协调，信访局决定从信访疑难专项资金中筹措6900元，兑付了孙能娃的护工费用。当春节前这笔钱送到老人手里时，老人异常激动，"没想到自己跑了两年多都没有解决的问题，却一下子这么快解决了……"

【体会启示】

1. 化解信访问题首先要厘清事实。解决信访问题要弄清事情的来龙去脉，找准问题症结所在，才能对症下药。工作人员对孙能娃反映的有关问题进行进一步的调查核实，尤其对双方的家庭状况，生活情况进行了全方位的了解，摸清了事实，查明了原因，找出了症结，为问题的合理解决奠定了基础。

2. 化解信访问题要体现人文关怀。化解信访问题要坚持合情合理的解决到位，生活有困难的要帮扶救助到位。该信访问题中，孙能娃付出了艰辛的劳动却未获得相应的报酬，任某虽然领取了案款，但由于客观情况却无力支付，双方都是困难弱势群体，只有依靠政府、社会力量参与，共同出主意、想办法，坚持以人为本，才能维护好群众利益，促进社会和谐稳定。

3. 信访专项资金使用要合情合理。在信访人合理诉求得不到解决，赔偿主体责任得不到落实时，信访局及时启用了疑难专项资金，对推动信访问题化解起到了关键性作用。

（灵台县信访局　史新强整理）

案例七：

合理运用专项资金　有效化解信访积案

【基本情况】

王某，女，甘肃省灵台县邵寨镇某村农民，精神病患者。1993年5月23日，刚年满18岁的王某与其嫂郭某因家务琐事发生纠纷，致使其嫂流产，其嫂娘家人执意将王某诉诸法院，县法院于1994年3月12日以故意伤害罪判处王某拘役6个月。王某在看守所期间因患精神分裂症被取保候审回家。其母亲刘某先后带女儿辗转至礼泉、西安等医院治疗精神分裂症均未果，遂多年到省、市有关部门上访，两次赴京上访，要求有关部门就女儿王某在看守所期间患精神病给个说法。

【处理经过】

2012年，刘某及女儿先后两次在北京禁访区上访，县上组织人员将其劝返回家后，县委分管领导带领有关部门负责人多次深入信访人家中，做了大量的思想疏导和转化工作。对其反映的问题及时召开会议专题研究，认为此事相距事发时间达18年之久，对王某的精神病的形成原因现已无法界定，但鉴于其女确实患有严重的精神病，为给女儿治病，家里债务累累，十分贫穷，生活非常困难，其父母也都年近古稀，丧失劳动能力，且要为其女长期服药，经济来源十分有限，确需组织救济。经多次协调，信访人愿意在解决女儿医疗费用的基础上息诉罢访。11月份，信访人与邵寨镇政府签订了息诉罢访协议书，经逐级上报，经县信访局审查，在信访专项资金中为信访人解决12万元。至此，一件长达18年的信访难案画上了圆满的句号。

【难点分析】

一是思想观念转变难。在本案中，信访人刘某认为女儿的精神病是在看守所服刑期间形成的，坚持要讨个说法，追究相关工作人员的法律责任，思想在短时间内很难转变，多年积压在心中的怨愤很难释放。二是时间久远取证难。关于王某患精神病已达18年之久，到底是什么原因形成的，无任何当时的医疗鉴定资料，调查取证比较困难。三是化解资金筹措难。灵台作为一个财政贫困县，单位经费都捉襟见肘，加之该案中化解资金数目较大，没有专项资金的支撑，要彻底解决问题比较困难。

【体会启示】

一是领导接访包案是解决疑难问题的关键。领导亲自接访包案是解决疑难复杂问题的有效方式。县委分管领导亲自下访后，了解到了信访人家里的真实情况，及时召开会议，各项工作迅速启动，并在最短的时间内解决了信访群众的实际困难。

二是部门协作是解决疑难问题的基础。遇到一些特殊疑难信访问题，相关责任部门要及时沟通，相互配合，找准问题症结，集思广益，群策群力，攻坚克难。三是运用专项资金是解决疑难问题的有效手段。一些求决类的信访积案久拖不决，大多数情况下是因为资金不到位，遇到一些棘手的信访问题，在条件满足的情况下，要积极运用各级专项资金，充分发挥专项资金的杠杆作用。四是坚持实事求是解决疑难问题的根本。针对信访人家中生活困难、王某需要继续依靠药物维持正常生活的实际，信访局决定将专项资金分三年付给信访人，既确保了信访问题的彻底化解，又保障了信访人基本的医疗救助，充分显示了组织在信访疑难问题处理中实事求是、以人为本的科学理念。

（灵台县信访局 王春雨整理）

案例八：

悼念亡亲本无罪 违法闹访陷囹圄

——灵台县“4.27”医闹事件始末

2013年4月27日9时，灵台县人民医院的大门口突然出现一群穿白戴孝的男女，他们一边哭喊着一边打起横幅堵住了医院的大门，随即引起过路群众驻足围观，原本宽阔的街道顿时被堵的水泄不通，人声嘈杂，交通阻塞，场面一片混乱，在场的人们都疑惑是什么事件让这些人如此的悲痛和冤屈。然而，随着一声凌厉的警笛划过，身穿孝袍的男女全部被民警带离，事情的真相才逐渐地清晰起来……

2013年2月18日下午，灵台县某镇一老妇丁某乘车赶集回家途中发生车祸，致使丁某身体“多处软组织挫伤、左下肢肿痛”，医生还诊断出丁某同时患有冠心病等心血管疾病，随即在县人民医院住院治疗。丁某在住院治疗20余天后突发“脑栓塞”转院至宝鸡市解放军第三医院治疗，当家属得知丁某“左脑大面积梗塞”的危重病情后，未经灵台县人民医院的同意，将丁某转回强行抬到灵台县人民医院重症监护室，并集体赴县政府上访称医院救治不力导致丁某病情恶化。秉着先治病救人的原则，县委、县政府及时督促县医院成立了专门的治疗小组全力治疗，但丁某最终因病情恶化于4月27日抢救无效死亡。随后，丁某的儿子白某及家属数十人以医院救治不力为由，不顾医院工作人员的劝解，强行将冰棺抬进医院重症监护室，在住院部设置灵堂，焚香烧纸，辱骂、撕扯、殴打医务人员、保安和公安干警，导致两名干警受伤，整个住院部大楼秩序混乱，医务工作停滞，其他病人治疗受阻；部分家属在医院大门前打横幅聚众闹访，提出了必须将主治医生杨某以故意杀人罪予以逮捕、救活死者丁某的无理要求。为了尽快恢复医院正常的工作秩序，保证其他患者按时就医，维护社会大局的稳定，在经过3次劝说无效的情况下，县公安局迅速启动了突发性群体事件应急处置预案，对违法闹访人员进行了强行带离，根据收集的证据和有关法律法规规定，对白某等七人依法分别进行了十至十五日的行政拘留。

法不容情，违者必究！悲痛的心情不是违法信访的理由，亡故的亲人不是触碰法律的工具。白某等人的过激行为没有博得人们的同情，反而受到了公安机关严厉打击处理，甚至受到社会舆论的广泛谴责。这起让人感到遗憾的医闹事件过后，死者家属也反省了自己的错误：

1. 认识错误，信访动机不纯。对丁某的病情突变后不能理智地对待，不寻求正确的解决途径，而是企图通过集体闹访向政府和医院加压，为丁某突发的脑血管疾病寻找新的责任主体，进而为追究经济补偿创造条件。

2. 蓄意谋划，故意扩大事态。丁某病重期间，没有尽全力积极配合医院救治病人，而是提前煽动组织其他亲属谋划丁某不治而亡后，通过打横幅、大闹医院等行为发泄情绪，制造影响。

3. 行为过激，社会影响恶劣。家属在医院住院部设置灵堂、焚香烧纸、殴打医护人员的行为致使医务工作停滞，贻误了其他患者的救治，引起了众怒，社会影响极其恶劣。

【启示】

1. 信访的目的是为了解决问题，维护合法权益，不是为了扩大事态，制造影响，通过向政府加压进而满足一己私欲。

2. 任何煽动、组织群众集体闹访，扰乱公共秩序的过激信访行为都是违法的，必然受到法律的严厉制裁。

3. 要认真学习信访法律法规，学会依法信访，用理性有序的信访方式表达利益诉求。

（灵台县信访局　李涛整理）

第七章　荣誉及表彰奖励

第一节　单位受表彰奖励

1992年

4月，灵台县信访办公室被中共甘肃省委办公厅、甘肃省人民政府办公厅评为“全省信访工作先进集体”。

1996年

3月，灵台县信访办公室被评为“全区信访系统先进集体”，受到中共平凉地委、平凉行署信访处表彰奖励。

12月，灵台县信访工作目标管理责任书考核居全区第一，受到中共平凉地委、平凉行署通报表扬。

1997年

12月，灵台县获全区信访目标管理责任书考核一等奖，受到中共平凉地委、平凉行署表彰奖励。

1998年

2月，灵台县信访办公室被评为“部门年度主要工作责任目标考核先进单位”，受到中共灵台县委、灵台县人民政府表彰奖励。

9月，灵台县信访办公室被评为“全省信访工作先进集体”，受到中共甘肃省委办公厅、甘肃省人民政府办公厅表彰奖励。

1999年

2月，灵台县信访办公室被评为“全县信访工作先进单位”，受到中共灵台县委、灵台县人民政府表彰奖励。

4月，灵台县获全区1998年度信访工作目标管理责任书考核一等奖，受到中共平凉地委、平凉行署表彰奖励。

2000年

2月，灵台县信访办公室被评为全县信访工作先进单位，受到中共灵台县委、灵台县人民政府表彰奖励。

3月，灵台县获全区1999年度信访工作目标管理责任书考核一等奖，受到中共平凉地委、平凉行署表彰奖励。

2001年

3月，灵台县获全区2000年度信访工作目标管理责任书考核一等奖，受到中共平凉地委、平凉行署表彰奖励。

2002年

3月，灵台县获全区2001年度信访工作目标管理责任书考核一等奖，受到中共平凉地委、平凉行署表彰奖励。

2004年

3月，灵台县信访办公室被评为“全省信访工作先进单位”，受到中共甘肃省委办公厅、甘肃省人民政府办公厅表彰奖励。同月，灵台县获全市2003年度信访工作目标管理责任书考核一等奖，受到中共平凉市委、平凉市人民政府表彰奖励。

2005年

3月，灵台县获全市2004年度信访工作目标管理责任书考核二等奖，受到中共平凉市委、平凉市人民政府表彰奖励。

2006年

3月，灵台县获全市2005年度信访工作目标管理责任书考核一等奖，受到中共平凉市委、平凉市人民政府表彰奖励。

2007年

3月，灵台县获全市2006年度信访工作目标管理责任书考核第一名，受到中共平凉市委、平凉市人民政府表彰奖励。

2009年

2月，灵台县获2008年度信访工作目标管理责任书考核一等奖，受到平凉市信访联席会议办公室表彰奖励。

12月，灵台县信访局在县委机关“庆元旦迎新春”文体活动职工广播体操比赛中获第二名，受到中共灵台县委机关党总支表彰奖励。

2011年

2月，灵台县信访局党支部被评为“优秀党支部”，受到县委机关党总支表彰奖励。

2012年

2月，灵台县信访局在县委、县政府机关干部职工辩论赛中获得三等奖，受到中共灵台县委机关党总支表彰奖励。

3月，灵台县获全市2011年度信访工作责任书考核一等奖，受到平凉市信访联席会议办公室表彰奖励。

4月，灵台县信访局获“迎五一促发展”移动杯职工运动会拔河比赛二等奖，受到中共灵台县委机关党总支、灵台县人民政府机关党总支表彰奖励。

2013年

3月，灵台县被评为全市2012年度信访工作目标责任考核先进单位，受到平凉市信访联席会议表彰奖励。

2014年

3月，灵台县被评为全市2013年度信访工作目标责任考核先进单位，受到平凉市信访联席会议表彰奖励。

2015年

3月，灵台县被评为全市2014年度信访工作目标责任考核先进单位，受到平凉市信访联席会议表彰奖励。

2016年

3月，灵台县被评为2015年度全市信访工作目标责任考核先进单位，受到平凉市信访工作联席会议表彰奖励。同月，灵台县人民信访接待大厅被评为“平凉市优秀妇女儿童维权岗”，受到平凉市妇联、市综治办、市司法局表彰奖励。

2017年

9月，灵台县信访局被甘肃省人社厅、省信访局评为“全省信访工作先进集体”。

12月，灵台县信访局被中共灵台县委、灵台县人民政府评为“全县党的十九大维稳安保工作先进集体”。

第二节　个人受表彰奖励

1992年

4月，中共灵台县委书记李铁成同志被评为“全省信访工作先进个人”，受到中共甘肃省委办公厅、甘肃省人民政府办公厅表彰奖励。

1995年

7月，灵台县信访办公室主任王仁贵同志被评为“优秀共产党员”，受到中共灵台县委表彰奖励。

10月，灵台县信访办公室主任王仁贵同志被评为“全国信访系统先进工作者”，受到中央办公厅、国务院办公厅、国家人事部表彰奖励。

1996年

3月，灵台县信访办公室主任王仁贵同志被评为“一九九五年度优秀干部”，受到中共灵台县委、灵台县人民政府表彰奖励。

4月，灵台县信访办公室主任王仁贵同志被评为“全区信访工作先进个人”；巩志刚同志被评为“全区信访系统优秀通讯员”，受到中共平凉地委、平凉行署表彰奖励。

7月，灵台县信访办公室主任王仁贵同志被评为“优秀共产党员”，受到中共灵台县委表彰奖励。

1997年

2月，灵台县信访办公室主任王仁贵同志被评为“十佳文明公仆”，受到中共灵台县委、灵台县人民政府表彰奖励。

6月，灵台县信访办公室主任王仁贵同志被评为“优秀党务工作者”，受到中共灵台县委表彰奖励。

9月，灵台县信访办公室主任王仁贵同志被评为“全省十佳公务员”，受到甘肃省人事厅表彰奖励。

11月，灵台县信访办干部牛国平同志被评为“全省优秀农业普查员”，受到甘肃省农业普查办公室表彰奖励。

1998年

1月，灵台县信访办公室主任王仁贵同志被评为“甘肃省最佳公务员”，受到甘肃省人事厅表彰奖励。

7月，灵台县信访办公室主任王仁贵同志被评为“优秀共产党员”，受到中共灵台县委表彰奖励。

8月，灵台县信访办公室主任王仁贵同志被评为“全省信访工作先进个人”，受到中共甘肃省委办公厅、甘肃省人民政府办公厅表彰奖励。

1999年

9月，灵台县信访办公室主任王仁贵同志被授予“十佳人民公仆”荣誉称号，受到中共灵台县委表彰奖励。

2001年

6月，灵台县信访办公室主任王仁贵同志被评为“全省优秀共产党员”，受到中共甘肃省委表彰奖励。

2002年

2月，灵台县信访办公室干部牛国平同志被评为“2001年度先进工作者”，受到中共灵台县委机关党总支表彰奖励。

2003年

2月，灵台县信访办公室干部牛国平同志被评为“2002年度优秀工作者”，受到中共灵台县委机关党总支表彰奖励。

7月，灵台县信访办公室主任王仁贵同志被授予“廉洁奉公好干部”荣誉称号，受到中共平凉市委表彰奖励。

2004年

3月，灵台县信访办公室干部杨俊锋同志被评为“2003年度优秀工作者”，受到中共灵台县委机关党总支表彰奖励。

2005年

2月，灵台县信访局局长王仁贵同志被评为“十佳公仆”，受到中共灵台县委、灵台县人民政府表彰奖励。

3月，灵台县信访局干部白永勤同志被评为“2004年度优秀工作者”，受到中共灵台县委机关党总支表彰奖励。

2006年

3月，灵台县信访局干部王永军同志被评为“2005年度优秀工作者”，受到中共灵台县委机关党总支表彰奖励。

9月，灵台县信访局局长王仁贵同志被评为“平凉市优秀思想政治工作者”，受到中共平凉市委表彰奖励。

2007年

3月，灵台县信访局干部白永勤同志被评为“2006年度优秀工作者”，受到中共灵台县委机关党总支表彰奖励。

10月，灵台县信访局局长牛国平同志被评为“全县矛盾纠纷集中排查调处工作先进个人”，受到中共灵台县委、灵台县人民政府表彰奖励。

2008年

7月，灵台县信访局局长牛国平同志被评为“优秀共产党员”，受到中共灵台县委表彰奖励。

2009年

12月，灵台县信访局干部李晓刚同志被评为“先进工作者”，受到中共灵台县委机关党总支表彰奖励。

2010年

7月，灵台县信访局副局长何为同志被评为“优秀共产党员”，受到中共灵台县直机关党工委表彰奖励。

2011年

3月，灵台县信访局干部徐海军同志被评为“2010年度全县信访工作先进个人”，受到中共灵台县委、灵台县人民政府表彰奖励。

7月，灵台县信访局局长牛国平同志被评为“优秀党务工作者”，受到中共灵台县委表彰奖励。

11月，灵台县信访局局长牛国平同志被评为“全县‘五五’普法工作先进个人”，受到中共灵台县委、灵台县人民政府表彰奖励。

12月，灵台县信访局副局长何为、干部王春雨两名同志被评为“先进工作者”，受到中共灵台县委机关党总支表彰奖励。

2012年

2月，灵台县信访局干部李涛同志在“庆五一”县委、政府机关干部职工辩论赛中被评为“优秀辩手”，受到中共灵台县委机关党总支表彰奖励。

6月，灵台县信访局副局长杨俊锋同志被评为“优秀共产党员”，受到中共灵台县直机关党工委表彰奖励。

7月，灵台县信访局干部李涛同志获得“纪念建党90周年全县党史知识竞赛二等奖”，受到中共灵台县委机关党总支和灵台县人民政府机关党总支表彰奖励。

2013年

2月，灵台县信访局副局长杨俊锋同志被评为“2012年度先进工作者”，受到中共灵台县委、灵台县人民政府表彰奖励；同月，灵台县信访局干部李涛同志被评为“2012年度先进工作者”，受到中共灵台县委机关党总支表彰奖励。

6月，灵台县信访局干部李丽同志被授予“五星先锋党员”荣誉称号，受到中共灵台县直机关党工委表彰奖励。

9月，灵台县信访局干部曹龙祥同志被评为全县第一届全民篮球运动会“优秀运动员”“优秀裁判员”，受到中共灵台县委、灵台县人民政府表彰奖励。

2014年

2月，灵台县信访局干部李涛同志被评为“2013年度全县优秀公务员”，受到中共灵台县委、灵台县人民政府表彰奖励；同月，李涛、李丽、曹文浩、曹龙祥四名同志被评为“2013年度先进工作者”，受到灵台县信访局表彰奖励。

7月，灵台县信访局干部李丽同志被授予“五星先锋党员”荣誉称号，受到中共灵台县直机关党工委表彰奖励。

2015年

3月，灵台县信访局干部李丽、孙斌、王蕊三名同志被评为“2014年度先进工作者”，受到灵台县信访局表彰奖励。

11月，灵台县信访局局长牛国平同志被授予“全市政法系统十佳爱民‘调解标兵’”荣誉称号，受到中共平凉市委政法委、综治委、维稳工作领导小组表彰奖励。

2016年

3月，灵台县信访局副局长杨俊锋同志被评为“2015年度全县先进工作者”，受到中共灵台县委、灵台县人民政府表彰奖励。同月，曹文浩、史新强、王蕊三名同志被评为“2015年度先进工作者”，受到灵台县信访局表彰奖励。

2017年

12月，灵台县信访局副局长何为同志被评为“全县党的十九大维稳安保工作先进个人”，受到中共灵台县委、灵台县人民政府表彰奖励。

第八章　历任信访干部

第一节　主要领导变更

任志财（1979.03 － 1982.08）
杨　青（1982.08 － 1990.02）
孙培毓（1990.02 － 1992.08）
王仁贵（1993.12 － 2007.08）
牛国平（2007.08 －　　　　）

第二节　副职领导变更

任效杰（1983.11 － 1989.11）
王继升（1990.04 － 1995.11）
刘　臻（1995.11 － 1997.01）
焦升武（1997.01 － 2005.08）
牛国平（2002.04 － 2007.08）
杨俊锋（2005.08 － 2017.11）
何　为（2008.01 －　　　　）
李　涛（2017.11 －　　　　）

第三节　工作人员变更

任永成（1949.08 － 1952.10）
付怀德（1952.11 － 1956.11）
边　成（1956.12 － 1958.10）
李斌仕（1962.01 － 1962.10）
任国英（1962.10 － 1965.05）
杨自华（1965.05 － 1967.04）
任效杰（1983.11 － 1987.09）
于忠学（1983.12 － 1986.06）
李作新（1987.06 － 1997.02）
巩志刚（1991.04 － 2000.01）
牛国平（1997.03 － 2002.04）
杨俊锋（2001.06 － 2005.08）
徐海军（2005.01 － 2011.06）
白永勤（2005.12 － 2011.04）
王永军（2005.12 － 2011.04）
张天荣（2007.07 －　　　　）
李晓刚（2008.01 － 2010.12）
王春雨（2010.06 －　　　　）
景永刚（2011.03 － 2012.08）
李　丽（2011.03 －　　　　）
李　涛（2012.10 － 2017.11）
曹文浩（2012.10 －　　　　）
孙　斌（2013.03 －　　　　）
史新强（2013.03 －　　　　）

曹龙祥（2013.03－　　　）
王　蕊（2013.03－2016.6）
王海涛（2017.06－　　　）
朱丽莉（2017.06－　　　）

第四节　信访干部简介

一、在职干部

牛国平，男，汉族，生于1964年11月，灵台县新开乡人。中共党员，公务员，大专学历，毕业于甘肃广播电视大学党政干部管理专业。1984年7月至1985年7月中共灵台县委党校干部培训班学习；1985年9月至1987年7月甘肃广播电视大学平凉分校灵台县委党校党政干部管理专修班学习；1987年10月至1990年6月蒲窝乡财政所干部；1990年6月至1992年3月邵寨乡财政所干部；1992年3月至1994年2月独店乡政府干部；1994年2月至1997年3月蒲窝乡政府干部（1994年12月入党）；1997年3月至2002年4月灵台县信访办公室干部；2002年4月至2004年7月灵台县信访办公室副主任；2004年7月至2007年8月灵台县信访局副局长；2007年8月至今中共灵台县委办公室副主任、县信访局局长。

何为，男，汉族，生于1965年2月，灵台县独店镇人。中共党员，公务员，大学学历，毕业于庆阳师专汉语言文学专业。1988年9月至1990年7月庆阳师专学生；1990年7月参加工作，

1990年7月至1995年8月灵台县职业中学教师；1995年8月至1996年8月灵台县城关中学教师；1996年8月至1997年4月中共灵台县直机关党委干部（1997年4月入党）；1997年4月至2008年1月中共灵台县委宣传部干部；2003年4月至2008年1月灵台县精神文明建设指导委员会办公室副主任；2008年1月至2013年4月灵台县信访局副局长；2013年4月至今灵台县信访局副局长、主任科员。

李涛，男，汉族，生于1983年11月，灵台县什字镇人。中共党员，公务员，大学学历，毕业于甘肃联合大学物理教育专业。2003年9月至2006年7月甘肃联合大学学生（2004年10月入党）；2006年7月至2006年12月待业；2006年12月在灵台县公安局参加工作；2006年12月至2011年6月灵台县公安局刑警大队刑事侦查员（2008年9月至2010年6月取得中共甘肃省委党校行政管理专业大学学历）；2011年6月至2012年9月灵台县公安局科员；2012年9月至2015年10月灵台县信访局科员；2015年10月至2017年11月灵台县信访局副主任科员；2017年11月至今灵台县信访局副局长。

王春雨，女，汉族，生于1986年2月，甘肃省静宁县人。中共党员，公务员，大学学历，毕业于兰州商学院会计专业；2005年9月至2009年6月兰州商学院学生（2008年10月入党）；2009年10月参加工作；2009年10月至2010年5月灵台县什字镇政府科员；2010年6月至今灵台县信访局科员。

李丽，女，汉族，生于1983年4月，灵台县什字镇人。中共党员，大专学历，毕业于甘肃农业大学植物保护专业。2008年1月参加工作；2008年1月至2011年3月邵寨镇政府干部（2011年1月入党）；2011年3月至今灵台县信访局干部。

曹文浩，男，汉族，生于1981年3月，灵台县什字镇人。中共党员，公务员，大学学历，毕业西北师范大学资源环境与城乡规划管理专业。2010年1月参加工作；2010年1月至2011年7月灵台县中台镇政府科员；2011年7月至今灵台县信访局科员。

孙斌，男，汉族，生于1986年5月，灵台县西屯乡人。中共党员，大学学历，2004年8月至2007年7月甘肃联合大学学生；2009年10月至2011年10月中央广播电视大学函授；2008年3月参加工作，2008年3月至2010年3月灵台县上良乡镇府干部；2010年3月至2013年3月灵台县公安局干部（2011年6月入党）；2013年3月至今灵台县信访局干部。

史新强，男，汉族，生于1983年11月，灵台县朝那镇人。大学学历，理学学士，毕业于陇东学院化学专业。2008年9月参加工作，2008年9月至2010年7月灵台县梁原中学教师；2010年7月至2013年3月灵台县公安局邵寨派出所民警；2013年3月至今灵台县信访局干部。

张天荣，男，汉族，生于1977年1月，灵台县星火乡人。大专学历，毕业于甘肃农业大学农林经济管理专业。1997年1月参加工作，1997年1月至2007年6月先后在灵台县建材有限责任公司和灵台县农机工程有限责任公司工作；2007年7月至今灵台县信访局工作。

曹龙祥，男，汉族，生于1987年10月，灵台县什字镇人。中共党员，大学学历，毕业于兰州城市学院。2008年9月至2012年6月兰州城市学院学生；2012年6月至2013年3月待业；2013年3月至今灵台县信访局干部。

王海涛，男，汉族，生于1990年2月，灵台县独店镇人。大学学历，毕业于兰州工业学院电气工程专业。2009年8月至2012年6月兰州工业学院电气工程专业学生；2013年2月至2016年2月中央广播电视大学函授；2014年1月参加工作，2014年1月至2017年5月灵台县气象局干部；2017年6月至今灵台县信访局干部。

朱丽莉，女，汉族，生于1989年4月，灵台县星火乡人。大学学历，毕业于兰州资源环境职业技术学院图形图像制作专业。2009年9月至2012年6月兰州资源环境职业技术学院学生；2015年3月至2018年1月甘肃农业大学农林经济管理专业函授学习；2012年6月至2014年2月兰州瑞士达广告有限公司职员；2014年2月至2017年5月灵台县中小企业信用担保有限公司职工；2017年5月至今灵台县信访局干部。

二、调出干部

杨俊锋，男，汉族，生于1971年8月，灵台县上良镇人。中共党员，公务员，大专学历，1988年9月至1991年7月甘肃省平凉师范学校学生；1991年7月参加工作，1991年7月至1994年8月灵台县梁原中学教师；1994年9月至1996年8月甘肃教育学院学生；1996年8月至1999年8月灵台县梁原中学教师（1997年11月入党）；1999年8月至2001年6月灵台县上良中学教师；2001年6月至2005年8月灵台县信访局干部；2005年8月至2017年11月灵台县信访局副局长；2017年11月至今灵台县交通局副局长。

徐海军，男，汉族，生于1978年1月，灵台县西屯镇人。中共党员，公务员，自考大学学历，毕业于兰州工业高等专科学校机械工程系机电一体化专业，2013年6月自考兰州大学行政管理学本科毕业。1996年9月至1999年7月兰州工业高等专科学校学习；1999年7月至2000年12月待业；2000年12月参加工作，2000年12至2004年2月灵台县吊街乡政府干部；2004年2月至2005年1月灵台县独店镇政府干部；2005年1月至2011年6月灵台县信访局干部（2006年8月入党）；2011年6月至今中共平凉市委政法委综治二科科长。

白永勤，男，汉族，生于1975年7月，灵台县星火乡人。中共党员，公务员，大学学历，毕业于甘肃政法学院经济法专业。1998年11月参加工作；1998年11月至2005年1月灵台县上良乡政府干部（2001年11月入党）；2005年1月至2008年7月灵台县信访局干部；2008年7月至2011年7月中共灵台县邵寨镇党委委员、武装部长；2011年7月至2016年5月中共灵台县纪委党风政风监督室（纠正行业不正之风办公室）副主任；2016年5月至2016年10月中共灵台县纪委党风政风监督室（纠正行业不正之风办公室）主任；2016年10月至今中共灵台县纪委常委、党风政风监督室（纠正行业不正之风办公室）主任。

王永军，男，汉族，生于1978年2月，灵台县梁原乡人。中共党员，公务员，大学学历，1998年6月毕业于平凉农校95园艺专业，2006年9月甘肃省委党校行政管理专业本科毕业。1998年10月参加工作，1998年10月至2005年12月灵台县龙门乡政府科员（2004年6月入党）；2005年12月至2010年4月灵台县信访局科员；2010年4月至2011年4月灵台县信访局信访督查专员；2011年4月至2017年11月中共灵台县委办公室信息科科长；2017年11月至今中共灵台县委组织部正科级组织员、县委人才办公室主任。

李晓刚，男，汉族，生于1982年6月，灵台县朝那镇人。中共党员，公务员，大学学历，自考西北师范大学汉语言文学专业。2000年9月至2002年7月甘肃联合大学管理科学系工商管理专业学习；2002年7月至2003年5月待业；2003年5月参加工作，2003年5月至2005年3月灵台县龙门乡政府科员；2005年3月至2007年7月灵台县百里乡政府科员（2006年6月入党）；2007年7月至2008年10月灵台县司法局百里司法所科员；2008年10月至2010年12月灵台县信访局科员；2010年12月至2012年12月平凉市工业和信息化委员会（市煤电化产业开发办公室）科员；2012年12月至2017年11月平凉市工业和信息化委员会人力资源科副科长；2017年11月至今平凉市工业和信息化委员会消费品产业科科长。

景永刚，男，汉族，生于1983年8月，灵台县上良镇人。中共党员，公务员，大学学历，毕业于兰州商学院信息与计算科学专业。2008年4月入党，2009年1月参加工作，2009年1月至2010年2月灵台县龙门乡政府干部；2010年2月至2011年3月灵台县朝那镇政府干部；2011年3月至2012年4月灵台县信访局干部；2012年4月至2018年1月灵台县中台镇政府经济社会发展办副主任、社会事务服务中心主任、计划生育办公室主任；2018年1月至今灵台县梁原乡政府副乡长。

王蕊，女，汉族，生于1990年1月，灵台县中台镇人。大学学历，毕业于兰州商学院国际经济与贸易专业。2013年3月在灵台县上良镇财政所参加工作；2013年5月至2016年3月灵台县信访局干部；2016年3月至今灵台县财政局干部。

三、退休干部

杨自华，男，汉族，生于1932年4月，灵台县上良乡人。中共党员，大学学历，毕业于西北师范大学。1955年8月参加工作；1955年8月至1964年9月甘肃省委组织部干部；1965年5月至1967年4月灵台县信访办公室干部；1967年4月至1980年3月灵台县教育局局长；1981年1月至1983年10月灵台县人民政府副县长；1983年10月至1986年11月中共灵台县纪委书记；1986年11月至1992年10月灵台县政协主席；2002年4月去世。

王仁贵，男，汉族，1950年9月，灵台县中台镇人。中共党员，大专文化程度。1969年5月参加工作，1969年5月至1981年10月灵台县东关小学教师；1981年10月至1983年11月灵台县文教局干部；1983年11月至1993年11月中共灵台县委组织部干部、组织员；1993年11月至2007年7月中共灵台县委办公室副主任、信访（办）局主任、局长（期间，任中共灵台县纪委委员、平凉市监察局特邀监察员；当选中国共产党灵台县委员会第十三次、第十四次大会代表，中国共产党平凉市委员会第一次、第二次大会代表）；2007年7月中共灵台县委办公室主任科员；2008年7月退休。

焦升武，男，汉族，生于1958年7月，灵台县星火乡人。中共党员，高中文化程度。1975年10月参加工作；1975年10月至1980年8月灵台县革命委员会办公室干部（1979年8月入党）；1980年8月至1986年8月中共灵台县委办公室干部；1986年9月至1990年12月中共新集乡党委副书记；1990年12月至1997年2月中共灵台县纪律检查委员会委员、党风廉政室主任；1997年2月至2008年8月灵台县信访办公室副主任；2008年8月退休。

孙培毓，男，汉族，生于1942年7月，灵台县西屯乡人。中共党员，初中文化程度。1960年1月至1963年1月泾川县灵台公社团委干事；1963年1月至1965年1月中台公社会计；1965年2月至1976年4月百里公社会计；1976年4月至1978年1月什字公社管理委员会文书（1976年7月入党）；1978年1月至1980年1月中共灵台县委组织部组织干事；1980年1月至1983年2月朝那公社管委会副主任；1983年2月至1987年7月灵台县卷烟厂支部书记、厂长；1987年7月至1988年3月灵台县制药厂党支部书记；1988年3月1990年1月灵台县城乡建设环境保护局副局长；1990年1月至1992年8月灵台县信访办公室主任；1992年8月至1993年12月灵台县计划生育委员会主任；1993年12月至1998年9月灵台县计划生育委员会纪监委委员；1998年9月退休。

王俊儒，男，汉族，生于1944年3月，灵台县什字镇人。1970年10月参加工作；1970年10月至1973年12月灵台县革命委员会生产指挥部秘书组干部；1973年12月至1982年12月灵台县信访办公室干部（1980年1月入党）；1982年12月至1984年2月灵台县卫生局干部；1984年2月至1992年12月先后任灵台县新集乡政府副乡长、党委副书记、乡长、书记；1992年12月至2003年3月灵台县卫生局副局长兼卫生防疫站站长；2003年4月退休。

杨青，男，汉族，生于1951年12月，灵台县上良镇人。中共党员，高中文化程度，1958年7月参加工作，1958年7月至1958年12月灵台县人委干部；1958年12月至1961年11月泾川县科委干部；1961年11月至1966年4月灵台县民政局干部（1965年2月入党）；1966年4月至1968年8月灵台县委宣传部干部；1968年8月至1977年3月灵台县生产指挥部民政组干部；1977年3月至1978年10月灵台县梁原乡卫生院院长；1978年10月至1980年9月灵台县朝那镇中心卫生院院长；1980年9月至1982年7月灵台县计生委副主任；1982年7月至1990年2月灵台县信访室副主任；1990年2月至2001年12月灵台县地方志办公室主任；2002年12月退休；2016年9月病逝。

于忠学，男，汉族，生于1955年8月，灵台县什字镇人。中共党员，大学学历，毕业于中央党校函授学院政法专业。1973年12月至1980年1月解放军00521部队服役（1979年12月入党）；1980年1月至1983年12月甘肃省灵台县法院干部（1982年3月经灵台县政府批准转干）；1983年12月至1986年6月灵台县委接访室科员；1986年6月至1988年11月白银市委、市政府信访室科员，1988年11至1990年6月白银市委、市政府信访室副主任科员；1990年6月至1990年12月白银市政府法制局干部；

1990年12月至1996年7月白银市政府法制局办公室主任；1996年7月至2004年9月白银市委、市政府信访室副主任；2004年9月至2010年11月白银市信访局副局长；2010年11月至2015年8月白银市信访局调研员；2015年8月退休。

任效杰，男，汉族，生于1937年10月，灵台县蒲窝镇人。中共党员，初中文化程度，1959年6月入党。1960年1月至1960年10月百里人民公社蒋咀驻队干事；1960年10月至1964年12月星火人民公社干事；1964年12月至1968年6月坷台区政工干事；1968年6月至1972年12月灵台县委检委干事；1972年12月至1973年12月灵台县邮电局干部；1973年12月至1978年2月灵台县商业局干部；1978年2月至1979年3月灵台县委组织部干部；1979年3月至1983年3月灵台县委纪律检查委员会干部；1983年3月至1989年10月灵台县信访办副主任；1989年10月至1998年4月灵台县商务局纪检委员；1998年4月退休。

李作新，男，汉族，生于1944年5月，灵台县龙门乡人。中共党员，中专学历，毕业于甘肃省工业学校矿山机电专业。1969年1月参加工作；1969年1月至1979年6月武威黄羊镇电厂工作；1979年6月至1986年3月灵台县石沟煤矿干部；1983年被中华全国总工会授予“工会先进工作者”金质勋章；1987年6月至1997年2月灵台县信访局干部（期间参加了中共甘肃省委讲师团甲级学习培训，学业程度达到大学文科公共政治课水平）；1997年2月至2005年2月灵台县副科级调研员；2005年2月退休，2016年1月去世。

巩志刚，男，汉族，生于1965年1月，灵台县独店镇人。中共党员，大专学历，1988年7月毕业于甘肃省农业机械学校，同年9月在灵台县经济技术协作办公室参加工作；1991年4月至2001年1月灵台县政府信访室干部；（1997年8月提拔为副科级信访员）2000年1月至2004年10月邵寨镇任党委副书记；2004年11月至2005年9月灵台县非公局副局长；2005年10月至2008年11月中共灵台县委党校副校长，2008年12月至2016年8月灵台县国有资产管理局副局长；2016年8月病逝。

第九章　信访文苑

第一节　诗　词

诗 三 首

李怀荣

(一) 满江红

——有感于灵台县委书记何兴荣竭诚为民

撰罢感歌，
事必躬亲堪称模。
莫看作，
书记接访，
件件有落。
铁面无私天下喜，
匡扶正义朝野悦。
密须万民齐称赞，
俱欣跃。

纳良谏，
抓党风，

伸正气，
消腐恶。
笑抒灵台景，
民心倾佐。
宵衣旰食兴大业，
鞠躬尽瘁修“溪河”。
古城灵台旧貌突变，
功不没。

(二) 破阵子

——致全国信访系统先进工作者王仁贵

今朝鲜花聚拢
数载月缺月圆
抬眼人生路漫漫
忆往昔岁月无憾
红蜡泪点点
憨实似牛负重
信访事业永远
了却灵台忧患事
修身洁行山水间
精诚照肝胆

(三) 献给信访工作者的歌

1

没有楼堂馆宇的气派
只有简陋斑驳的陈设

没有清新典雅的格调
只有杂乱无章的信件
没有庄严肃穆的静谧
只有矛盾撞击的呐喊
朝朝暮暮，岁岁月月
你就置身于这样的场合
默默地履行着对事业的责任感
沙沙作录
反馈一条条民意
娓娓善诱
化解一个个积怨
风雨兼程
送去一股股温暖
多少个花眠梦湿的清晨
多少个鸟归日落的昏晚
你带着党的嘱托
带着访者的企盼
用心、用血、用情
愈合一个个曾滴血的伤口
吹醒一颗颗曾冷漠的心灵
唤回一张张曾失望的笑靥
经你巧手拨弄
谬误不再肆虐真理
滑落在沙滩的船又乘风扬帆
试想，假若没有你的辛勤
社会就不会有和谐安定的今天
假若没有你的奉献

人间将留下多少遗憾
你虽看不到凯旋时的风光
却用生命的全部岁月
编织出一条条五彩斑斓的花环
日复一日地追风赶月
走过冬的严酷
夏的浓烈
秋的丰腴
春的盎然
不奢望得到，无所谓失去
唯有对党的忠诚
始终不渝深藏心田
“清贫”的信访工作者
我终于读懂了你的气质
看到了你的美德
明白了你的伟岸
在那个狂风呼啸的季节
我义无反顾地跨进你的门槛
如夸父逐日
似愚公移山

2

青春为石
心血做浆
华发为索
架起党通民心的桥梁
无华的言辞

揩干无数辛酸的泪眼
爱憎的笔
涂平无数心灵的忧伤
奔波不疲的寒来暑往
唠叨家常的炕头灶旁
促膝谈心的田间地头
融化激情的车间厂矿
为稳固共和国的长堤
那么忠贞
那么倔强
匡正驱邪浑身是钢

3

淘金的岁月
你仍苦守一份清贫
只因累累的硕果
需要有人忠实的守护
乡情的月夜
你未给娇妻送一帘幽梦
只因明天的太阳
需要你尽快去加班刷新
没人催你扬帆奋进
只因在鲜红的党旗下
你对党曾捧出过
让法绳悠长的真诚

4

面对熟透的果实
你仍在畅想
万事万物
不能满足现状
只因深埋千载的秦皇宝剑
还透着寒光
只因宇宙间的小岛
其家族的真实面孔
我们还没去瞻仰
世间最乐、最富
我们还没有给子孙告诉地方

（作者：李怀荣，原平凉行署信访处信访科长。）

溪河心韵系列诗词

牛国平

初　雪

初冬有好景，白絮舞纷纷。
天地成混沌，万物此无声。

庆元宵

花灯初夜亮，街上人流涌。
花炮声不断，满天孔明灯。
多少有情人，相依漫步行。
嬉笑开心间，相趣情谊浓。
人间元宵夜，疑似在仙境。

遥知天堂事，哪及人间景。

雨后荆山行

雨后山色明，独步幽道行。
四周桔光罩，宛如幻境中。
头上彩云飞，脚下水有声。
路旁草木翠，枝头鸟归心。
微风迎面来，气息扑鼻新。
弥漫花草味，悠悠沁心脾。
缓步拾级上，临风心神怡。
登高极目眺，夕阳掩山中。

秋游武夷山

国庆七天如云烟，乘坐铁龙游福建。
奋力登上乌龙山，弓身爬上老虎岩。
再去厦门观东海，碧波无际水连天。
鼓浪屿边卧沙滩，宝岛台湾映眼帘。

励　志

人生五十已半百，荣辱兴衰都经历。
但知老骥还伏枥，尚能有志在千里。

放飞梦想

九月十二金风爽，古城灵台着新装。
皇甫故里逢盛会，人海花界彩旗扬。
荆山脚下聚群英，溪河之滨名流集。
嘉宾三千殷情浓，四海学者表宏论。

纪念先贤皇甫谧，交流针灸甲乙经。
传承国粹福人类，弘扬国医更繁荣。
皇甫文化出国门，山城从此不平静。
陇上明珠放异彩，走向世界不是梦。
（为中国灵台皇甫谧文化节而作）

上孙行

——上孙村扶贫工作有感

踏着积雪到上孙，进村入户帮扶贫。
宣传政策定计划，制定措施暖民心。
坐上炕头手拉手，围着火炉心交心。
扳指谋划脱贫策，携手绘制新蓝图。
干部群众一家亲，并肩奋斗拔穷根。
同心共筑致富路，合力脱贫众志成。
满怀豪情放眼望，蓝天雪地映日红。
江山多娇美如画，康庄大道阔步行。

井冈行

——井冈山红色基地培训学习有感

五月南国正葱蓉，组织培训井冈行。
红色教育全方位，再现当年风云声。
秋收暴动建红军，三湾改编队伍新。
面对强敌谋出路，改造袁王扎下根。
南昌起义余部移，井冈会师壮军威。
朱毛共创红四军，人民军队立丰碑。
敌军围困千万重，黄洋界上炮声隆。
一连红军战四营，工农武装胜国军。

喜讯传到毛委员，欣然马背舒豪情。
一首《西江月》问世，千古绝唱励后人。
武装割据定大局，建立政权奠根基。
坚持两年四月余，四万将士捐身躯。
八角楼内灯火明，两篇雄文解疑问。
红旗到底打多久？星星之火遍地红。
井冈精神万代传，跨越时空留遗产。
实现中华复兴梦，为民造福业永存！

① 1928年7月，湘赣敌军向井冈山发动第二次“会剿”，井冈军民凭险抵抗，最终以少胜多取得了黄洋界保卫战的胜利，毛泽东同志在马背上欣然作诗《西江月·井冈山》，歌颂井冈山人民武装斗争取得胜利。

② 两篇雄文指毛泽东同志在井冈山写的《中国红色政权为什么能够存在?》和《井冈山斗争》。

（作者：牛国平，中共灵台县委办公室副主任、县信访局局长）

石野诗词三首

早春植树

初春草活燕子飞，暖风拂过柳先碧。
但见益友话情语，深栽云杉万年绿。

汉中赏油菜花

闲忆汉唐韵，欲赏汉中花。恰逢佳节邀知己，驱车留辙百余里。车窗外，草凝露，柳飞絮，恰逢花开人如意，正值春暖农归田。

正午时，转山坳，鸟瞰旷谷一片花黄柳绿。幽烟缭绕，迷雾蜿蜒，独舟划春波，弱柳抚堤岸。蝴蝶追逐，羚雀吟歌，一渠清水环山峦，两岸芦鸭闹阳天。

更叹天公织蓝图，那如许？只是关中腹地，秦岭深处一片油菜花香。

皇甫谧陵记

故土名士玄晏陵落成，虽在咫尺之近却无暇瞻顾。仲夏初，偶遇风和日丽，携拙伴友赴园游叙。然先生陵居气势岿然，巍巍恢弘不失温婉隽丽，心实敬慕，谨以此文记之。

玄晏陵依达溪绿水，座荆山之巅。遥望高阁笼于尘湮，更似蛟首翘于山峦。陵形方，径外阔，两侧绿树成荫，时有燕雀啼鸣。楼台突兀，礴势袭人，望而生畏，非同一般。玄晏纪念馆筑于正中，青瓦有致，悬柩劲道，左扶梯抵纪念馆，右长廊通皇甫冢。廊壁篆玄晏生平，玉柱雕神针医病，医不悬丝，术无烹煮，穿骨隙痛于穴，刺筋脉疏于络，悬壶有度，银针妙极，诚栩栩如生且自顾不暇。

入馆见玄晏石像，身修长，七尺余，发髻耸，须及襟，沉着俊逸，潇洒有度，体瘦凝精神，肤柔带铮骨，持卷以明志，形若似有思。遂叹玄晏“夫一人死而天下号者，以为损也；一人生而四海笑者，以为益也”之绝境，其心存善，志高远，非等闲视之，余皆叹！

辗至馆后青冢，五尺碑石一面，详记先生生平。幼名静，字士安，号玄晏先生，生于古朝那（今灵台）。出身侯门，家道中衰，洞破红尘世事，笑看庙堂风云。曰：“贫者士之常，贱者道之实，处常得实，没齿不忧，孰与富贵扰神耗精者乎？”勉以“若扰全道以损性命，安得去贫贱存所欲”。弱冠始立志苦心求学，而立年便修身医体，研医著述，声名鹊起。遂医道并举，忍疾苦于草莽，食野畜于山林，历三十八载，古稀之年终成正果，编撰《针灸甲乙经》十二卷，上报皇天厚土，下治庶民之疾，终享“世界针灸鼻祖”美誉。

再叹先生存乱世却弃于侯，苟神针浮济于世，其品之贤，意之坚，心之远，谁与伯仲？实乃千古贤才，惟有常怀于心，以示敬意。

(皇甫谧，幼名静，字士安，号玄晏先生，生于古灵台，著有《黄帝三部针灸甲乙经》，简称《甲乙经》，对世界针灸医学发展产生了重大影响，是世界针灸医学鼻祖。)

（作者：李涛，笔名，石野，灵台县信访局副局长）

第二节　散文及工作随笔

洋槐花香

李　涛

母亲节到了，周末我回了一趟老家。一下车，就看见浩瀚的田野里毛茸茸的麦浪一浪推一浪，甚是壮观。不远处，田埂边一树树洋槐花也乘着夏日的凉风，欣欣然绽放着。一眼望去，层层叠叠，犹如翻滚的雪浪，散发出阵阵幽香，被那沁人的香牵着鼻子，我径直朝那片槐树林走去。

走进树林，看着满树繁花似锦，玉树琼枝，甜甜的幽香扑面而来，那种惬意，真把我迷醉了。我抬头打量着绿叶丛中的洋槐花，朵朵洁白如玉，犹如少女含羞若婉，偷偷地露出脸庞，简直美极了。

我迷恋洋槐花，因为它承载着我童年的欢乐。小时候，每年五月阳光明媚的天，母亲便带着我和哥哥姐姐拎着篮子去摘洋槐花。儿时的我们那么调皮，在洋槐树下阳光斑驳的草地里滚爬着，打闹着，嬉笑着。母亲一边照看着，怕我们打架，一边麻利地摘着洋槐花。一会工夫，母亲就摘满一篮子，篮子里聚拢地洋槐花就像白玉，青青翠翠的，我们用手抓着吃，那种甜蜜让我至今难忘。母亲把摘好的洋槐花淘洗干净，拌上面粉，放进蒸笼，一袋烟的工夫，一笼槐花麦饭就熟了。我和哥哥姐姐们争先恐后地呼唤父亲吃饭，然后又一溜烟的挤向锅台，母亲盛好后一人一碗，甜滋滋地吃着笑着……

记得每年洋槐花开，都有一群说话叽里呱啦像外国人一样的养蜂客寻觅着洋槐花的清香纷纷涌来，在路边或树丛中搭起帐篷，将大大黑黑的木箱子挪到洋槐树下，把一片片槐树林变成孩子们玩耍的"禁区"，成千上万的蜜蜂在林间飞舞，哼唱着欢快的歌谣，一头扎进槐花瓣里美美地吮吸着，用辛勤的劳动为人们酿造香甜的蜂蜜。

我正细细品味着眼前勾起我思绪的洋槐花，母亲看到洋槐树下的我，也走了过来，免不了一阵嘘寒问暖。我提起当年洋槐树林里的快乐时光，母亲脸上露出慈祥的笑，她看我吃洋槐花，便说："当时家里穷，就摘些洋槐花回家拌麦饭贴补口粮，等把你们拉扯大，日子也富裕了，这片洋槐树林自然成蜜蜂的天堂了。"聊了一会儿，母亲怕我在林荫里着凉，便拉着我朝家里走。她顺手摸摸路边很粗的一棵洋槐树笑着说："这是你外公去世的前一年栽的一棵树，现在都长成参天大树了，我不老也不行啊……"

谁说不是呢，如今我也是孩子的爸爸了，看着母亲斑白的双鬓和岁月镌刻在她脸上的皱纹，回想母亲当年麻利地摘着洋槐花，我的心绪犹如潮涌。的确，洋槐树越长越高，槐花香依然悠长，但这香凝结了母亲的青春和情感，我顿感能与母亲相偎是一种莫大的幸福，这幸福犹如洋槐花香一样回味无穷，我爱洋槐花香，我更爱我的母亲。想到这里，我忍住泪水使劲地往紧里攥了攥母亲的胳膊，享受着此刻能够依偎母亲的那份快乐和幸福……。

光阴似箭，岁月无情，愿这洋槐花香一年更比一年香！愿天下所有的母亲身体安康，永远快乐！

（作者：李涛，灵台县信访局干部。该文刊登于《甘肃信访》杂志2013年第3期信访艺苑）

家门口的信访工作

王春雨

今年夏收，我产假未满，就带着儿子回了一趟娘家。我工作的地方离娘家300多公里路，一年也回不了一次。这是我在信访局工作三年多来，第一次可以长时间回娘家陪陪父母，心中难免有些许激动。然而，在回娘家的第二天，就接待了一位特殊的“上访者”。说实话，信访干部连回娘家都能遇上关于信访的事儿，确实巧。

那日黄昏，我抱着刚刚睡醒的儿子准备出门溜达，与多年未见的马叔叔撞了个满怀。他开口就说：“春雨，叔知道你昨天回来的，听说你现在在信访局上班，叔想打听个事儿……”马叔开门见山，直接就说明了来意。原来，他这几年一直在市里搞室内装修，活儿干得不错，但包工头一直拖欠工资。这次回家夏收，因没有拿到工资而十分窝火。马叔说：“春雨，以你在信访局工作的经验，你说叔到市政府上访闹上他一回，这事是不是能立马解决？”我一听，当即就回答说：“叔，你这事靠上访是不能解决的……”

在接下来的交谈中我得知，项目包工头是市里的一个回族老板。于是，我给他认真讲解了信访部门的工作职责、工作流程，以及一些常用的信访法律法规。同时，也给他讲了我在工作期间参与解决的一些拖欠农民工工资的案例，并告诉他可以拿着合同去法院起诉，通过司法途径解决。马叔情绪渐渐平稳，也打消了到市政府上访的念头。他本来想从我这里了解一些关于信访的捷径，却找到了合理合法的解决办法。

马叔如获至宝，客套一番后走了。事后，我想了很多，我为这次特殊“接访”而倍感欣慰。因为有了为邻里乡亲排忧解难后的成就感，更加坚定了我在信访战线一直走下去的信念。

（作者：王春雨，灵台县信访局干部。该文刊登于《甘肃信访》杂志2013年第4期信访艺苑）

野　荷

李　涛

初见野荷，是朗朗的六月天。和朋友踏着十几里的草色，沿溪溯水，终于觅得一畦青绿的野荷花。

野荷生谷底，茎略细，一叶碧裳，铺展着蓬勃的馨香和温情，与南方水泽里的香芋倒有几分神似。在我的印象里，凡野生的花草，都有着致命的孤独和不可触摸的清高，也颇带几分倔强，因为没有可以遮风蔽日的栖所，只能以强者的姿态，挺直了腰杆与暴风骤雨抗衡。然而那些被豢养惯了的，大多都不能抖落骨子里的娇气，也许清高与媚俗之别就恰在于此吧！

我曾企图把一株野生的兰草捧回家中好生伺候，但终究没能如愿。饮惯了山雨夜露，任凭我万般呵护，仍不肯低下那高贵的头。此后，我便对野生的花草心生敬仰，譬如这一畦野荷，远离闹市的喧嚣，寂守着陌上草青，以寒山瘦水为伴，以冬谢春花为荣，岁岁朝朝，不图浮名，不慕虚荣，只一味地绿满荒谷，直到山色润朗水涧成荫方才罢休。这畦野荷，与诗人眼中的菡萏相比，确算不上优雅脱俗的仙物。不过，觉得她或许比作一个粗犷的女子，不苗条也不隽秀，也透不出那诱人的娇媚；她有着与生俱来的本真和质朴，甚至还有几分敦实和憨厚，就连那花骨朵儿，也不是大红大紫，而是独具一格的米黄色，长得竟是如此虔诚！一株株，一串串，忒像身着黄袍素衣打坐的僧人，根植于水底，静坐碧玉圆盘之上，傲然于荒山野岭之中。然而，恰是这种孤独的姿态却让我始料未及，我偏偏就喜欢这野荷，更陶醉于这要命的孤独！忽然，一顷微风入怀，我顿生怜惜之念，自愿如一朵小小的水花，用跳跃的姿态，飞溅在荷瓣上成一滴晶莹剔透的露珠，在阳光到来之前，促成一朵水色荷思，送上一记清凉的吻；或化身一只风度翩翩的水鸟，在溪水之湄，用最动人的歌喉，倾吐我月光一样的柔情和慕仰。

我深深地爱上了这畦红尘之外的野荷，独享荒凉寂寞，与蜂蝶为伴，与风声相依，孤傲任性的娇艳着。我欲执念与此，守着六月的源头，任凭荷香幽芷绵绵，沁入我的心扉。

正沉迷这醉人的花香，朋友喊我回去。我眷恋不舍这场邂逅，无处告别，但终须告别。我忍不住回头，知道自己还会再赴一场今生的约定。

（作者：李涛，灵台县信访局干部。该文刊登于2016年3月平凉信访微信公众平台）

学会沉默

李　涛

从我记事起，脑子里就一直留下父亲总是少言寡语的印记，面对尘世的嘈杂和碎屑，父亲总是淡定不语，只管做好自己。那时我还年轻，很不理解父亲何故执拗于沉默。

记得我11岁那年，母亲去地里干活，隔畔的刘婶把拔出来的杂草扔进我家麦地里。母亲看不惯，随口埋怨几句，刘婶的泼劲蹿了上来，张口就骂，母亲也不服气，两人就戗上了。争执间刘婶冲过来撕住了母亲的头发，眼看母亲就要挨打，我赶紧上前呵斥，刘婶一看我也快半截高的小伙子了，担心万一动起手来吃亏，站在那里嚷嚷，母亲哽咽着继续干活。过了一会儿，父亲来了，我暗暗一悻！然而父亲让我失望了，他走进地埂连句安慰母亲的话都没有，只是把杂草一捧一捧地抱出去扔在地头的水坑里，然后什么也没有说，静静地拔麦地里的草……

很多时候，父亲总是那么淡然，让我觉得不但是退缩，更甚是一种懦弱。我曾经问过父亲，他还是淡淡地说："以后你就明白了……"

今年九月我去外地出差，父亲上街买菜，有个小伙子骑自行车撞倒一个小孩想溜，父亲抓住那小伙不松手，被小伙一拳打肿了脸颊。知道后我很纳闷，都花甲的岁数了还管闲事，该沉默的时候逞什么能嘛，我自然是埋怨一番，父亲依旧是默默听完后挂断电话。

上个周末，妻子因工作不顺心，回家一通牢骚，我也忍不住说了几句，两人就吵了。第二天，父亲淡淡地看了我一眼，又是什么也没说。而我却顿然醒悟，应该像父亲一样选择沉默，而且觉得这种沉默不仅仅限于夫妻之间，朋友，同事，甚至生活中的种种琐碎，都可以用这种沉默去释然！

如今，年逾而立的我终有所悟，父亲的沉默其实是一种宽广的胸怀，是一种豁达的气度，是一种超凡的境界！父亲是一个平凡的农民，但他的内心却如此强大，能容得了现实中的许许多多，用自己勤劳的双手耕耘着自己的人生，用强大的气场酝酿自己的生命。父亲把我们养大，他的释然融化了尘世的碎屑，也包容了岁月的磨难。父亲渐渐地变老，但父亲的胸怀和气度却永远焕发青春。

岁月蹉跎，父爱如山。我突然觉得自己很敬佩和崇尚父亲的沉默，也庆幸自己终于明白人生有很多事情、很多时候要学会沉默。

（作者：李涛，灵台县信访局干部。该文刊登于2016年8月平凉信访微信公众平台）

领导干部要重视信访工作

李 涛

信访工作是民心工程，确是如此。我到信访局工作快十年了，接待了几百批群众来访，有的是反映生活困难的，有的是反映纠纷冤屈的，有的是抱着“擦边球”的心理来试探的，有的是盲从的信访；当然，也遇到过一些让人无从下手的问题。但可以肯定，群众来访都是有一定的目的，或者说都是对政府有所期望的。如果解决妥了，群众自然就满意。绝大多数来访群众很吝啬几句客套话，觉得都是政府应该做的，即便如此，虽然没能赢得口碑但也不至于失去民心；倘若一旦不慎，或者出现差错，那就不得了了，缠访闹访，集体闹事，乱发帖子，弄得沸沸扬扬，小事情倒闹大了。究其原因，有的是责任心不强，不以为然；有的是处置不到位，落实不力；也有的是群众心理不平衡，滋事生非；但左右事情发展方向或决定最终结果的，都取决于领导是否重视。

在基层派出所工作的时候，我就亲耳听到有乡镇领导对干部说：“问题不大，过几天再说”、“闲事一个，我暂时没有时间，再看吧”、“他想咋闹就咋闹，看他有多大的本事”之类的话。现在看来，这些领导真是不负责任，对自己不负责任，也对干部不负责任，再忙再烦这也是我们的工作！特别是信访工作中，这种想法和习惯要不得。瓮安事件、舟山事件就是最典型的例子，部分领导起初对群众的信访行为麻痹大意、认识不够，最终酿成了恶劣事件。

“斧打凿，凿入木”。信访工作也一样，“一把手”不加压，下面的个别领导干部就没感觉了，甚至麻木了；工作不够深入，腰弯不下去，更不会“扎”进去干事业。信访工作是“一把手”工程，更是真正的民心工程，信访工作的成效完全取决于各级领导干部的重视程度，如果主要领导认识不到位，思想不重视，就不能做到一级抓一级，层层抓落实，那么工作就紧张不起来，信访工作也发挥不了实质作用，更谈不上维护社会稳定。新形势下，一个领导干部不把信访工作当一回事，说明他政治敏锐性不够，说小了是对自己不负责任，说大了是漠视群众合法利益，对党和国家的事业不负责任。要知道，信访工作不是政绩，但左右政绩；信访工作不是中心，但影响中心。面对信访群众可以处之泰然，但绝不能不以为然，坐等问题闹大了才着急收拾，那时就晚了。

做好信访工作是新时期维护社会稳定和处理人民内部矛盾的一剂独具功效、标本兼治的良药，我们把它比作密切干群关系的“连心桥”、反映社情民意的“晴雨表”、缓解社会矛盾的

“减压阀”、为民排忧解难的“服务台”很形象，也很贴切。然而，领导干部是否牢记宗旨，真正把信访工作装在心里，拿在手上，才是做好信访工作的关键。

（作者：李涛，灵台县信访局干部。该文刊登于2016年12月平凉信访微信公众平台）

信访工作更多的是责任

何　为

2008年初，我调到县信访局工作。

之前在宣传部，每天接触的全是文明、先进、典型等阳光字眼，可到了信访局，一下子陷入了告状、申冤、求助的漩涡，巨大的工作氛围落差几乎让我无所适从。毫不隐瞒地讲，我处事向来都默守多一事不如少一事，心理上对那些“告状寻衅”之人没有什么好感。自己亲眼见过上访人在县委机关大喊大叫，撒泼耍赖，以至于我总把访民和“刁民”混为一谈。然而，当我面对面接触信访群众之后，我内心深处被触动，逐渐地有所改变！他们不是当初我所不齿的“刁民”，许多信访群众是经受了酸楚和磨难之后，带着最后一丝希望到政府来能找回一点关怀和温暖，一份公平和尊严。

刚到信访局不久，我经手处理了县道管站十多名退休老职工来访反映拖欠工资的信访案子。自己在调查了解之后，及时汇报县委，县委主要领导亲自接待了来访者，并责成有关职能部门限期解决问题。事隔几天，其中一位来访老人再次来到信访局，他一进门就激动地说：“何局长，我来看看你！你猜猜这次给我们补了多少钱？”看老人笑得像个小孩，我也笑着问：“补了多少？”“两万多，从这个月起，我们工资每月增加四百多块哪！”老人的回答透着惊喜和兴奋。在文字堆里翻滚了十多年的我，忽然感到一种从来没有过的踏实和感动。老人临走时还再三感谢，对于老人发自肺腑的感激之情，我心生愧疚，这本来就是应该发给你们的钱，谢我什么呢。

我突然发觉自己似乎喜欢上了这份工作。然而做一名合格的信访工作者，确实很不容易！

2009年7月的一天，邵寨镇雷家河村李某因妹妹车祸身亡来上访，接访时我劝他别激动，有话慢慢说，他一下子就扔过来一句：“我能不激动吗？今天是我妹妹死了，明天要是你妹妹死了，你咋办？”我被噎得无言以对，突然间五脏六腑怒气升腾，心想：“你妹妹死了与我何干？我也四十多岁的人了！”刚想上前质问，年长我几岁的老局长看出我情绪不对，使劲拉着让我回了办公室，他顺便撂下一句：“都老同志了，静一静，人家毕竟家属遇难了……”说完去接访室了。

慢慢地我适应了。人心都是肉长的，来访群众之所以愤怒暴躁，都是有原因的。有的是简单的问题被一拖再拖，有的是亲人遭遇灾祸，有关部门却行动迟缓，群众难免就会心生怨愤。我们信访工作者如果能耐心冷静地对待，认真地思考，应对的方法也就有了。如今回头再看，那次之后的耐心和冷静让我在信访工作上自如地应对了近十年之久，接待信访群众数上千人，真是屡试不爽。

“屋漏在上，知之在下”。十年时间，说长不长，说短也不短，我经历了很多，有过失落，有过彷徨，但更多的是问题被成功化解后的欣慰，看着群众迫切而期待的眼神，我深知这迫切而期待的眼神是落在信访工作者肩上一份沉甸甸的责任。

（作者：何为，灵台县信访局副局长。该文刊登于2017年3月平凉信访微信公众平台）

信访“三字经”

牛国平

同志们　大家好　要信访　怎样办　有法规　条例管
新条例　国家颁　发展观　贯全篇　人为本　是主线
新机制　法治观　访与办　双规范　权与责　两共担
新渠道　在拓宽　可写信　能走访　打电话　发邮件
信息化　网上连　不出门　一样办　谁的事　谁来管
逐级访　逐级办　越级访　不提倡　不受理　转回办
集体访　选代表　限五人　替众言　坐下来　慢慢谈
守秩序　不乱言　事实明　条理清　文明访　文明办
先接谈　再登记　注意事　告知明　受理否　书面见
十五日　有期限　办理期　六十天　复杂事　延期限
最多日　三十天　初级查　有异议　十五日　可复查
复查期　三十天　复查后　若不满　再申请　再复核
期与限　如同前　三级终　程序完　若再访　不再办
违纪案　纪委办　治安案　找公安　错假案　检院管
诉讼案　有法院　公民权　保障全　依法规　就能办
信访路　要走端　违法事　切莫干　若违反　先处置
受训诫　或拘管　认错后　信访事　才能办　新条例
讲法治　论规范　你我他　共学习　齐遵守　多宣传
解矛盾　化积怨　和为贵　干群欢　创和谐　大家愿

（作者：牛国平，中共灵台县委办公室副主任、县信访局局长）

第十章　信访工作大事记

1979年

2月，中共灵台县委召开常委会专题讨论研究信访工作，并根据工作需要成立了中共灵台县委、灵台县革委会信访办公室。

1980年

中共灵台县委、灵台县革委联合召集有关部门负责同志，对全县信访工作进行研究，划分了对各级、各部门归口处理群众来信来访的范围。对一些问题复杂和涉及多部门的信件，由信访室牵头，各有关部门或单位协同办理。

1981年

中共灵台县委、灵台县人民政府专门强调在处理群众来信来访问题时，要求各级各部门相互配合，注重归口办理。

1982年

初步建立了县级领导接待来访群众工作制度。

1983年

11月，按照机构体制改革要求，县信访室被列为县委直属部门。

1984年

中共灵台县委、灵台县人民政府为县信访办公室确定了负责同志，增加了工作人员，制定并健全了工作制度，明确专门从事群众来信来访办理工作职责。

1985年

中共灵台县委、灵台县人民政府确定了分管信访工作的县级领导，各部门、各乡（镇）确定了分管领导和业务人员。

1986年

8月，中共灵台县委决定实行县级领导信访接待日制度。

1987年

开始编印《来信摘登》和信访摘报，开展文明接访活动。

1988年

首次对全县120名信访干部进行了集中培训。

1989年

全县16个乡（镇）全部建立了信访工作领导小组，227个村委会全部建立了信访民调组织。

1990年

2月15日，中共平凉地委信访处处长范凤林等一行检查指导灵台县信访工作。

1991年

4月，中共灵台县委制定下发了《灵台县党政机关信访工作暂行办法（试行)》，使全县各级党政组织真正把信访工作摆上了议事日程，并在信访室干部中提拔任命了一名副科级信访员。

1992年

11月，灵台县信访办公室被中共甘肃省委办公厅、甘肃省人民政府办公厅评为“全省信访工作先进集体”，县委书记李铁成同志被评为“全省信访工作先进个人”。

1993年

9月，中共灵台县委办公室、灵台县人民政府办公室下发了《关于实行逐级上访制度》的通知，实行逐级上访制度。

1994年

1月，灵台县信访办公室修订了《学习、安全、卫生、保密制度》及县、乡、村、社各项信访工作制度30项201条，制定了《工作岗位责任制及考核办法》，完善了规章制度，实行目标管理。

1995年

10月，灵台县信访办公室主任王仁贵同志被评为“全国信访系统先进工作者”，受到中共中央办公厅、国务院办公厅、国家人事部的表彰奖励，应邀参加第四次全国信访工作会议，受到朱镕基、任建新、罗干、曾庆红等党和国家领导人的接见。

1996年

4月，平凉电视台在灵台拍摄灵台信访工作专题纪录片。

1997年

3月，中共平凉地委、平凉行署在灵台县召开了全区信访工作现场会。

5月，中共甘肃省委信访室主任姜兰芳、巡视员连德璋、科长薛水旺，中共平凉地委、平凉行署信访处副处长程建民、科长荆世雄一行5人来灵台县检查指导信访工作。

6月，中共平凉地委信访处编印了《发展中的灵台信访工作》一书，在全区发行。

8月，中共甘肃省委信访室副主任李永生、科长薛生家、中共平凉地委信访处副处长程建民、科长荆世雄、岳彦杰一行5人赴灵台县检查指导信访工作。

1998年

6月，中共甘肃省委、甘肃省人民政府信访处组织河西、天水、庆阳等地州县市区赴灵台县考察学习。

7月，因工作机构改革，灵台县信访办公室职能并入县委办公室，保留信访办公室。

9月，灵台县信访办公室被中共甘肃省委办公厅、甘肃省人民政府办公厅表彰为“全省信访工作先进集体”，县信访办公室主任王仁贵同志被评为“全省信访工作先进个人”。

9月，中共甘肃省委、甘肃省人民政府在平凉市召开“全省基层信访工作会议”，副省长洛桑灵智多杰（藏）主持会议，提出了“远学吴天祥，近学王仁贵”，参观学习灵台县基层信访工作经验。

1999年

6月，甘肃电视台采访了灵台县信访办公室信访工作先进经验，录制了专题节目，在甘肃电视台作了报道，灵台县电视台录播了《灵台县信访工作纪实》专题节目。

2000年

10月，灵台县信访办公室编纂了《灵台县信访工作理论研讨论文集》第一集，用于基层信访干部学习交流。

2001年

5月，灵台县信访办公室修订完善了《人民群众逐级上访接待处理制度》《包干负责承办信访制度》，编纂了《灵台县信访工作理论研讨论文汇编》第二集。

2002年

7月—8月，中共甘肃省委宣传部组织全省“牢固树立正确权力观”巡回报告，灵台县信访办公室主任王仁贵、干部杨俊锋两名同志参团到兰州、甘南、陇南、定西、平凉、天水、庆阳（市）地区开展巡回报告。

2003年

8月，甘肃省信访局办公室副主任吴学勤带领省委、省政府信访督察组5人一行，在中共平凉市委副秘书长、市信访局局长陈黎萍、副局长朱克贤的陪同下，赴灵台县检查指导信访工作。

2004年

7月，中共灵台县委、灵台县人民政府信访办公室更名为“中共灵台县委、灵台县人民政府信访局”，直属县委、县政府管理，内设机构自定，增加事业编制2名（总编制6名，其中行政4名，事业2名），设局长1名，副局长2名（灵机编发［2004］08号）；王仁贵任局长，焦升武、牛国平任副局长，县信访局下设办公室、来访接待室、案查室，各乡镇设置信访办公室。

2005年

3月，灵台县广播电影电视台开设《信访之窗》栏目，大力宣传《信访条例》，在灵台政府网站开设“灵台信访”专栏，宣传信访工作经验。

9月，中共灵台县委、灵台县人民政府制定了《灵台县新任副科级领导干部担任信访督查专员暂行办法》，抽调4名新提拔科级、副科级干部到信访局担任督查专员职务，进行为期3个月的挂职锻炼，协调、督促乡镇（部门）处理疑难信访问题。

2006年

6月，灵台县信访局提出“三项建议”职责工作规则（试行），修订完善了《灵台县信访督查督办规则》，建立了《信访情况通报反馈制度》《谈话制度》《考察领导班子和领导干部信访工作情况制度》。

2007年

6月，为了给党的十七大顺利召开创造和谐稳定的社会环境，中共灵台县委、灵台县人民政府决定在全县开展为期3个月的矛盾纠纷排查调处活动，抽调县直有关部门40多名工作人员到乡镇开展工作。

2008年

6月，灵台县编委会议研究，为灵台县信访局（灵机编发〔2008〕16号）增加事业干部编制2名。

2009年

8月，成立了灵台县人民政府信访事项复查委员会，审定印发了《灵台县人民政府信访事项复查暂行办法》。

2010年

12月，甘肃省信访局副局长秦仰贤等一行3人在平凉市人民政府副市长杨军、市委副秘书长、信访局局长陈黎萍的陪同下，对灵台县信访工作进行了检查考核。

2011年

11月，甘肃省信访局局长俞成辉来灵台县督查信访工作。

2012年

7月，平凉市政协副主席、市委副秘书长、市信访局局长陈黎萍、副局长李卫东督查灵台信访工作。

8月，中央信访督查组来灵台县检查信访工作。

11月，成立灵台县人民政府信访接待室，事业编制，股级单位，隶属灵台县信访局，核定编制5名（其中划入局机关3名事业编制），灵台县信访局职工编制总数达到10人。

2013年

6月，平凉市信访局副局长苏调和等一行5人，对灵台县上半年信访工作进行了督查调研。

11月，平凉市信访局副局长赵贤君等一行5人，对灵台县信访工作进行了督查考核。

2014年

3月，灵台县信访局讨论制定了《灵台县信访局工作制度汇编》。

2015年

6月，甘肃省信访局副局长薛生家，在中共平凉市委副秘书长、市信访局局长周晓宁的陪同下督查灵台信访工作。

7月，启动《灵台县信访志》编撰工作。

2016年

4月，平凉市人民政府副市长李富君，市委副秘书长、市信访局局长周晓宁等一行5人视察了灵台县人民来访接待大厅的建设及运行情况。

2017年

6月，平凉市信访局副局长李良军等一行4人来灵台检查信访工作。

7月，灵台县信访局调入2名工作人员，县信访局职工总数达到13名。

11月，灵台县信访局建成了信访工作视频会议室。

12月，《灵台县信访志》定稿。

后 记

历经3年时间的编纂，《灵台县信访志》终于脱稿付梓。捧读散发着幽幽墨香的样书，我们倍感欣慰。三年来，编委全体成员尽心尽力，访前辈、查资料、撰文稿，付出了大量心血，市县各级领导对信访志编写给予了大力支持，并提出了宝贵指导意见。今日成志，除了欣慰，更多的还是感激。感谢所有为《灵台县信访志》编纂付出心血的领导、同志们！

从1979年到2017年，38个春夏秋冬，14000多个日日夜夜，一茬又一茬的信访工作者，数以万计的信访事项，这是一段何其生动的历程！动议修志，就是为了完整地记录这段艰辛而难忘的历史。编纂过程中，我们尽最大努力寻访知情者，穷尽所有可查资料，但终因人员变迁、资料有限而难以再现历史全貌。疏漏不足之处，敬请各位读者谅解！

为党分忧，为民解难，心系群众，信访工作任重道远。如何做好新形势下的信访工作，更好地发挥桥梁纽带作用，是每一位信访工作者都必须思考的话题。《灵台县信访志》记录了过去38年全县信访工作的生动实践，也积累沉淀了诸多行之有效的成功经验。抛砖引玉，能给读者、同仁以启示、启发，是我们最大的心愿！

和谐秀美灵台

灵台县位于陇东黄土高原南缘，属黄土高原沟壑区。东南与陕西省长武、彬县、麟游、千阳、陇县接壤，西北与本省崇信、泾川县毗邻。全县23.3万人，海拔在890~1520米之间，总流域面积2038平方公里，是陇东传统的农业区，素有“陇东粮仓”之称，是世界针灸医学鼻祖、晋代医学家、史学家、文学家皇甫谧的故里。

县域历史悠久，文化积淀深厚，珍贵文物藏品数量居甘肃省基层博物馆之首，商周青铜器被誉为“中华之最”。县境内有“达水丁流”“荆山日丽”“别墅烟浓”“仙洞云深”“密城秋望”“书台月朗”“孤峰晚照”“瀑布春融 ”八处天然景观和以“灵台雄风”“碣坊迎客”“古街雅肆”“碑林撷英”“古馆蕴鉴”“宏钟远鸣”“琼阁揽胜”“日月增辉”为主的人文景观。以“灵台手工面”为代表，粽子、甑糕、麻花、酿皮、油糕等风味小吃形成了独具特色的饮食文化；土特产以中华甲鱼、牛心杏等最负盛名，药材“灵冬花”畅销欧美。作为陇东盛名的优质苹果产地，灵台苹果被国家农业部授予地理标志证书。

古灵台遗址

皇甫谧文化园

荆山雪景

广袤的什字塬

人工梯田

美丽乡村

新城一瞥